中国“三农”前沿丛书

YINGDUI QIHOU BIANHUA:
NONGYE SHENGCHAN DE SHIYING YU ZHUANXING

应对气候变化：农业生产的适应与转型

喻妍 著

中国财经出版传媒集团
中国财政经济出版社
北京

图书在版编目（CIP）数据

应对气候变化 ： 农业生产的适应与转型 / 喻妍著.
北京 ： 中国财政经济出版社， 2025. 5. -- (中国“三农”
前沿丛书). -- ISBN 978-7-5223-3832-3

Ⅰ. S

中国国家版本馆CIP数据核字第2025VY2435号

责任编辑：李筱文　　　　责任校对：胡永立

封面设计：卜建辰　　　　责任印制：党　辉

应对气候变化：农业生产的适应与转型

YINGDUI QIHOU BIANHUA：NONGYE SHENGCHAN DE SHIYING YU ZHUANXING

中国财政经济出版社 出版

URL：http：//www. cfeph. cn

E－mail：cfeph@ cfeph. cn

社址：北京市海淀区阜成路甲 28 号　邮政编码：100142

营销中心电话：010－88191522

天猫网店：中国财政经济出版社旗舰店

网址：https：//zgczjjcbs. tmall. com

涿州汇美亿浓印刷有限公司印刷　各地新华书店经销

成品尺寸：170mm×240mm　16 开　16. 75 印张　238 000 字

2025 年 5 月第 1 版　2025 年 5 月河北第 1 次印刷

定价：66. 00 元

ISBN 978－7－5223－3832－3

（图书出现印装问题，本社负责调换，电话：010－88190548）

本社质量投诉电话：010－88190744

打击盗版举报热线：010－88191661　QQ：2242791300

本书为以下项目研究成果：

1. 国家自然科学基金（面上项目）：粮食与水资源安全协同视角下我国农产品进口贸易的结构、韧性与福利研究（项目编号：72373111）；

2. 教育部人文社会科学研究项目（青年项目）：基于社区韧性的农户气候适应障碍缓释机制与策略研究（项目编号：23YJC790182）；

3. 湖北省社科基金一般项目（后期资助项目）：气候变化、价格预期对我国水稻生产及适应性的影响研究（项目编号：HBSK2022YB311）；

4. 武汉工程大学人文社科基金项目：乡村振兴背景下中国三农重大现实问题与对策研究（项目编号：R202102）。

序言

粮食安全保障一直是事关我国国计民生的头等大事。新发展格局下，保障粮食安全依旧是中国式现代化的重要内容，也是农业强国建设的首要任务。中国长期以来将保障粮食生产与供应安全上升为国家安全战略，党的二十大报告指出“全方位夯实粮食安全根基，全面落实粮食安全党政同责”。随着气候变化的加剧，气候资源供给与粮食生产气候需求之间的矛盾变得更加突出，导致粮食生产潜力下降，粮食供需紧平衡格局下，资源环境硬约束对粮食安全提出了新的考验。气温上升、水资源短缺正在深刻改变农业生产的外部环境；与此同时，技术变迁与市场信号又悄然重构农业的适应路径与制度逻辑。面对这场事关国计民生的深刻变革，粮食产业必须率先构建具有弹性、效率与可持续性的应对体系。

在这样的背景下，喻妍博士出版的《应对气候变化：农业生产的适应与转型》一书以高纬度地区水稻生产为切入点，围绕气候资源演变、农业生产响应机制、政策激励效应与适应路径选择等关键议题，展开了系统而深入的探讨。在已有文献的基础上，本书尝试从以下三个方面进行了一些探索与创新：

第一，聚焦我国高纬度地区水稻在气候变化下仍保持增产和规模扩大的典型事实，系统诠释了高纬度地区粮食生产系统气候适应的独特的理论逻辑，揭示了气候变化下农业生产适应转型的方向。本书研究发现气候变化对高纬度地区水稻生产，包括水稻面积扩大、水稻单产量提高等，均具有显著的促进作用，从边际上拓展已有研究中发现的气候变化对中、低纬度地区水稻生产主要呈负面影响的结论。同时，本书基于未来不同气候情景进一步预测出高纬度地区水稻单产量“由增到减”的动态过程，揭示了高纬度地区在持续气候变化下水稻生产演变的理论逻辑和内在规律。

第二，创新地将稻谷最低收购价政策的托市收购特征融入水稻价格预期的构建，补充了气候变化文献中忽略价格政策的经济激励作用的欠缺。基于准理性预期理论，构建了融入稻谷最低收购价政策托市收购特征的价格预期模型，以准确捕捉我国稻谷价格预期的形成过程。基于价格预期的构建，将气候因素和价格因素同时纳入生产分析框架，从生产面积、单产量、生产效率、生产适应性四个方面系统揭示了气候变化和价格预期对水稻生产的影响程度及作用机理，为适应气候变化提供了参考价值和政策启示。

第三，将机器学习、空间计量、长差分等前沿计量方法综合运用于水稻生产响应的多维估计，分析方法具有前沿性。首先，利用机器学习中的多元自适应回归样条法，自动选择气候变量，评估所选变量的重要性，并对高阶多项式进行拟合，解决已有研究中选取气候变量及构建方程形式的主观性。其次，针对邻近地区气候、土壤等相似性导致的空间自相关，区分模型中异方差来源，构建空间权重矩阵控制空间自相关和空间异方差，以确保实证估计的一致性和有效性。最后，已有研究多基于微观调研侧重于分析农户是否采取适应性行为及其适应性措施，但难以评估在长期生产中对气候变化的适应效果，本书采用长差分方法估计生产者对气候变化的长期响应，并结合长期、短期响应，探究高纬度地区水稻生产对气候变化的适应程度和适应路径。

喻妍博士基于主持承担的教育部人文社科研究项目（基于社区韧性的农户气候适应障碍缓释机制与策略研究，项目编号：

23YJC790182）、湖北省社科基金一般项目（气候变化、价格预期对我国水稻生产及适应性的影响研究，项目编号：HBSK2022YB311），以及参与的国家自然科学基金面上项目（粮食与水资源安全协同视角下我国农产品进口贸易的结构、韧性与福利研究，项目编号：72373111），与华中农业大学、湖北大学、湖北省农业科学院、武昌首义学院、加拿大 Dalhousie University 等单位研究团队开展紧密合作，并在 *Food Security*、*Climate and Development* 等期刊发表高水平学术论文5篇，《应对气候变化：农业生产的适应与转型》在此基础上撰写完成，专业性强，具有较高的学术水准。

李崇光

华中农业大学经济管理学院教授

2025年5月

前言

在粮食供需紧平衡格局下，资源环境硬约束对粮食安全提出了新的考验。政府间气候变化专门委员会（IPCC）评估表明，近50年来，全球气候增暖趋势不断加快，导致气候资源供给与粮食生产气候需求之间的矛盾逐渐凸显，粮食生产潜力下降。但全球变暖导致的温度上升使高纬度地区开始具备大规模生产喜热作物的气候条件。在中国，“水稻稳”是“粮食稳”的重要内容。目前，水稻生产重心“南退北进”、向高纬度地区迁移趋势愈发明显。高纬度地区逐渐成为我国重要的水稻生产基地，是我国粮食安全的“压舱石”。高纬度地区的水稻生产及其扩张与气候变化存在何种关联？高纬度地区同时也遭受气候变化负外部性的持续影响，未来气候变化的不确定性是否对高纬度地区水稻生产产生威胁？厘清气候变化对高纬度地区水稻综合生产的多维影响，将为推动农业生产转型提供科学依据。

水稻生产不仅受气候变化等自然条件的影响和约束，还受经济因素的影响。气候作为自然资源禀赋对农业生产形成资源约束，产品价格等经济因素对生产主体存在经济激励，两者共同作用于水稻生产，须同时考虑。由于农业生产种植与收购存在时期差异，种植决策以及作物管理实践必须基于生产者对产出价格的预期来调整生产决策。为防止粮食价格上涨和粮食短缺造成农户收入损失的连锁效应，2004年起我国政府在水稻主产区实施稻谷最低收购价支持政策，提高水稻种植的积极性。那么，在不可控的气候变化外部环境下，基于稻谷最低收购价支持政策所形成的价格预期如何作用于高纬度地区水稻生产？回答该问题对于利用经济信号帮助生产者积极地适应气候变化具有重要的实践意义。

基于上述现实背景，本书以我国高纬度地区水稻生产为研究主体，首先分析我国高纬度水稻主产区的气候变化特征及其时空分异规律，并基于预期理论引入稻谷最低收购价格构建价格预期；其次深入考察气候变化和价格预期对我国高纬度地区水稻生产面积的影响，重点研究水稻种植面积的非线性响应及其动态驱动因子，探索预期单产对面积决策的影响机制；接着探究两者对高纬度地区水稻单产水平的影响，并分析其直接效应、间接效应和总效应，预测在不同气候变化情景下未来气候变化对水稻单产量的影响以及各气候变量的贡献率；然后测算高纬度地区水稻生产效率，分析其时空动态变化、基于气候的要素属性和风险属性，探究气候作为要素投入时水稻生产效率的相对变化，探讨气候变化、价格预期对水稻生产效率的影响；最后从适应性角度探究我国高纬度地区水稻生产对气候变化的适应程度和适应路径，以及价格预期在生产适应中的作用，以期为保障国内粮食安全和推动农业生产适应转型提供有效的依据和参考。通过对上述内容进行系统研究，本书得出的主要结论如下：

（1）我国高纬度地区温度呈波动中上升的趋势，且最低温度的上升速率快于最高温度。具体而言，在过去60年间，高纬度地区各温度因子年均水平呈不同程度的上升。在3个温度指标中，首先是最低温度的上升速率最快，为每10年上升约0.43℃；其次是平均温度变化速率，近10年来为0.31℃；最后是最高温度的上升速率最为缓慢，近10年来为0.20℃，表明我国高纬度地区的气候变暖更多源于最低温度增加。在近60年内，我国高纬度地区年度总降水波动较大，且高异常降水量的发生使整体降水量呈略微上升态势。在水稻不同生育时段（水稻育秧—移栽期、返青—灌浆期、乳熟—成熟期）的平均温度、最低温度和最高温度较各自固定常态差异值均呈现一定程度的增长，其中最低温度的上升趋势更为明显，但低温异常仍然存在。此外，温度和降水的变化在不同种植区域之间均存在较强的空间异质性。

（2）高纬度地区水稻生产面积中，生育期气候预期，尤其是温度预期，起重要作用，而最低收购价政策支持所诱致的积极价格预期具有较强的影响，且气候与价格因素存在显著的交互作用。价格预期模型的估计结果发现，稻谷收购价格的上涨对积极的价格预期形成具有重要促进作用。水稻面积供给方程的分析结果表明，水稻预期价格具有较高的重要性，当其达到50%或更高的分位数时，会产生显著的边际影响。在水稻生育期气候变量中，温度——尤其是最低温度的重要性高于降水的作用。气候变量与价格预期变量之间，以及气候变量内部之间，均存在十分显著的交互作用，表明气候变化对水稻面积的影响受到价格预期调节作用，并且气候变量之间也存在协同作用。分析发现，高纬度地区总播种面积的限制对水稻生产面积也具有一定的影响。此外，水稻预期单产量是气候变化对我国水稻生产面积影响的重要机制，具体表现为将单产预期纳入模型后，气候变量的交互作用减弱，重要性降低，且边际效应系数变小，但最低温度对水稻生产面积依然存在影响。

（3）生育期气候条件，尤其是有效积温和温度离差，对高纬度地区水稻单产量的影响在不同水稻生育时段存在显著异质性，降水呈显著的非线性作用，水稻预期价格对水稻单产存在正向影响。水稻生育期内代表有效积温的生长度日（Growing Degree Days，GDD）和日照时数对水稻单产量具有正向影响；月度温度离差对水稻单产量的负面影响发生在5月和6月，正面影响则发生在7月、8月和9

月；低温冷害呈现不利影响；降水对水稻单产量存在显著的非线性作用，且在不同生育时段存在较强的异质性。此外，水稻预期价格对水稻单产表现为正向影响，预期价格弹性为0.194。同时，化肥施用强度和水稻价格预期具有较强的正向空间溢出效应，而气候变量的空间溢出效应较弱。基于不同排放模式下的气候变化情景，预测未来气候变化对水稻单产的影响，发现短期气候变化有利于我国高纬度地区水稻单产量的增加，但随着气候变化的持续发展，长期情景下气候变化则将不利于水稻生产，且在高排放模式下的不利影响逐步扩大。

（4）效率值较高的地方集中于高纬度地区的偏北地区，提升水稻价格预期有利于进一步提高该地区要素投入生产效率，积温和降水对水稻生产效率的影响均表现为倒“U”形非线性效应。总体上，经典投入要素计算的水稻生产效率与进一步纳入气候投入要素以考虑农业生产随机性框架下计算的生产效率的变动趋势一致，但气候变化增加了高纬度地区水稻生产效率的地区异质性。地区之间，高纬度地区靠南部的水稻生产效率较低、中北部的效率值较高，但最北部地区的生产效率因低温冷害依旧呈现较低水平。在时序变化上，高纬度地区北部的水稻生产效率的中位数值整体呈现波动中上升的变化趋势；中部的效率值总体呈现为“W”形变化趋势；而南部的水稻生产效率总体以相对较低的水平呈现先平缓后缓慢增加的趋势。进一步构建实证模型分析发现，水稻价格预期对水稻生产效率呈正向影响，预期水稻价格上升有利于进一步提高水稻投入要素的产出效率。气候变化下GDD和降水量对水稻生产效率的影响均呈现“先增后减”的非线性效应，其平均边际效应分别为0.076和-0.263；日照时数和代表低温冷害的冻冰度日（Freezing Degree Days，FDD）对水稻生产效率的影响则分别表现为正向和负向。

（5）高纬度地区水稻生产对气候变化存在较强的适应性，机械、土地和化肥投入变化是适应性产生的重要路径，忽略水稻价格预期会导致高估生产适应程度。高纬度地区气候变化适应性实证结果表明，高纬度地区水稻生产对气候变化存在适应性，其适应程度为52.23%。在纳入水稻价格预期后，水稻生产对气候变化的适应程度缩小为44.43%，忽略水稻价格预期会高估高纬度地区水稻生产对气候变化的适应性。进一步分析水稻生产适应性的形成路径，研究发现气候变化导致高纬度地区劳动力、土地和化肥投入减少，但土地和化肥投入的负向响应在长期适应性中能够得到部分缓解，并且稻农开始使用更多的机械投入来代替劳动力短缺。机械、土地和化肥投入的变化是我国高纬度地区气候变化适应性产生的重要路径，其中机械投入的作用最强且呈显著正向促进作用，土地投入和化肥投入的适应程度则分别为33.05%和35.68%。水稻价格预期也会对各要素投入变化产生影响，研究发现忽略价格预期不仅会高估水稻生产对气候变化的适应性，也会高估各投入要素对气候变化的适应性。

基于以上研究结论，本书得到的政策启示有：

(1) 把握我国高纬度地区气候变化的独特性，建立高纬度地区气候变化的短期、长期综合适应策略。

(2) 持续推进稻谷价格支持政策改革，以最低收购价格的托底作用支撑稻农积极且稳定的价格预期，促进其对当地稻谷生产的积极作用。

(3) 提升稻农适应气候变化的能力和水平，需要不断加强农业技术推广和教育，提高农户适应气候变化的主动性和科学性。

(4) 应对高纬度地区气候变化，需要进一步加大科研投入，以培育抗逆品种、提升水资源利用技术，持续保障高纬度地区水稻生产能力。

本书研究的创新点主要体现在以下三个方面：一是聚焦我国高

纬度地区水稻在气候变化下仍保持增产和规模扩大的典型事实，论证了该现象背后的理论逻辑，并预测了未来中长期气候变化下的水稻生产潜力，突破已有文献主要关注评估气候变化负外部性的局限。二是创新地将稻谷最低收购价政策的托市收购特征融入水稻价格预期的构建，突破了传统研究方法忽略价格政策托底效应的局限，并弥补了气候变化相关文献中忽略价格政策的经济激励作用的欠缺。三是将机器学习、空间计量、长差分等前沿计量方法综合运用于水稻生产响应的多维估计，克服了气候变化实证估计中的多个计量分析困难，补充已有文献的不足。

喻　妍

2025 年 2 月

目录

第 1 章

导　　论

1.1 问题的提出

（1）在粮食供需紧平衡格局下，粮食需求刚性增长和资源环境硬约束并存对粮食安全提出了新的考验

饥饿与粮食安全是人类经济社会发展过程中长期面临的严峻挑战，中国政府一直将保障粮食生产与供给安全作为国家战略安全的重要内容。为确保国内口粮绝对安全，我国历来重视国内农业生产供应，强调在稳定粮食生产面积的基础上不断推动单产量的增加，进而确保粮食总产量的供给稳定（程国强和朱满德，2020；朱晶等，2021）。2022 年“中央一号文件”再次强调要保面积、保产量，通过严格落实粮食安全责任制考核，不断提高主产区粮食综合生产能力，确保全年粮食播种面积和产量稳定。《中华人民共和国乡村振兴促进法》中更是将粮食综合生产能力不断提高、确保我国口粮绝对安全和谷物基本自给列为核心目标，体现了对粮食安全问题的高度重视。

“水稻稳”是“粮食稳”的重要内容。稻谷是我国两大口粮之一，水稻也是我国农业生产最关键的粮食作物之一。2020 年稻谷产量 2.12 亿吨，约占粮食产量的 31%，超过口粮产量的 60%（李建平等，2021）。我国稻谷消费正逐渐从传统的单一口粮消费转向以口粮消费为主、饲料与工业用粮为辅的粮食多元化消费结构，稻谷总需求量将进一步呈扩大趋势（李建平等，2021）。我国人多地少缺水的现实背景，决定了水稻增产面临着严峻的生产收益率低、水土资源刚性约束的困境，同时面临着“后疫情时代”、中美贸易摩擦及俄乌关系恶化给我国经济形势和农产品贸易格局带来的极大不确定性。在供需紧平衡背景下刚性需求增加及资源硬性约束使粮食战略性功能与作用更加强化。因此，保持水稻稳产、增产能力对确保我国长期口粮安全意义重大。

（2）气候变化诱致的环境风险负外部性制约着粮食生产

20 世纪 80 年代以来，气候变化及其潜在的负面效应得到全球广泛关

注。政府间气候变化专门委员会（IPCC）对全球气候变化状况的评估表明，近50年来，全球气候正在变暖，而且随着时间推移，气候增暖趋势进一步加快，如IPCC第五次评估报告指出，全球平均地表温度在2006—2015年相对于1850—1900年上升了0.87℃，到21世纪末期全球温度增幅将高达1.8℃—4.0℃。Blunden等（2015）的测算结果发现全球地表及海表面温度、格陵兰冰盖反照率等在2014年就均已超过了历史水平，全球变暖仍在持续。尹朝静（2017）发现1984—2014年，我国年平均温度呈波动中上升趋势，每10年上升超过0.30℃。IPCC在日内瓦发布的《气候变化与土地特别报告》进一步指出气候变化正在威胁全球粮食安全，加剧土地荒漠化。如果不采取干预措施，未来数十年内气候变化的发展将超出许多国家和地区的适应能力。

随着气候变化的加剧，气候资源供给与粮食生产气候需求之间的矛盾可能变得更加突出，导致粮食生产潜力下降。气候变化会影响一系列的气象活动，尤其是厄尔尼诺现象频发、西太平洋海水热力上升、我国青藏高原地区上空热力异常等，继而引发农业旱涝气象灾害的频繁发生（叶笃正和黄荣辉，1996），导致作物管理、病虫害、土壤质量等发生变化，增加生产成本，影响生产效率。在气候变化影响下全球农产品生产布局也正发生着变化，如未来气候变化将导致西非和中非的水稻产量略有下降，而东非和南非的水稻产量则有所增加（Lobell等，2008）。就我国而言，气候变化导致的粮食生产潜力下降越发凸显。陈兆波等（2013）对干旱、洪涝等极端气候的估计表明，因干旱和洪涝灾害引起的农业损失占灾害总损失的70%—85%。矫梅燕等（2014）评估气候变化对我国农业产业的影响，结果指出气候变化的不利影响已经逐渐显现，如果在生产中不积极采取适应性措施，到2030年，包括小麦在内的作物生产能力因气候变化在总体上可能会下降5%—10%，且水稻、小麦和玉米三大关键粮食作物均将呈减产趋势，产量降低24%—37%。

（3）水稻生产重心向北迁移，高纬度地区水稻生产呈扩张态势，成为我国粮食安全的“压舱石”，气候变化如何影响水稻生产亟待论证

高纬度地区目前已成为全国人均粮食产量及粮食商品率最高的区域，

是重要的粮食生产基地，对保障全国粮食供给安全具有十分重要的作用。该地区现有耕地3590万公顷，粮食总产量达到全国粮食总产量的25%，输出的商品粮占全国输出总量的30%以上，成为我国的“第一粮仓”。由于高纬度地区粮食生产在国家粮食安全保障中的重要贡献，高纬度地区已成为我国粮食安全的“压舱石”（李保国等，2021）。

由于地区光热供给的差异，气候变化的影响在高纬度和中低纬度呈现较大的异质性。已有研究广泛关注气候变化在中、低纬度地区对谷物产量的影响，大量研究发现气候变化对我国中低纬度地区的水稻生产形成了诸多不利影响（尹朝静，2017）。如 Shrestha 等（2016）研究发现气候变化正在负向影响热带和暖温带地区水稻等主要作物的生产。我国南部省份的水稻生产，尤其是单产量开始呈现停滞状态（Wei 等，2017）。与低纬度地区不同，高纬度地区的气候变暖使其开始具备大规模生产喜热作物的气候条件（Du 等，2017）。在气候变暖趋势上，我国高纬度谷物主产区平均最低温度在过去60年内的上升速率为每10年0.43℃，而平均最高温度则每10年上升了0.20℃，生育期的有效积温增加有效保障了水稻生产所需的热量需求。并且高纬度地区温度升高的幅度较大，可能更适宜于喜热作物水稻的种植（Lobell 等，2011）。

水稻生产重心“南退北进”和向高纬度地区迁移成为气候变化下的新特征。Liang 等（2021）研究发现过去30年间，中国水稻种植北部边界向高纬度地区平均迁移近24.93km，最大迁移距离达到88.01km。我国高纬度地区的水稻生产较低纬度呈现出较强的增长势头。如图1-1所示，1980—2022年，我国高纬度地区水稻总产量增长了805.20%，而我国中低纬度地区的水稻总产量基本处于停滞状态，甚至在部分年份间出现明显下滑。与此同时，中低纬度地区的水稻播种面积出现明显下降的趋势，其2022年的水稻播种面积较1992年减少了25.83%，高纬度地区水稻播种面积则呈现显著的增长趋势，在过去43年内扩张速度高达483.29%。高纬度地区已成为国内重要的稻谷主产区，有效保障了我国国内水稻供应。

高纬度地区的水稻生产及其扩张与气候变化是否存在显著的关联？或存在何种关联？高纬度地区同时也遭受气候变化负外部性的持续影响，未来气候变化的不确定性是否对高纬度地区水稻生产产生威胁？这些问题尚未得到充分研究。厘清气候变化对高纬度地区水稻综合生产的多维影响，不仅对于筑牢粮食安全“压舱石”的意义重大，还为推动农业生产转型提供科学依据。

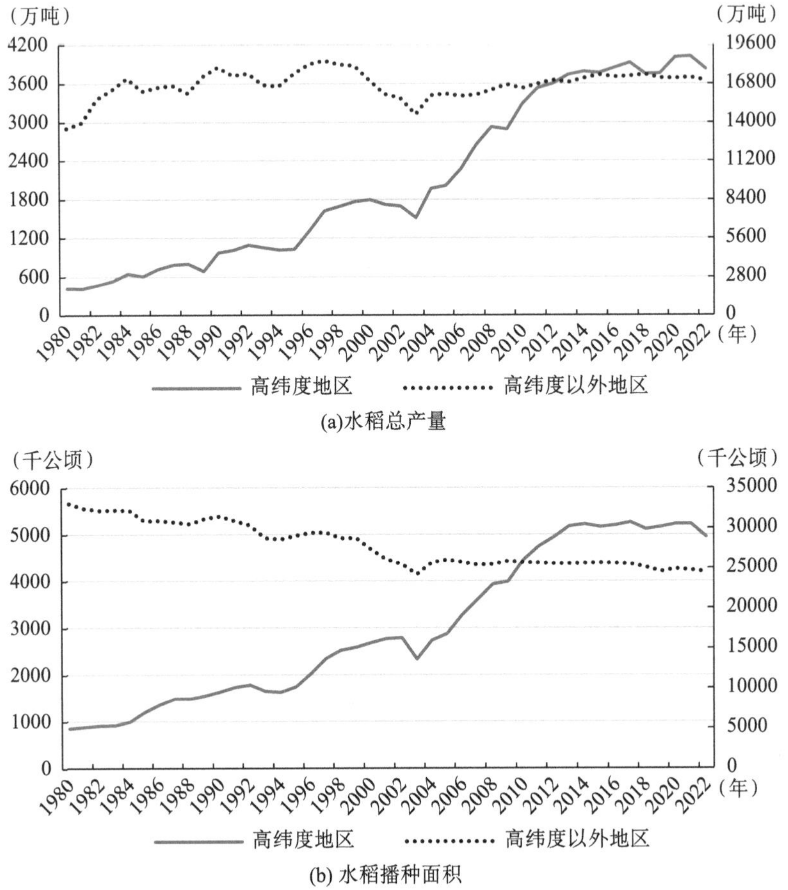

图 1－1　不同纬度水稻生产情况比较

（4）水稻生产受气候因素和经济因素（价格预期）的共同影响，气候变化对农业生产影响的议题属于农学和经济学领域共同关注的交叉学科研究

气候变化对农业生产影响的研究属于交叉学科，农学界和经济学界对此都十分关注。农学领域使用田间实验、生物物理模型来估计气候要素变

化对作物产量的影响（Long 等，2006；Lobell 等，2013）。该类模型将农业气象、农艺和土壤科学等知识整合起来，用数学公式描述作物生理生态过程（王品等，2014），其局限则是忽略了经济因素和生产者行为因素对生产的影响。因此，在农学领域的研究中经济学的理论和方法应用不足。而在经济学领域的研究中，丑洁明和叶笃正（2006）指出经济学家忽略了农业生产中气候变化外部环境的影响，导致这一交叉领域研究进展缓慢，因而将气候变化融入传统农业生产理论，提出了“经济—气候”新模型，作为链接气候因素和经济因素的桥梁。You 等（2009）、周曙东和朱红根（2010）、汪阳洁等（2015）、陈帅等（2016）、Miao 等（2016）等国内外研究普遍认为，农业生产取决于农业区气候条件和经济政策条件的共同作用，气候变化的影响研究需要融合农学和经济学，作为交叉学科问题进行探讨。

水稻生产不仅受气候变化等自然条件的影响和约束，还受经济因素的影响。随着粮食生产逐渐规模化与专业化，多数农户从事粮食生产的目的已从自给自足转为获取生产经营收入，因此经济因素尤其是价格因素成为农户粮食生产中的重要因素。如王德文和黄季焜（2001）指出，在粮食双轨制度下，粮食定购价格对粮食供应产生显著的影响；刘克春（2010）、钟钰和秦富（2012）、范垄基等（2012）、黄勇和朱信凯（2014）等均发现粮食相关的价格和经济因素均会影响粮食生产。更为重要的是，为稳定国内粮食生产和供给，中国政府自 2004 年起出台，并实施稻谷最低收购价政策（高纬度水稻生产区纳入政策范围），以提升农户种植水稻的积极性。当然，由于农业生产和农产品销售具有时滞属性，种植面积决策和种植中的作物管理实践必须基于农户对最终稻谷产出价格的预期，并据此在种植前和种植中调整自身种植决策和行为。如 Lin 和 Dismukes（2007）的研究认为，产品价格会通过影响农户的价格预期促使其调整自身的生产行为。因此，谷物产出价格预期也是种植决策中不可忽略的因素。

从农业生产实际过程来看，气候因子与价格预期共同作用于水稻生产，两者需同时考虑。在种植之初，谷物价格直接影响农户的种植面积决策，而气候变化又会约束农户的水稻面积种植决策，从而使其调整生产面积，因此水稻生产面积需要在价格和气候的共同作用下确定。在生长过程中，气候作为自然资源禀赋为水稻生长提供有利的光热条件，而不利的气候因子，如干旱、洪涝等，会直接导致谷物生长停滞、中断，产品价格等经济因素则会对农户行为产生激励，进而导致其产生干预行为，如增加投入、完善田间管理等；可以说，农户种植管理综合决策受到外在环境供给（气候变化）和内在利益需求（价格预期）的共同作用，两者需同时考虑。从实证估计的角度来看，探究气候变化对水稻生产的边际影响，也需首先控制预期价格的作用，如 Miao 等（2016）指出忽略价格预期的影响会高估气候变化对玉米产量的影响约 9%，而对大豆产量的影响高达 15%。因此，综合考虑气候因素和价格因素对水稻生产的影响将对现有气候变化的相关文献具有重要的边际贡献。

那么，在不可控的气候变化外部环境供给下，基于稻谷最低收购价政策支持所形成的价格预期如何作用于高纬度地区水稻生产？如何剥离气候因素和价格因素对水稻生产影响的净效应？回答该问题对于如何利用经济政策信号帮助生产者积极地适应气候变化具有重要的实践意义。

（5）农业生产过程中气候变化适应性是保障水稻生产的重要方面

农业生产过程中，当生产者逐渐意识到气候变化及其对水稻生产的不利影响或是接收到经济政策信号刺激后，均会采取积极的干预措施以避免水稻产量和收益的过多损失。一方面，杨宇等（2016）基于微观数据的研究发现，在极端气候刺激下农户显著提高了其农田管理适应措施的强度，并且经济支持会进一步激励农户适应性决策和行为的采纳；朱红根等（2016）发现农户在农业生产过程中，会通过补苗、调整农时、调整灌溉措施等方法降低气候变化的不利影响。另一方面，彭长生等（2019）指出稻谷最低收购价、价格预期是影响农户决定水稻种植面积及调整的重要因素，强调了受经济政策信号调整的价格预期对农户生产决策响应行为的影响。但多数研究侧重于分析农户是否采取适应性行为，以及适应性措施的种类，而忽略了生产适应性所产生的适应性效果及适应路径，故而无法评估生产适应性对水稻产量的影响，也难以有针对性地增强适应性行为。因此，评估气候变化下生产适应性的效果和路径对于保障粮食生产具有十分重要的作用。

基于上述现实背景和问题，本书以我国高纬度地区水稻生产为研究主体，分别从生产面积、单产水平、生产效率三个方面分析我国高纬度地区水稻生产的变化及其气候、经济驱动因子，并以气候变化下的生产适应性为落脚点，研究适应性效果和路径以及价格预期在其中的作用，以期为推动农业生产转型，促进我国水稻生产长期可持续发展、筑牢粮食安全“压舱石”和保障国家粮食安全提供有效的依据和参考。

1.2 研究目标与研究意义

1.2.1 研究目标

本书的研究以高纬度地区水稻生产为研究对象，综合运用经济学、气象学、农学等多领域的学科基础，在气候变化经济学理论、预期理论和农业生产理论的基础上，构建气候变化、价格预期对水稻生产影响研究的理论分析框架。研究的总目标是在气候变化特征研究和价格预期构建的基础上，从理论和实证角度研究高纬度地区水稻生产面积、单产水平、生产效率对气候变化和价格预期的响应，并以气候变化下的生产适应性为落脚点，研究适应效果与适应路径以及价格预期在其中的作用，以期为应对气候变化，保障水稻生产的长期可持续发展，促进农业生产适应转型，提供有益的参考依据。

目标 1：基于预期理论构建价格预期模型，将稻谷最低收购价政策的托市收购特征融入价格预期的构建，并利用卡尔曼滤波法探究稻谷最低收购价格、具有价格发现功能的期货价格等市场新信息对价格预期的影响。

目标 2：基于面积供给方程理论模型，考察气候变化和价格预期对水稻生产面积的影响；研究水稻种植面积的非线性响应及其动态驱动因子；探索预期单产量对面积决策的影响机制。

目标 3：在单产模型构建的理论分析基础上，探究气候变化、价格预期对水稻单产水平的影响；考虑空间异方差及其来源后，分析单产响应的直接、间接和总效应；预测在不同气候变化情景下未来气候变化对水稻单产的影响以及各气候变量的贡献率。

目标 4：经典要素投入视角下测算水稻生产效率，分析其时空动态变化；基于气候的要素属性和风险属性，探究气候变化作为自然资源要素投入下水稻生产效率的相对变化，并探讨气候变化、价格预期对水稻生产效率的影响。

目标 5：识别并估计水稻生产在气候变化下的适应性；剥离出水稻预期价格的影响和净气候变化适应性；从劳动力、机械、土地和化肥四个投入要素视角分别估计并剖析气候变化下生产适应性产生的主要路径。

1.2.2 研究意义

本书研究具有以下意义：

一是在气候变化背景下，本书研究对于筑牢高纬度地区粮食安全“压舱石”，稳定我国国内水稻生产供给，推动农业生产适应转型具有重要的现实意义。目前，气候变化的不利影响已经逐渐显现，如江河径流量趋于减少、华北地区干旱受灾面积扩大、局部地区洪涝灾害事件频繁发生、农业生产的不稳定性增加等，且现存研究已经对气候变化及其不利影响进行了广泛的估计和讨论。而在气候变暖条件下，水稻生产重心“南退北进”和向高纬度地区迁移成为气候变化下的新特征，我国原本较为寒冷的高纬度地区，喜热作物水稻正扩大种植规模，高纬度地区成为我国粮食安全的“压舱石”。分析气候变化与高纬度地区水稻生产的关联，探究未来气候变化对高纬度地区水稻生产的影响，可以为农户如何适应并利用气候变化提供实际参考，稳定国内稻谷生产供给。因此，加强对气候变化对农业生产的深入探究，了解高纬度地区水稻生产变化，增强水稻生产对气候变化的适应能力，对于提高农户收入、保障我国水稻生产供给稳定具有十分重要的现实意义。

二是结合经济因素对气候变化的影响进行科学评估，对国内气候变化研究中对经济因素的纳入和考量具有一定的边际贡献。一方面，在种植之初，谷物价格直接影响农户的种植面积决策，而长期气候变化又会约束农户的水稻种植面积；在生长过程中，气候作为自然资源禀赋为水稻生长提供有利的光热条件，而不利的气候因子如干旱、洪涝等，会直接导致谷物生长停滞、中断，产品价格等经济因素则会对农户行为产生激励，进而产生干预行为；因此，农户种植管理综合决策受到外在环境供给（气候变化）和内在利益需求（价格预期）的共同作用。另一方面，尽管气候是外生的，但是农业种植决策及水稻产量会受到诸多经济因素的影响，有效剥离其他因素的影响是精确量化气候变化影响的重要前提。Miao 等（2016）基于美国的农业生产估计发现，忽略价格预期的净影响会高估气候变化对玉米产量的影响达 9%，对大豆产量的影响将高估 15%，因此在理论和实证分析中需要进一步完善该模型。本研究在已有文献的基础上，结合我国特有的现实背景和政策环境，基于稻谷最低收购价政策构建价格预期，并将其引入气候变化与农业生产的研究中并进行实证分析，以期为气候变化对农业生产影响的相关研究提供数据和理论支撑。

1.3　概念界定

当前学术界对气候变化的定义有多种。大多数文献通常认为，气候变化是指某个地区气候平均状态在统计学意义上发生的显著改变，或者在数年或更长时间下持续存在的典型气候变动，而天气是指在给定时间和地点的大气状态（Deschênes 和 Greenstone，2007）。根据政府间气候变化专门委员会（IPCC）的定义，气候变化是指基于自然条件变化或者是因人类活动所引致的任何气候变动。《联合国气候变化框架公约》则将气候变化的定义聚焦于人类活动，将自然因素所带来的气候变动和人类活动所引致的气候变动区分开来，认为前者仅属于气候变率，气候变化则是在相当长的一段时间内，因人类活动直接或间接地带来大气组成改变所导致的气候条件改变。Dell 等（2014）将总期少于一年的气候称之为天气变化，而另一类文献则倾向于使用气候的逐年变化（Ray 等，2015）。Albers 等（2017）为了与文献保持一致，将涉及气候但短于 15 年的变量统称为天气。

气候变化与极端气候、气候冲击的概念部分重合。学术界对极端气候有一致的观点，将极端事件如极端高温造成的干旱、极端降水引发的洪水、极端低温等，称为极端气候（Easterling，2000）。Mehar 等（2016）在研究农户行为时指出，当气候对人类造成影响时可称之为气候变化，包括长期趋势性的气候变化以及以干旱、洪水等形式出现的极端气候。部分研究则将气候变化的影响称之为气候冲击，如 Sellers 和 Gray（2019）将气候变化对人类造成的影响认为是气候变化的冲击。Nawrotzki 等（2017）将均衡模型中气候变量的外生影响作为气候冲击，包括降水、温度、干旱指标等变量。

为了和当前研究一致，本书采用的气候变化概念不仅包含因自然因素和人类活动引致的长期水平趋势的气候变动，还包括气候变化中的极端气候情况。

价格预期概念的提出基于预期理论。Ezekiel（1938）在研究蛛网理论时认为最新的已知价格等于未来的价格。这是关于预期价格最早期的雏形，但此时并没有提出关于预期价格明确的定义。Goodwin（1947）和 Muth（1961）认为理性人基于现实的动态变化作出的预测结果称为预期，并将其运用于农业领域，尤其是价格预期的构建。Muth（1961）提出理性预期的概念，并指出由于使用的信息集及信息组合方式对构建预期条件的估计很重要，并且事件实际形成过程作用于预期的路径与方式对预期动态特征的影响也较大，因此当可用信息量或信息的系统结构发生变化时，理性人通常会对变化的方式和结果作出合理的预测。Lukas（1972）、Clark 等（1992）进一步在关于预期的计算中纳入政策等因素，认为理性人是基于所有可能获得的信息在利益最大化下作出最优预测，且此时的信息集可能并不完善，但会随着时间发生动态变化。此时，价格预期是有限信息集合下的最优预测。因此，本书的价格预期是指理性人在利益最大化下，基于当前有限且动态变化的信息集合下对未来价格的变动方向和幅度作出的事前估计。

1.4 研究内容与技术路线

1.4.1 研究内容

以往围绕农作物生产的影响因素开展的研究主要有三类：(1) 仅针对气候变化；(2) 仅针对价格变化；(3) 气候和价格变化。第一组研究认为农作物生产是每公顷产量与气候变量之间的技术关系，如 Roberts 和 Schlenker (2010)、丁锐和史文娇 (2021) 等，暂未考虑农户通过调整面积分配、投入、作物选择以及其他农艺方法等措施适应气候变化的潜力。第二组研究主要利用包括投入和产出价格等在内的经济变量来研究其对作物产量的影响，如陈秧分和李先德 (2013)、Haile 等 (2014) 等的研究，其潜在的假设是气候变量的影响可以被经济变量完全捕获，却忽略了农业生产所依赖的气候因素变化的影响。第三组研究（包括本研究）不仅研究了气候变化，还研究了经济变量对作物生产的影响，包括 Weersink 等 (2010)、Miao 等 (2016)、陈帅等 (2016) 等的研究。探究气候变化对粮食供应影响的同时，控制农户对预期产出价格的响应，并基于利润最大化原理，解释潜在的种植面积和产量调整。相比于第一组研究和第二组研究，第三组研究综合考虑了自然因素和经济因素的影响，对农作物生长过程及其影响因素的分析更为全面。

根据准理性预期理论，农作物价格预期会影响农户采用的农艺方法、种子品种以及其他可能影响农作物产量的种植决策（Kaufmann 和 Snell, 1997）。并且用于种植农作物的土地质量也可能受到农户预期价格的影响，因为它们会影响农作物间的作物替代，成为农户大规模调整作物生产面积的诱因，同时也决定了采用劣质土地进行作物生产的数量，直接影响了该地区的平均单产量（Feng 和 Babcock，2010）。但是，传统关于气候变化对作物生产影响的研究难以控制生产过程中行为主体对预期价格的响应。

因此，本书的研究在地理范围、价格预期构建、计量分析难点等关键问题上与已有研究有明显的差异与创新。具体来看，本书的实证研究从以下几个方面展开：

①我国高纬度地区气候变化特征识别。识别气候变化是判断气候变化能否影响高纬度地区水稻生产的前提条件。本书对气候变化的识别主要包括两个方面：一是基于气候趋势模型分析各气候变量长期变化趋势；二是利用气候常态的概念，通过计算各年份实际气候要素值与其气候常态值的差异，结合水稻生育期，刻画各地区气候要素的动态变化幅度与速率，识别气候变化中的异常气候并分析气候变化时空分异特征。

②价格预期的构建。本书基于预期理论和卡尔曼滤波法构建价格预期模型，主要探究了如何将我国稻谷最低收购价政策的托底效应融入水稻价格预期的构建。稻谷最低收购价格的本质是一种地板价格，意味着水稻市场价格跌至最低收购价以下的概率为零。这种截断分布可以采用 Tobit 模型将稻谷最低收购价政策纳入价格预期的构建。除稻谷最低收购价政策外，具有价格发现功能的水稻期货价格、水稻国际市场价格等也可能会对水稻市场形成一定的冲击，因此市场上不断有新的信息涌入。准理性预期理论认为行为经济人会利用新的有效价格信息更新其水稻价格预期。因此，采用卡尔曼滤波法通过利用新旧信息集的预测来检验市场变化是否为行为主体提供有用信息。

③气候变化和价格预期对水稻生产面积的影响。基于面积供给方程理论模型，分析气候变化和价格预期对水稻生产面积的影响。该部分建立在价格预期构建的基础上，进而纳入各类预期气候变量研究气候变化和价格预期对高纬度地区水稻生产面积的影响。采用机器学习中的多元自适应回归样条算法搜索重要的解释变量，表征水稻种植面积的非线性响应及其动态驱动因子，并基于分位数点进行边际效应分析。进一步在

模型中引入预期单产变量，以探索农户预期单产量对面积种植决策的影响机制。

④气候变化、价格预期对水稻单产水平的影响。探究影响水稻单产的气候和经济驱动因子，并在未来气候变化情景下对水稻单产变化进行预测。由于生产环境和种植管理方法在邻近地域存在空间相关，故在原有研究的基础上考虑数据的空间属性，并关注异方差及其来源。使用两种不同的 Breusch - Pagan 检验来探究此问题，并针对可能存在的空间自相关及空间异方差问题，考虑采用广义空间模型解决空间自相关及异方差等问题，得到水稻单产量响应的直接、间接和总效应。进而根据未来气候变化情景模型，预测在不同气候变化模式下未来气候变化对水稻单产的影响以及各气候变量的贡献率。

⑤气候变化、价格预期对水稻生产效率的影响。利用 SBM 超效率模型及 DEA 窗口分析技术测算我国高纬度地区水稻生产效率，从地区生产效率差异和时序特征两方面分析水稻生产效率的动态变化。基于生产不确定性理论和气候的要素属性，在经典投入要素的基础上进一步纳入气候要素投入，观测气候变化下各地水稻生产效率的相对排序变化。基于气候的风险属性，进一步构建实证模型分析气候变化及作物预期价格对水稻生产效率的影响，并引入水稻生产效率动态变化过程，利用 GMM 方法进行动态面板模型估计。

⑥气候变化、价格预期与水稻生产适应性的研究。首先，通过实证估计经典面板下短期响应和长差分方法下长期响应的差异，识别并估计高纬度地区水稻生产气候变化适应性。其次，基于预期利润最大化发现价格预期与生产者种植管理行为密切相关，进一步引入价格预期，区分出预期稻谷价格的影响和净生产适应性。最后，基于高纬度地区水稻生产对气候变化存在生产适应性的事实，从劳动力、机械、土地和化肥四个投入要素分别估计并剖析气候变化下生产适应性产生的主要路径。

1.4.2 技术路线

本书的技术路线如图 1 - 2 所示。

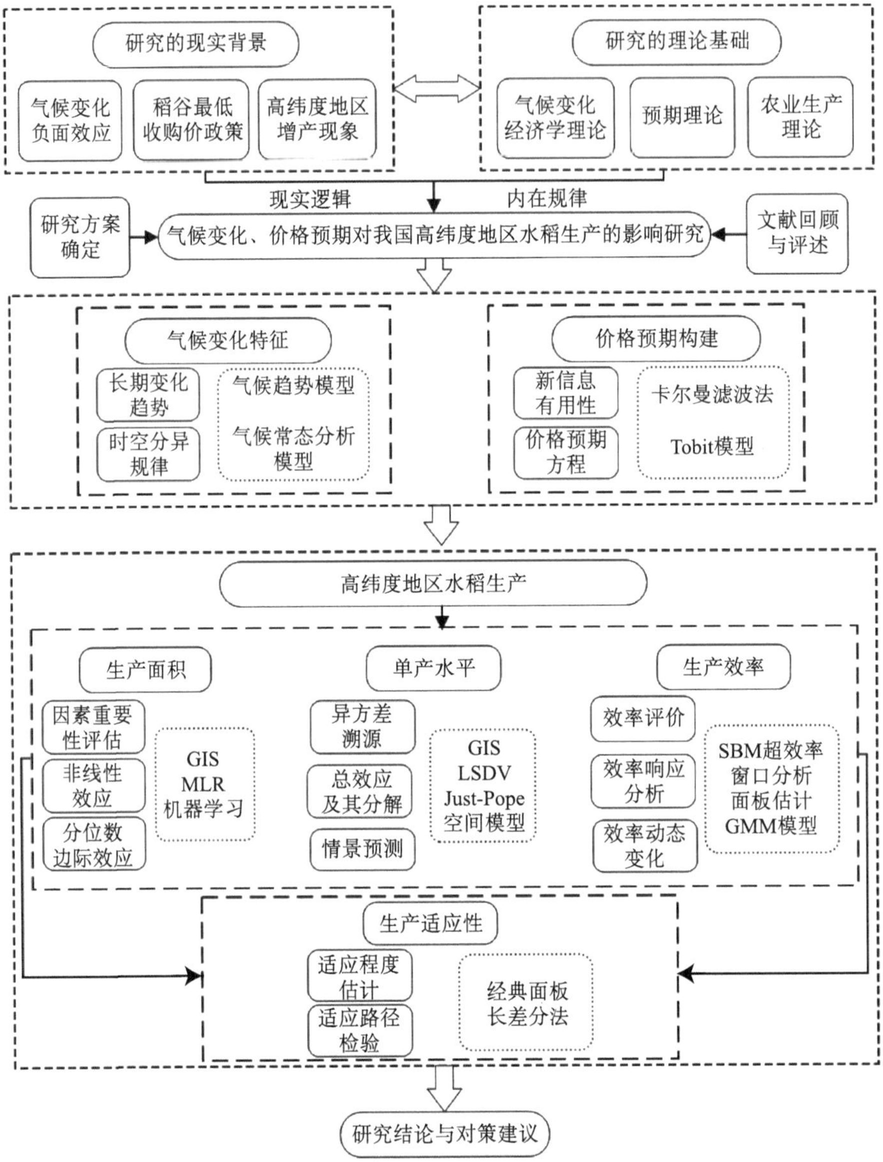
研究的现实背景
气候变化负面效应
稻谷最低收购价政策
高纬度地区增产现象
研究的理论基础
气候变化经济学理论
预期理论
农业生产理论
现实逻辑
内在规律
研究方案确定
气候变化、价格预期对我国高纬度地区水稻生产的影响研究
文献回顾与评述
气候变化特征
长期变化趋势
时空分异规律
气候趋势模型
气候常态分析模型
价格预期构建
新信息有用性
价格预期方程
卡尔曼滤波法
Tobit模型
高纬度地区水稻生产
生产面积
因素重要性评估
非线性效应
分位数边际效应
GIS
MLR
机器学习
单产水平
异方差溯源
总效应及其分解
情景预测
GIS
LSDV
Just-Pope
空间模型
生产效率
效率评价
效率响应分析
效率动态变化
SBM超效率
窗口分析
面板估计
GMM模型
生产适应性
适应程度估计
适应路径检验
经典面板
长差分法
研究结论与对策建议

图 1-2 技术路线图

1.5 研究方法

（1）机器学习方法

本书在探究气候变化和价格预期对水稻生产面积决策的复杂非线性和动态交互影响时，应用机器学习中的多元自适应回归样条算法。该算法可以根据重要性评估自动搜索有效变量，并通过最小化广义交叉验证的均方根误差来对水稻面积响应函数中的高阶多项式进行建模。但传统模型的局限在于，由响应函数估计得到的非线性效应的仿真效果在高维设定下平滑度有限且灵活性较差。该算法削弱传统回归估计方法中的假设，使用非参数技术在多变量设定中搜索和发现数据中存在的非线性和交互关系，最大限度地提高模拟准确性。该算法通过类似递归分区回归的前向和后向两阶段过程来实现，在前向过程中基于数据自动搜寻可能存在的节点和基函数，而后向过程中则使用带有网格搜索的 k 折交叉验证，通过最小化预测误差来去除前向阶段产生的冗余基函数，以建立一个最优的估计模型。

（2）各类面板模型及其扩展方法

第一，本书在构建价格预期时，由于 2004 年稻谷最低收购价政策提出后，使价格存在截断分布，故采用普通最小二乘法和 Tobit 程序进行估算，获得价格预期方程。第二，在探究气候变化和价格预期对水稻单产量的影响时，由于数据具有空间属性，采用空间计量模型进行估计，包括空间误差模型 SEM 和广义空间模型 SAC，以解决所存在的空间异质性和异方差问题。进一步采用文献中经常使用的最小二乘虚拟变量模型 LSDV 以及 Just - Pope 随机生产函数为基础的 FGLS 模型，与空间模型的估计结果进行比较并探究经典模型解决空间问题的适应性。第三，为研究气候变化和价格预期对水稻生产效率影响，利用面板固定效应模型、面板随机效应模型以及广义最小二乘法进行估计，并基于水稻生产效率存在较强的时序特征，引入动态面板估计，主要采用的是广义矩估计方法中的差分 GMM 和系统 GMM。第四，在估算水稻生产适应性程度时，引入面板模型经典方法即固定效应模型，估算气候变化和价格预期对农业生产的短期影响。

（3）长差分估计方法

本书在分析水稻生产适应性时，为获得气候变化等因素对农业生产的长期影响，利用 Burke 和 Emerick（2016）提出的长差分法估计进行实证研究。长差分法根据变量的长期平均变化进行估计，体现出生产者针对最新气候变化趋势所作出的适应性调整。因此，将固定效应模型下计算而来的短期影响与长差分法下获得的长期影响估计值进行分析，测算出短期负面影响在较长的时期内由于适应性存在而被抵消的百分比，以获得生产适应性程度的估计。

（4）数据包络分析及窗口分析技术

本书为测算高纬度地区水稻生产效率，采取数据包络分析方法（Data Envelopment Analysis，DEA）估计水稻生产前沿。该非参数方法能克服假设条件的限制，对多维输入和输出进行相对灵活的效率估算，但只能进行静态比较。为对 DEA 效率的测算值开展动态比较分析，进一步纳入窗口分析技术，将 DEA 方法与窗口分析技术相结合，测算不同年份不同地区的水稻生产效率，最终获得可以进行动态比较与分析的生产效率值。

（5）各类模型检验方法

为确保市场上出现的新信息对价格预期的形成具有显著作用，采用卡尔曼滤波检验法对市场上新信息的有用性进行检验，以提高预期模型构建的科学性和可靠性。采用均方根误差 RMSE、平均绝对误差 MAE 和 Nash - Sutcliffe 效率系数以上三个拟合能力评估指标，对机器学习法进行拟合能力评估。采用空间自相关的全域模型检验空间单元的平均相关性及其显著性，并运用拉格朗日乘子检验法对空间面板模型的选择提供参考，其中主要包括针对空间滞后的被解释变量（LM Spatial Lag）以及误差项空间自相关（LM Spatial Error）进行的检验。此外，运用 BP 异方差检验和 BP 空间自相关检验来区分经典异方差和空间异方差，并对模型的适用性进行检验。

1.6　研究创新与不足

1.6.1　研究创新

现有关于气候变化和农业生产的文献给本研究提供了很好的参考与借鉴。在已有文献的基础上，本书从以下三个方面进行了一些探索与创新：

①聚焦于我国高纬度地区水稻在气候变化下仍保持增产和规模扩大的典型事实，论证了该现象背后的理论逻辑，并预测了未来中长期气候变化下水稻生产潜力，突破现有文献主要关注评估气候变化负外部性的局限，揭示了气候变化下农业生产适应转型的方向。基于历史数据的实证研究发现气候变化对高纬度地区水稻生产，包括水稻面积扩大、水稻单产量提高等，均有显著的促进作用，从边际上拓展已有研究中发现的气候变化对中、低纬度地区水稻生产主要呈负面影响的结论。同时，本书基于未来不同气候情景进一步预测出高纬度地区水稻单产量“由增到减”的动态过程，揭示了高纬度地区在持续气候变化下水稻生产演变的理论逻辑和内在规律。

②创新地将稻谷最低收购价政策的托市收购特征融入水稻价格预期的构建，突破了传统研究方法忽略价格政策托底效应的局限，并弥补了气候变化相关文献中忽略价格政策的经济激励作用的欠缺。由于水稻生产和销售存在时期差异，已有研究多直接采用滞后一期价格作为产出预期价格分析其对作物生产的影响，忽略了我国最低收购价政策带来的托底效应对价格预期的影响。本书基于准理性预期理论，构建了融入稻谷最低收购价政策托市收购特征的价格预期模型，以准确捕捉我国稻谷价格预期的形成过程。同时，已有研究虽然广泛关注了价格对谷物面积的影响，但并未考虑价格预期对稻谷单产、生产效率等的影响。本书基于价格预期的构建，将气候因素和价格因素同时纳入生产分析框架，从生产面积、单产量、生产

效率和生产适应性四个方面系统揭示了气候变化和价格预期对水稻生产的影响程度及作用机理，为适应气候变化提供了参考价值和政策启示。

③将机器学习、空间计量、长差分等前沿计量方法综合运用于水稻生产响应的多维估计，克服了气候变化实证估计中的多个计量分析难点，补充现有文献的不足。首先，利用机器学习中的多元自适应回归样条法，自动选择气候变量，评估所选变量的重要性，并对高阶多项式进行拟合，解决已有研究中选取气候变量及构建方程形式的主观性。其次，针对邻近地区气候、土壤等相似性导致的空间自相关，区分模型中异方差来源，构建空间权重矩阵控制空间自相关和空间异方差，以确保实证估计的一致性和有效性。最后，已有研究多基于微观调研侧重于分析农户是否采取适应性行为及其适应性措施，但难以评估在长期生产中对气候变化的适应效果，本书采用长差分法估计生产者对气候变化的长期响应，并结合长、短期响应，探究高纬度地区水稻生产对气候变化的适应程度和适应路径。

1.6.2 存在的不足

本书在借鉴国内外相关研究成果的基础上，围绕气候变化与农业生产的研究主题展开了深入的探究，并实现了一定的创新和突破，但由于数据可得性等方面的限制，本书仍存在一些不足和欠缺，有待在将来的研究中进一步完善。

①本书考察了有效积温、温度离差、低温冷害以及降水等对水稻生产的影响，但并未专门引入台风、冰雹、洪涝等极端气候灾害事件并评估其对水稻生产的影响。现实生活中气候与很多灾害事件相伴而生，如过高降水量引致的洪涝以及降水不足所导致的干旱问题，因而本书所采用的降水的非线性效应和低温冷害等变量仍能够满足研究需求。而台风、冰雹等极端气候灾害发生频率虽相对较低，但其一旦发生也可能会对水稻生产形成影响。此外，气候变化引致的次生灾害也会影响水稻生产，如长期气候变化下所导致的病虫害增加等，这可以在未来的研究中进一步拓展。

②本书主要针对高纬度地区水稻生产开展分析与讨论，暂未涉及中低

纬度与高纬度研究结论的比较分析，未来可以进一步拓展。在气候变化相关文献中，较多研究集中于中低纬度地区对气候变化的负面响应，而忽略了初始温度偏冷的高纬度地区可能因气候变暖而受益的特征。因此，重点研究高纬度地区，不仅因为气候变暖可能为该地区带来新的生产机遇，还因为在未来农业生产适应转型过程中，生产重心可能从中低纬度转移到高纬度地区，同时可以通过政策调控影响价格预期，如最低收购价政策，为农业生产的适应性转型提供理论依据和实践方向。

③本书虽然针对水稻生产进行了深入而全面的分析，但并未详细分析水稻及其竞争作物在气候变化下的系统性响应。水稻不仅是我国的主要粮食作物，也是高纬度地区主要种植作物，具有较好的代表性。然而，生产者在农作物种植过程中往往并非只种植水稻这一单一作物，农户种植面积分配决策、作物管理实践等受到水稻本身及其竞争作物的影响。此外，气候变化是否导致了高纬度地区作物种植偏好的转移，其转移趋势如何，有待进一步研究证明，这也是未来研究进一步深化的方向。

第 2 章

理论基础与文献回顾

2.1 理论基础

2.1.1 气候变化经济学理论

随着气候变化对经济社会体系的影响研究不断深入，经济学家开始试图研究并解释气候变化及其对社会发展的影响，并逐渐形成一个完善的经济学研究框架和体系。因此，气候变化经济学是经济学领域中一个新的分支，主要探讨气候变化与经济社会系统的关系。

采用经济学视角对气候变化问题进行研究最早主要关注的是气候变化和社会发展的互动关系。Nordhaus（1977）将属于自然学科领域的气候变化融入社会科学研究，指出有关气候变化的政策措施只有借助经济社会系统才能有效发挥作用，从此开创了气候变化在社会科学领域研究的先河。Nordhaus（1982）探究二氧化碳浓度和经济社会发展的关系，研究认为，在经济社会发展中能源和农业经济活动与气候变化的关系最为密切，强调气候政策会通过经济社会体系发挥作用，但与此同时气候变化也会反作用于社会发展形成一定的损害。20 世纪 90 年代，经济学界开始专注于模型化气候经济分析理论。Nordhaus（1991）创造性地提出了气候变化综合评估模型。该模型基于新古典经济学理论，构建了经济系统、生态系统和气候变化的动态分析框架：经济增长会产生二氧化碳等温室气体排放、温室气体变化及其引起的气候变化会使生态系统发生改变，生态系统进而反作用于经济系统，形成闭合循环回路。

在气候经济学理论中具有代表性的气候经济模型主要有动态集成气候经济模型（Dynamic Integrated Climate - Economy Model，DICE 模型）、多区域动态集成气候经济模型（Regional Integrated Climate - Economy Model，RICE 模型）、区域与全球温室气体减排政策评估模型（Model for Evaluating the Regional and Global Effects of GHG Reduction Policies，MERGE 模型）。

其中，DICE 模型是 Nordhaus 开发的新古典综合评估模型，集成了新古典经济学、碳循环以及气候科学的内容，并且该模型将对主观估计成本及采取措施减缓气候变化的主观估计收益进行加权权衡（Nordhaus，1994）。Nordhaus 和 Yang（1996）进一步将 DICE 模型扩展成多区域模型 RICE，强调对经济和气候的建模仅针对特定地区而非整个世界，分析不同国家在各类合作模式下的减排效果，发现国家间进行合作能够带来更高的减排水平。Manne 等（1995）提出估算温室气体减排的区域和全球影响的模型，基于量化的方式研究气候变化，形成了 MERGE 模型。

尽管气候变化被认为具有负外部性，但就应对措施的讨论依旧存在争议。世界银行前首席经济学家 Nicholas Stern 领导的气候经济学团队在进行了为期一年的深入调研后，从经济学视角详细分析了全球气候变化的现状及其原因，并形成了《斯特恩报告》（Stern，2006）。自此，开启了气候变化经济学的激进派和保守派之争，Nicholas Stern 为激进派的代表，以气候变化经济学理论闻名的诺贝尔奖获得者 William Nordhaus 则为保守派的代表人物。Stern（2006）在经济增长理论基础框架下利用成本—收益法评估了气候变暖对全球经济的影响。该报告指出气候变化是有史以来全球最为严重影响最为广泛的市场失灵，对经济学提出了独特的挑战，而现有的气候经济模型多数都低估了气候变化带来的风险和损失。强调尽早采取措施缓解气候变化的不利影响是最优选择，其应对成本远小于不采取任何措施带来的损失，若不采取行动，气候变化负外部性所引致的成本损失将相当于国内生产总值的 5%，最高可能达到 20% 的比例。但气候变化经济学领域中保守派的经济学家对《斯特恩报告》提出了质疑和批评，认为该报告过于悲观和激进，研究中存在因贴现因子设置过低高估了气候变化成本的现值而低估了减排成本、忽略气候变化的不确定因素、应对方案的经济机会成本过高等问题（Nordhaus，2007）。因此，以 William Nordhaus 等为代表的气候变化经济理论的保守派主张稍微渐进的气候变化应对措施，并认为行动的力度可以随着经济发展水平和技术的壮大而逐渐增强。

Acemoglu 等（2012）进一步针对不同类型的技术进步对气候政策的内生性问题进行研究，从而得出更为系统、中立的结论，成为气候变化经济学理论综合派的代表人物（张娟，2012）。气候变化经济学理论综合派强调在增长模型中纳入导向性技术变迁，并基于污染型投入品和清洁型投入品两部门模型的构建，对各类气候政策展开成本收益分析，将气候变化经济学拓展至一个全新的视角下进行研究。Acemoglu 等（2012）的研究结论较为中立，认为气候政策干预力度应由污染型和清洁型两部门投入品的替代强度决定：当其替代强度较高时，研究结论偏向于 William Nordhaus 等为代表的保守派，认为只需对污染部门征税或者对清洁部门进行补贴就可以激励社会向清洁部门倾斜，使经济系统得以可持续发展；反之，当污染型投入品和清洁型投入品的替代强度较弱时，研究结论则偏向于 Nicholas Stern 等为代表的激进派，主张必须尽早采取强有力的政策干预措施以减少气候变化的负面效应。

气候变化经济学理论是本研究第 4 章至第 7 章构建含气候变化实证模型的核心理论基础。一方面，本书基于气候变化经济学理论，针对水稻生产面积、单产水平、生产效率和生产适应性四个层面分别构建合理的理论模型并进行实证分析，并对未来气候状况及高纬度地区水稻单产水平进行预测。另一方面，基于气候变化经济学理论所关注的核心议题以及本研究的结论，提出未来气候变化持续发展下稳定农业生产的政策建议。

2.1.2　预期理论

预期理论从 1980 年起开始形成，并不断完善和发展，主要包括以下四个阶段：早期预期理论、凯恩斯预期理论、后期的理性预期理论，以及预期理论在农业生产中的应用。

一是早期预期理论。在凯恩斯主义出现以前，预期理论主要是一种简单化的理论，也是预期理论最早的雏形。Marshall（1890）在《经济学原理》一书中分析资本的投资收益时引入预期因素进行分析，他指出当人们预期该资本会升值时，会积极运用他们所有的生产设备，并尽可能地利用全部时间，甚至超负荷地使机械运转，以获取预期的良好收益；而当人们预期该资本会贬值时，不仅会减少生产设备工作的时间，还会使较多的生产设备处于闲置状态。同时，人们基于自身预期甚至会采取延迟享受等行为。Wicksell（1898）进一步将预期延伸至利率视角，提出累积过程理论，指出利率变动对相对价格的影响并不是即时、短期的影响，而是通过预期的形成对价格产生累积性的影响。利率在一段时间内走低致使商品价格不断上涨，在此过程中人们会逐渐形成价格上涨预期，并基于该预期影响其后续行为决策。如在高预期产品价格的刺激下，即使生产投入要素价格上升也仍愿意增加要素投入，甚至当利率重回正常水平时还愿意高价购买生产要素，因为基于前期预期形成了产品货币价格水平增加的信念。

早期预期理论代表性人物还有 Hicks（1939）和 Myrdal（1939）。理论认为预期弹性仍以前一期预期价格为基础，当前价格的变动会改变人们的价格预期，因此预期弹性被定义为因当前价格变动而发生的预期价格变动的程度与当前价格变动程度的比值。Hicks 预期是一种不确定性的预期，较容易出现波动，但短暂的波动也会影响人类预期的改变。他指出当预期弹性大于 1，即富有弹性时，会存在各类需求增加的初始作用和后续反应，经济系统无法实现均衡；而当预期弹性小于 1，即缺乏弹性时，经济系统则可以实现均衡。Myrdal（1939）将预期理论融合至事前和事后分析中，并将对预期的讨论引入价格形成机制，认为事前动态变化的预期和事后结果的差异展现了“可预见”和“不可预见”的本质差别，两者都会对经济变化产生重要影响。

二是凯恩斯预期理论。尽管预期在经济学中的重要性早就为人所知，但受制于当时经济活动水平的限制，预期理论并未深入发展。凯恩斯时代逐渐确立了预期理论在经济学研究中的重要地位。凯恩斯预期理论最早形成于 1923 年，Keynes（1923）主要分析了预期价格对生产的影响，以及生产者预期价格的累积效应。研究认为当生产者预期价格较低时，会使他们难以采取如长期垫支等风险较高的生产决策行为，进而会对生产形成负面影响，并且生产者对价格预期的判断是基于长期价格预期的累积效应。同时，他强调了预期在利润中的重要作用，也指出了预期利润将直接影响生产者投资生产等行为决策。Keynes（1930）进一步研究预期对经营主体行为及经济活动的影响，指出整个社会的经济活动均与经济行为人的预期密切相关。市场参与者的决策投资行为均以其预期利润的大小为依据。因此，行为主体选择投资决策的倾向程度，由行为主体预期该投资所能获得的预期收入能在多大程度上弥补其为生产资金支付的利率成本决定。

凯恩斯预期理论使预期在经济学分析中开始占据重要地位。Keynes（1936）运用心理预期法探究了厂商在心理预期驱动下的投资行为，研究中将未来预期划分为短期预期和长期预期，并利用市场参与者对未来的预期来分析货币需求、投资需求、产量水平、就业水平和经济周期等，研究指出市场总供给和总需求均受到市场参与者预期的重要影响，经济行为主体投资行为的驱动使其基于对未来市场的预期以谋求利益最大化，并且预期的改变会在预期形成过程中传递，使其变化犹如经济周期式的波动，进一步强调了预期的重要性。

凯恩斯预期理论将预期与不确定性联系起来，发展了基于不确定性的预期理论。然而，凯恩斯预期理论将预期视为外部变化，因而预期的形成与经济体系中其他的变量无关，同时，他也未对预期形成的机制提出明确的分析。

三是后期的理性预期理论。Muth（1961）发现在以往的研究文献中多假定行为主体除预期外的其他方面均是理性的，但恰好忽略了预期本身的理性、动态特征，这会导致分析难以在一个统一的框架下进行。由此理性预期的概念应运而生，该理论指出经济行为主体预期的形成不仅基于历史信息，还会有效利用当前的所有信息，使其在理性预期框架下蛛网理论中所提及的农产品市场均衡状态可以更快地达到（Muth，1961）。此外，理性预期等价于经济理论的预测，因此如若没有异常情况的出现，市场主体是可以根据当前所能获取的各类信息对未来作出准确的预测。

进一步地，Lucas（1972）将 Muth 的理性预期假说与货币经济周期的观点相结合，把理论预期的概念从微观进一步扩展至宏观层面，指出理性预期关注的重点在于比较预期结果和实际结果的异质性与一致性，与其他预期存在着本质区别。因此，经济行为人的预期概念是系统客观的概率分布。同时，Lucas 将预期作为分析工具对经济政策进行分析，并提出了“卢卡斯批判”，认为由于预期的动态调整机制的存在，使传统凯恩斯主义所提倡的联立经济模型难以持久地描述行为主体的变化。批判了传统的政策分析忽略了行为主体的预期效应，因为行为人不仅会参照历史数据还会依据当前不断发生变化的动态信息调整自身的预期，进而来改变决策和行为。此时经济模型中的各种关系、参数等都会发生改变，导致原来的经济模型在良好地拟合一段时间后逐渐与实际情况产生差异。

Sargent 等（1973）首次在计量经济学中体现了理性预期的思想，指出将理性预期纳入计量分析框架的关键瓶颈在于如何施加约束条件，在对此进行严密推导后提出了交叉方程约束条件，并基于经济行为人决策规制参数的转化实现了对目标函数的参数估计。Marcet 和 Sargent（1989）引入市场主体的学习机制以及理性预期机制到线性随机模型中进行估计。Sargent 和 Wallace（1976）基于理性预期理论提出了政策无效性命题以及非理性理论观测等，将预期范式扩展到了新领域。由于理性预期理论假设预期与潜在市场结构一致，假定了农户信息无障碍，在实际生产中难以运用，Nerlove 和 Fornari（1998）放松了信息无障碍的假设，提出准理性预期理论，强调农户对已有信息的判断和处理。

此外，Sims（1998）在有限理性的基础上对理性预期提出了新的发展方向，认为在动态预期下，市场主体的行为决策模式发生变化，从而使传统凯恩斯主义模型的有效性受到挑战。基于 Lucas（1972）的理论，Sims（1998）引入了向量自回归模型，将理性预期纳入动态分析框架，并提出了理性疏忽理论，强调经济行为人只能获取有限信息并在预期形成过程中忽略某些信息。Mankiw 和 Reis（2002）在此基础上纳入信息处理成本，提出了粘性信息理论。因此，Morria 和 Shin（2006）基于粘性信息理论下的信息滞后现象，提出粘性预期理论，指出经济行为人的预期学习过程在短期内难以完成，使经济行为人的预期存在异质性，打破预期同质性和即时学习能力的假定并强调了决策行为中预期学习过程的重要性。

理性预期理论认为在最大效益的驱动下，经济个体会尽可能获取完全的信息，那么经济主体对未来经济变量的预期不仅基于历史的经济数据及其变化，还会尽可能有效地利用当前的信息。理性预期学派推动了预期在经济学理论中的发展和进步，在传统的新古典经济学中纳入行为主体根据经济信息进行的预期，丰富了关于“经济人”理性的探讨。

四是预期理论在农业生产中的应用。预期理论在农业生产中的应用主要是由于农产品生产和销售存在较大的时滞效应，这也意味着实际的销售价格在农户作生产决策时是未知的。因此，为尽可能提高生产利润，农户需要对销售价格进行预期。预期理论早期在农业领域的发展主要基于蛛网理论。Schultz（1930）探讨过预期形成的蛛网理论，以体现农户的动态预期行为。蛛网理论是价格形成的动态模型，基于弹性理论考察价格波动及其对下一期农产品产量的影响，并关注其中的均衡波动。综合研究发现，历史价格是形成未来价格预期的关键，并且农户以自身的农产品价格预期为决策依据，作出相应的种植决策和生产管理行为。该模型将未来农产品价格预期的形成直接定义为农户播种时接收到的农产品价格信息。

随着预期理论的发展，对预期价格的思考也逐渐深入。首先是适应性预期注重对已有预期价格的理性思考，构建实际价格和预期价格的误差修正机制（Nerlove，1956）。其次，Clark 等（1992）在原价格预期方程中引入政策支持价格，以获取新信息对价格预期的干预作用，研究发现加拿大小麦初始支付价格对当年小麦预期价格具有显著的影响，基于加拿大小麦初始支付政策，首次提出带有价格支持政策的价格预期方程，从而拓展了准理性预期的运用。Raggi 等（2013）也指出若取消农业支持政策，农户将会因为预期下行而导致自愿选择退出生产的比例急剧增加，验证了政策在农户预期中的重要作用。

因此，本书在构建价格预期时，借鉴预期理论，综合考虑各类市场价格信息、价格动态变化、价格支持政策等对价格预期的影响，并纳入有效市场新信息进入价格预期方程。基于预期理论构建价格预期方程并估计出科学合理的价格预期变量，是进一步结合气候变化分析两者对水稻生产影响的基石。

2.1.3 农业生产理论

农业生产理论是生产经济学理论的延伸，并逐渐发展成为一个独立的理论体系。由于生产经济学研究的核心问题是探究生产方案选择、生产资源最优配置以及经济社会环境对生产配置、成本和效率的影响，为组织提供一个提升效率和利润的生产决策框架。农业生产理论是生产经济学发展到一定阶段后细化出的子领域，主要是将生产经济学理论运用于农业这一专门领域，围绕农业生产者和农产品，对农业中土地、劳动力、资本、管理资源使用和生产结果进行经济分析，关注生产方式的选择及资源利用效率，强调在资源有限的条件下最大限度地实现农业社区或国家的既定目标。

农业生产理论起源于德国农业经济学家 Theodor Brinkmann 所著的《农业经营经济学》一书中。此前，Black（1926）在《农业生产经济学导论》一书中首次提出了农业生产经济学的概念，集中于探究投入与产出的关系，并利用定量分析法论证了边际报酬递减的规律。Brinkmann（1935）利用数量分析法研究了农业生产集约度、农业配置问题以及农业生产经营制度，发现在商品市场经济条件下，农业生产者应将生产集约度保持在最恰当的数量上，才能使其在农业经营中获得较高且持久的经济效益。Brinkmann（1935）开创性地将边际收益递减规律等与生产规模理论整合在一个分析框架之下，从而形成了较为完整的农业生产经济体系，为未来的农业生产理论发展奠定了理论基础。

农业生产理论侧重于探讨生产者理性决策原则和农业生产关系，前者涉及农业生产决策的行为机制，后者则主要是有关生产函数设定与量化的问题。关于农业生产决策的行为机制，学术界主要围绕农业生产经济的理性选择理论展开，包括自给小农和理性小农两大学派。自给小农学派以农业经济学家 Alexander Chayanov 为代表，Chayanov（1926）指出农户多属于风险规避型行为人，其生产行为目标仅是为了满足家庭生计需要，而并非基于利润最大化需求，因此农户难以获得高于生存需要的动力，即使他们会努力工作，但一旦满足了其生存需要后，农户就会放慢速度并停止工作。该观点被称为消费—劳动力平衡原理，即劳动力会增加，直至满足（平衡）家庭的需求（消费）为止。Schultz（1964）在《改造传统农业》一书中否认发展中国家的农户属于不愿创新且非理性的个体，挑战了当时发展经济学家所持有的普遍观点，成为理性小农学派的代表人物。Schultz（1964）发现农户会对政府设定的高税收和人为压低的作物价格作出理性反应，并指出农户处在竞争的市场中具备完全理性，能在利润最大化目标的激励下使资源配置达到帕累托最优。

Schultz（1964）主张农业生产在利润最大化目标驱动下进行，得到广大农业经济学家支持。然而，由于该观点所主张的利润最大化驱动农户行为决策机制与当时农户从事效益较低农业活动的现实情况并不相符，部分学者也对该观点持评判态度。此外，Boeke（1953）通过长达30年的跟踪调研，提出了农户生产行为基于成本最小化的观点。因此，利润最大化和成本最小化成为农业生产理论中重要的关注点。

农业生产理论中农业投入数量和产出之间的生产关系，即生产函数的设定和量化，也是讨论的重点。生产函数构建了一个前沿面，代表从每个可行的投入组合中可获得的产出的极限，或是代表生产指定数量的产出所需的最低生产投入要素的函数，用于推导出边际产量和区分配置效率。生产函数一般由一个产出变量和多个生产要素投入变量组成，其中农业生产中的投入要素一般包括劳动力 L、机械 M、土地 L 和化肥 F，因此生产函数可以由函数形式 $Y=f(L,M,L,F)$ 来表示。

由于农业生产过程中会面临复杂多变的生产环境以及可能的农业生产技术进步，因此需要更加具体的、灵活的生产函数形式来刻画不同的生产条件、技术和生产形式的差异。从生产函数的定义来看，生产函数给出了农业实物投入数量和农产品产出数量之间的技术关系，并且生产技术关系集中表现于要素替代弹性。农业生产理论中生产函数模型根据要素替代弹性的不同，主要分为四种不同的表现形式：一是Solow（1956）和Arrow等（1961）基于不变替代弹性假设，认为农业生产投入要素之间的替代弹性保持不变，即边际技术替代率变动一个百分比时，生产技术在要素比例上变化的百分比恒定。提出了不变替代弹性生产函数模型（Constant Elasticity of Substitution），简称为CES生产函数模型；二是Cobb和Douglas（1928）假设农业生产投入要素间的替代弹性恒定为1，提出了Cobb－Douglas生产函数，该生产函数是CES生产函数模型中的一种典型函数形式；三是Sato（1967）基于可变替代弹性假设，提出了可变替代弹性生产函数模型（Variable Elasticity of Substitution），简称为VES生产函数模型，该模型表示与CES生产函数模型相反的情况，即农业生产投入要素间的替代弹性不再为常量，而是会发生变化的数值；四是Christensan等（1973）提出的Translog生产函数模型，它拥有更具一般性的可变替代弹性。

传统生产理论主要考虑揭示包括如化肥等在内的数量有限且可控的生产要素投入与农业产出之间的数量关系，但并未考虑如降水、温度等自然因素在内的不可控生产投入要素。丑洁明和叶笃正（2006）在生产函数中纳入气候因子，将气候变化要素融入传统农业生产理论，进一步提出了“经济—气候”新模型，即“C－D－C”模型，推动了农业生产理论的完善。此后，You等（2009）、Chen等（2016）的研究将各类气候因子引入农业生产经济学领域，架起了链接气候研究和农业生产研究的桥梁。

本书第5章和第6章将基于农业生产理论，运用Cobb－Douglas生产函数研究高纬度地区水稻单产水平及其生产效率的响应变化。并在Cobb－Douglas生产函数的基础上，对其基本形式进行了具体的拓展，构建了包含价格预期及气候因素等变量在内的“经济—气候”模型。较之原有农业生产函数中仅包含劳动力、机械、土地及化肥投入要素，经济因素和自然因素的结合更能进一步科学地从资源配置经济学角度反映投入和产出的关系。

2.2 国内外文献综述

通过对已有文献进行梳理，发现与本研究密切相关的国内外文献可以分为以下几个方面：①气候变化对农业生产的影响；②价格因素对农业生产的影响；③气候变化下生产适应性研究。

2.2.1 气候变化对农业生产的影响研究

气候变化相关的问题引起了学术界的广泛探讨。通过对已有文献进行梳理，可将其分别归纳为如下四个方面：①气候变化对农业投入要素的影响；②气候变化对农业种植结构的影响；③气候变化对作物产量的影响；④气候变化对农业生产效率的影响。

2.2.1.1　气候变化对农业投入要素的影响

病虫害泛滥下，作物生长所需要的化肥、农药、水资源等投入要素成本增加。气候变化与作物病虫害密切相关。由于植物病害主要受温度、降雨、湿度等的影响，气候变化下作物集约化等实践会直接影响寄主和寄生虫的生理和物候，破坏他们的同步性，且不断出现的极端气候更有助于疾病的传播（Jackson 等，2011）。Cannon（1998）预测到 2100 年全球地面平均温度较 1990 年将上升 1℃—3.5℃、大气中的二氧化碳会持续增加。温度的升高会严重影响昆虫的发育和分布，因而气候变化滋生了有害生物生存环境，增加了有害生物的暴发并改变了媒介的传播（Porter 等，1991）。另外，温度的升高会引起杂草群落的改变以及多物种的地理生态位扩张，气候变化已导致欧洲可耕生态系统的杂草植物区系发生转变（Jackson 等，2011）。

为提高粮食安全及生活水平，农药的使用必不可少，但农药的黏附以及植物对其吸收的速度极易受到气候的影响。如温度的升高会使农作物表面上农药的挥发性增强、降解加速，间接降低农药的环境浓度（Delcour 等，2015）；且在降水量减少的情况下，作物干旱致使谷物对农药的吸收受到限制（Bloomfield 等，2006）。大气中增加的二氧化碳浓度虽然会促进施肥效果，但直接提高了杂草的泛滥程度及其对除草剂的耐受性（Gutierrez 等，2008）。此外，由于温度升高和蒸散量的增加，水资源的投入也面临一定的压力（Piao 等，2010）。

2.2.1.2　气候变化对农业种植结构的影响

气候变化会改变当地光热条件的供给，导致谷物种植结构变化。区域变暖延长了作物潜在生长季节的长度，增加农业热量资源，使谷物可以提前播种、延迟收获，且喜温作物的种植边界北移。例如，在 1983—2004

年，中国西北地区棉花的生长季节延长了 9 天（Piao 等，2006），同时霜冻天数在大多数农田地区均有减少（Wang 等，2008）。Ye 等（2015）以我国南方为例，分析并预测水稻生长适宜区从 1951 年到 2100 年向我国北部和西部移动的趋势，发现适用于单作水稻和早期双作水稻的土地面积正在减少。如东北黑河等地区以往温度较低时，不能种植水稻，现东北地区温度明显升高后，水稻种植区北扩（王媛等，2005）；在温度升高趋势下，河北冬小麦种植区向北移动（杨晓光等，2010；李克南等，2013）；何奇瑾和周广胜（2012）运用分布—气候关系模型，研究春玉米的潜在种植分布，认为春玉米潜在种植界呈波动式北移趋势，且东北三省春玉米的边界向北部移动 158.3km—285.8km（赵锦等，2014）。肖风劲等（2006）在生产技术水平保持不变的假设条件下，预测气候变化会使我国水稻种植一熟制南界继续北移，其北界则逐渐北移至一熟制地区的中部，并且多数水稻产区将由两熟制变为三熟制。

早期关于农作物面积响应的研究主要集中在投入要素等经济变量上，而较少控制气候变量的影响。向青和黄季焜（2000）指出机井产权朝向非集体演变、劳动力成本提高、粮价相对于生产资料价格升高、粮食订购任务增加等均对粮食播种面积的变动产生显著积极影响。对气候变量影响的讨论始于 Orazem 和 Miranowski（1986）的研究，他们在探究农作物种植面积对不同价格预期制度的响应时，控制了春季降水的影响，但是没有明确讨论降水对作物种植面积的影响。但降水和温度的变化会直接影响农作物的播种日期进而影响到农作物的选择及其种植面积（Miao 等，2016），如 Sacks 等（2010）观察到在过去 30 年间春季降水量变化会延缓玉米播种时间，直接导致中西部大豆种植次数增多、种植面积增加。Hendricks 等（2014）引入春季降雨等气候变量后发现，在谷物价格冲击下，不仅使玉米和大豆单方面地扩大了种植面积，还使两者之间的轮作替代关系更为突出，且作物种植面积对价格冲击的短期响应大于长期。

由于气候变化，农作物种植类型、作物面积分配方式及生产布局也正在发生改变。Wang 等（2010）基于我国的微观调研数据研究发现，随着温度的升高，农户选择种植棉花和玉米的可能性增加，而降水量的增加则会使小麦的种植概率增加。Miao 等（2016）利用美国雨养地区 1977 年至 2007 年间的面板数据，研究价格和气候变化对作物面积的影响，指出未来气候变化将使玉米单产平均减少 11.3%—40.1%。Saadi 等（2015）利用区域气候模型输出的高分辨气候数据发现，近 50 年间，年降水量总体减少，平均温度上升 1.5℃，在此条件下，预计到 2050 年冬小麦和番茄潜在可耕种面积分别增加 7% 和 24%。Weersink 等（2010）基于产量分布的预测参数与作物价格预期建立面积响应函数，并将作物面积响应函数分解为价格和产量弹性，研究指出大豆和小麦是玉米最优的轮作互补作物，且预期产量及预期收益在农户作物面积分配决策上起到重要作用。Haile 等（2016）通过采用新开发的多国季节性分解模型，估计全球主要农产品小麦、玉米和大豆等的总供给响应，研究发现农户的耕地分配决策正在向价格波动较小的产品转移。

2.2.1.3　气候变化对作物产量的影响

目前学术界针对气候变化对农作物产量影响的研究方式主要分为两类：自然学科研究法和社会经济研究法。自然学科的研究主要使用田间试验和作物物理模型来估计气候变量对作物产量的影响（Long 等，2006），如根据试验中的作物生长要素参数，考察气候变化对农作物生长各个阶段以及产量的影响。孙宁和冯利平（2005）利用冬小麦生长模型和农业生产模拟系统，发现当 5 月平均温度高于 21℃时，热害导致的冬小麦减产比例超过 13.1%。王永华等（2012）在大田定位实验条件下，设置四类作物栽培模式进行实验研究，并发现各类栽培方式在缓解异常气候对产量影响的效果上差异较大。张凯等（2015）在考虑叶面积指数、叶绿素含量等植物个体特征的基础上，模拟气候变化对我国半干旱区春小麦生产的影响，研究得到即使在降水量增加的情况下，增温对小麦产量的负面影响依然存在。与之得到部分相反结论的是张荣荣等（2018），该研究基于粮食作物生育机理相关的气候指标，发现冬小麦生育期的平均温度改变后有利于除豫北区域以外 83.3% 地区的产量增加。

农作物生长模拟模型主要依托实验参数，难以分析经济因素和个体生产决策行为对生产的影响，也忽略了农户通过改变投入要素、调整面积和农艺习惯等行为来适应气候变化的可能性（Mendelsohn 等，1994），因而农学领域所采用的模型对社会经济作用的解释力十分有限。社会经济研究主要采用计量模型分析法，近期研究已经开始使用面板数据和回归模型来检验农作物产量对温度和降水的响应。最早将自然科学和社会科学结合起来的研究是 Kaufmann 和 Snell（1997），他们整合了气候、玉米产量的物理和社会经济决定因素，研究认为气候变化占美国中西部各州玉米产量变化的 19%，而经济因素的占比高达 74%。Cabas 等（2010）研究了加拿大安大略省的玉米、大豆和冬小麦的单产，发现温度升高会提高平均农作物单产。但 Schlenker 和 Roberts（2009）通过县级面板生产数据与气候数据匹配的数据集，采用时间序列和横截面面板方法研究，发现美国 3 种主要农作物的单产虽然都随着温度的升高而增加，但对温度升高的适应性有限，且在全球升温情景下会严重降低美国雨养农作物单产 30%—82%。陈帅等（2016）关注了气候变化对我国小麦和水稻生产影响的最优拐点，并实证检验了倒“U”形拐点的存在，预测到 21 世纪末粮食单产会因气候变化降低 2%—19%。侯麟科等（2015）则强调气候变化对农业生产的影响存在地域异质性，如降水量的增加会对我国南方形成不利影响，而对其他区域则为正向影响。Miao 等（2016）利用全球气候情景预测发现，气候变化可能会使美国的玉米产量降低 7%—41%，大豆产量降低 8%—45%。Marshall 等（2015）的预测结果表明，由于气候变化下预计的灌溉水供应减少和灌溉系统的成本增加，农作物将从灌溉土地转移到旱地，降低美国主要田间作物的平均单产水平。与此同时，气候变暖和降水增加也会增加旱地作物的产量，而降雨模式对灌溉土地的影响存在较强的异质性（Lu 等，2017）。

2.2.1.4 气候变化对农业生产效率的影响

有学者从全要素生产率视角研究作物生产效率。Sabasi 和 Shumwa（2018）研究发现当期降水量对美国农业全要素生产率变化的三个组成因素，即技术变化、技术效率变化和规模混合效率变化，均具有显著正向影响，但气候变化的总体影响因地区和组成因素而异。尹朝静等（2016）基于“技术不会遗忘”的假定探究气候变化对粮食生产率增长的影响，研究强调了气候变化对粮食生产率具有正反两方面的影响，气候变化会加剧技术效率恶化但同时也会提升技术进步，最终影响取决于两者的临界效应。林光华和陆盈盈（2019）采用指数分析法测算了气候变化对冬小麦全要素生产率的影响，研究表明冬小麦全要素生产率对温度变量和生长期积温的响应呈现倒“U”形非线性关系，过高的温度会通过降低技术效率进而降低全要素生产率。Sheng 和 Xu（2019）以澳大利亚干旱为例，发现 2002—2010 年的严重干旱导致该国农业全要素生产率下降了 18%。Ogundari 和 Onyeaghal（2021）发现非洲地区的降水可以显著增加当地农业全要素生产率，但温度并未发现存在显著影响。易福金等（2021）将气候变化纳入农业全要素生产率分析框架，研究强调气候变化将致使农业全要素生产率在国内各地域出现较高的地区异质性，除年均温度对该生产率具有正向影响外，年度总降水及其密度、异常温度等均为负向影响。

也有学者基于技术进步不变条件，聚焦于技术效率研究气候变化对生产效率的影响。姜岩等（2015）基于效率损失函数模型，引入气候资源变化并探究其对江苏省水稻生产效率的影响，研究发现该影响年际差异和空间异质性均较大，水稻分蘖期、乳熟—成熟生育期内的光温比提升有助于提高水稻生产效率，孕穗和抽穗时期光温比的增加则会产生负向作用，7 月累积降水量的增加会对水稻生产效率的提升具有正向促进作用。高鸣（2018）强调传统农业生产效率与纳入气候变化影响的农业生产效率存在不同，并对此进行实证分析与探究，研究发现总体上纳入气候变化影响的农业生产效率虽较传统农业生产而言偏低，但却更为稳定；气候变化对农业生产效率的影响存在地区异质性，如西部地区存在明显的受益趋势，传统农业大省的生产效率则受到气候变化的制约。罗海平等（2021）利用重心迁移模型测算了我国粮食主产区内粮食作物的气候资源利用效率并分析其时空属性，研究指出地处中低纬度的长江中下游粮食主产区的气候资源利用效率较低，而东北农业区等地的粮食生产气候资源利用效率则较高。

2.2.2 价格因素对农业生产的影响研究

2.2.2.1 要素价格对农业生产的影响

农业生产中基本要素价格变动会影响农户生产积极性，并产生要素替代效应。卢华和胡浩（2015）利用江苏省实地调研数据分析指出，农业生产中要素价格的上涨会直接降低小农户种植的积极性。闵继胜和孔祥智（2016）在探究中国农业发展与环境问题时发现，随着工业化技术水平的提升和政府扶持力度加大，化肥、农药等生产要素价格相对于劳动力要素价格下降，这一现实情况会促进农户使用更多的低成本化学投入要素而非人力投入。王倩等（2019）进一步拓展关于劳动力要素价格上涨问题的讨论，发现劳动力价格持续上涨以及农药比较收益的逐年下降迫使劳动力流出，致使农业耕地面积减少。刘守英和王一鸽（2018）发现当前农业要素价格相对上涨态势推动了农业生产结构转型，传统农业依靠密集型劳动力投入提升土地生产率的生产模式难以维系，正转向现代农业发展模式，即通过提高资本和机械投入提高劳动生产率。姜海滨和应瑞瑶（2018）以价格弹性理论为基础，分析国际化肥价格波动风险对作物单产和面积的影响，理论和实证分析一致发现农作物种植会受到化肥价格波动风险的负向影响。

在产量研究中，Coyle 等（2008）在研究加拿大农作物生产对价格的响应时，将动态作物生产分解为静态短期作物种植面积分配决策和动态作物产量，结论指出投入要素和产出作物的影子价格效应使小麦和大麦的单产提高了 4%。王常伟和顾海英（2013）认为，当农药价格低于产量变动溢出价值时，农药使用量会相对增多，减少农产品产量损失；一旦农药价格高于产量变动溢出价值，农药使用量的下降可能会致使农产品产量损失相对增多，农户收益就会下降。Adams 等（1977）指出价格升高致使化肥投入减少 20% 时，可使耕地面积增加 21%，生产价值减少 4%。类似地，Brunelle 等（2015）构建了 2050 年化肥价格变化的不同情景，认为化肥价格每年增长 0.8%—3.6%，由此导致农作物产量到 2050 年减少约 13%，若要满足市场上对农产品的需求，全球耕地面积需要增加 100 百万—240 百万公顷。

2.2.2.2　产出价格对农业生产的影响

谷物产出价格是影响作物生产的重要经济因素。谷物价格与农业价格支持政策紧密相关，因而早期研究主要评估农业支持政策对农业生产水平的影响（Holt，1999）。因为政府干预不仅改变了预期价格还降低了价格的波动性，所以会涉及价格和生产不确定性引起的风险（Lin 和 Dismukes，2007），如 Chavas 和 Holt（1990）发现政府支持价格对玉米和大豆价格分布形成的截断效应会影响农户的生产实践。

同时，价格本身也会影响作物生产。孔祥斌等（2003）认为作物价格指数变化对种植面积的影响是通过蛛网效应，即农户基于上一时期的作物产出价格决定当年的作物种植决策。刘俊杰和周应恒（2011）运用改进的 Nerlove 供给反应模型，分析了我国小麦播种面积对其市场价格与竞争作物价格的响应，发现小麦播种面积可以根据小麦及其竞争作物价格的变化作出调整响应，但其响应敏感程度在短期和长期具有异质性，如短期内播种面积对自身和竞争作物价格响应并不敏感，但在长期内却对价格具有较高弹性。范垄基等（2012）认为稻谷、玉米和小麦三种粮食作物生产面积对作物价格的响应存在滞后效应，表现为在短期内均缺乏弹性，而长期弹性较大。魏君英和何蒲明（2013）发现粮食作物对经济作物价格的响应弹性为负数，表明当经济作物价格上涨时，会使农户将原来种植粮食作物的土地用来种植经济作物以提高生产收入，从而压缩粮食种植面积。

除价格本身的影响外，价格波动及其风险也会影响作物生产。Moschini 和 Hennessy（2001）发现，生产者的生产投资决策以及各要素资源配置决策均会受到价格风险的不利影响；Bellemare 等（2013）指出，降低作物价格的波动性可以为较富裕的农村家庭提供比贫困家庭更大的相对收益。Haile 等（2016）用广义矩估计法估计全球主要农产品的总供给响应，研究指出较高的产出价格可以刺激全球作物供应的增长，但产出价格的波动会起到反面的抑制作用，减弱价格增长的激励作用，使2006—2010年间全球作物减产1%—2%。Lee等（2016）在用奇异频谱分析作物价格和单产波动的基础上指出，农户作物选择的风险收益调整受到作物价格季节性波动的影响。

产出价格对土地质量、面积等农业生产重要组成部分有十分重要的意义。Miao等（2016）提到种植农作物的土地质量也可能受到投入和产出价格的影响，因为它们会影响农作物间的替代，改变农户的土地分配决策，从而导致劣质土地种植非合适的作物并影响该地区的平均单产量。但Roberts和Schlenker（2013）指出由于给定年份的产量和种植面积会影响该年的农作物价格，因而直接将农作物的当期收获价格作为解释变量可能会产生内生性偏差。进一步地，Miao等（2016）实证研究发现在玉米价格上涨引起玉米供给增加效应中，33.8%是由于价格引起的单产提高，66.2%则是由于价格引起的种植面积扩大。Hennessy（2006）选择拟凸函数研究玉米—大豆轮作结构，采用数学模拟法以挖掘支持不同轮作的作物价格并实行补贴后可一定程度上节省氮肥、提高玉米单产。另外，杜为长和科尔曼（1997）主要研究了我国北方地区农作物播种面积对价格变化及农艺因素的响应，研究发现农户作物种植面积决策不仅受到价格的影响，还受到单产水平、种植习惯等因素的影响。

2.2.2.3 价格预期对农业生产的影响

由于农业生产与销售间存在时滞性，种植决策和种植后的作物管理实践必须基于农户对产出价格的预期，价格预期影响着农户的生产决策方案。Kaufmann和Snell（1997）指出农作物价格预期会影响种子品种、农作方法以及其他可能影响农作物单产技术的采纳。预期价格的上涨也可能导致轮作方式的改变，如玉米预期价格的上涨会导致土地从玉米—大豆轮作转变为玉米连续轮作，也可以使种植面积增加，甚至扩大到低质量土地上（Feng和Babcock，2010），进而可能会导致作物单产量的降低。预期农作物价格对县域农作物平均产量的净影响取决于这些影响的相对幅度。Haile等（2016）利用家庭调查数据分析埃塞俄比亚谷物和豆类种植农户的价格预期，结论指出小农价格预期与市场当前和过去的产出价格、批发价格以及季节性降雨密切相关。

价格预期的构建主要围绕预期理论的发展而不断进步。早期，简单预期假说简单假设预期价格平均而言与最新观测到的价格相同，农户基于当前价格形成了自身的价格预期（Ezekiel，1938）。适应性预期假说认为价格预期会随着时间变化，因而农户可以根据过去的经验调整心中的预期（Nerlove，1956）。但是这些假设均忽略了决策者施加的价格预期会动态影响未来价格（Nichell，1985）。自1960年后，理性预期一直处于主导地位，该理论认为预期与潜在市场结构一致，经济主体可以有效利用所获得的信息形成价格预期，该假说基于经济主体知晓数据形成过程的假设（Muth，1961；Evans和Ramey，2006）。但由于现实生活中拥有有限信息的小农户获取和处理信息的成本很高，农户不太可能利用所有信息来形成他们的价格预期（Orazem和Miranowski，1986）。因而在放松部分假设后，利用准理性预期模型来建模价格预期方程，该价格预期通过简化形式的动态回归方程来预测价格，准理性预期假设对生产者的信息集及其数据处理知识具有更为现实的假设（Nerlove和Fornari，1998）。

在实证研究中，前期收购价格和期货价格都被广泛用作价格预期的代理变量。Eales等（1990）在研究美国伊利诺伊州农户和谷物商人的价格预期时，认为在大多数情况下期货价格是农户价格预期合适的替代变量，虽然期权溢价所隐含的波动性通常会高估生产者和销售商的主观差异，但是价格预期和市场价格的差异与心理学文献中对过度自信的定义是一致的。Chavas等（1983）研究了期货价格和滞后一年收购价格作为价格预期代理变量时对农作物种植面积影响的差异，结果表明两者的影响效应较为一致。因此，这两个价格变量均分别被已有文献广泛使用作为价格预期的代理变量，如Chavas和Holt（1990）、周曙东和乔辉（2018）以及刘泽莹和韩一军（2019）使用滞后一年的收购价格作为预期价格的代理变量来研究预期价格对作物单产或面积的影响；而Orazem和Miranowski（1986）、Lin和Dismukes（2007）使用收获期期货价格作为农户在种植期的价格预期指标，Weersink等（2010）则通过平均化收获期期货价格来构建价格预期。

近年来的文献对价格预期的构建较之于以往文献稍显复杂。Miao 等（2016）指出虽然现有研究已经使用各种代表预期价格的代理变量，由于尚无证据指出各代理变量在描述农户价格预期方面的优劣势，因此分别选择滞后一年收购价格和当年期货价格分别作为作物价格预期的工具变量并进行稳健性检验。彭长生等（2019）基于修正后的 Nerlove 模型，结合我国农业生产实际，根据农户是否有预期到本年度稻谷最低收购价的实际变动来构建虚拟变量，并将此作为价格预期的代理变量。Hendricks 等（2014）研究美国作物种植面积对价格响应模型时，在考虑收获价格分布具有对数正态条件分布的基础上，将价格预期定义为农户种植前的有效预期价格，由政府补贴、期货价格、现货价格构建而成的多维价格指数：如对玉米而言，期货价格是 12 月期货合 1—3 月的平均价格；现货价格则是 3 月的现货平均价格，并使用预期作物产量乘以 2000 年作物面积作为预期价格的权重来构建多维价格预期指数。

2.2.3 气候变化下生产适应性行为研究

农户对气候变化的感知是其在作物生产中对气候变化产生适应性的前提，并且农户虽能够感知到气候变化，但其感知会因国家和地区的不同而存在异质性。Makuvaro 等（2018）发现发展中国家半干旱地区的农户由于其社区的脆弱性，会更明显地感知到最高温和最低温的变化，并且农户对温度的感知与气候变化分析结果一致，但农户对降水的判断与实际降水趋势变化不一致。同样，Mertz 等（2009）利用家庭小组访谈法和家庭调查研究农户对气候变化的感知及其适应策略，指出北非的农户感知到全年温度在升高，并将风和偶尔过量的降水视为最具破坏性的气候因素，其中对降水的感知准确性相对偏弱。但 Gebrehiwot 等（2013）通过对埃塞俄比亚农户进行调研，发现当地农户尤其是主要以雨养农业为生的农户，能够感知到温度上升与降水量下降的变化。Kibue 等（2016）针对中国南部农户的调研也发现农户能意识到气候变化，且其气候变化感知与历史气候变化趋势一致。雒丽等（2017）基于对我国高寒地区农牧户的调研分析，指出农户气候变化感知受到其接收的气候信息相关资源、客观适应能力、社会信任度以及适应激励的影响。Spence 等（2011）指出农户对气候变化的感知程度受到自身气候灾害经历的影响。Hou 等（2015）认为社交网络会显著提高农户观念的一致性，进而提高农户正确感知气候变化的能力。

农户适应气候变化所采取的措施种类多样且存在偏好异质性。Adger 等（2009）研究发现，受传统文化、宗教信仰和价值观的影响，部分农户在面对气候变化时选择继续使用传统的低效生产方法，而不愿意提前采取适应措施。Chen 等（2014）将农户适应性措施分为工程与非工程两类，前者包含修建基础设施、购买农用设备等，后者包含种植作物变更、调整播种日期与要素投入等。此外，还有包括购买农业保险、分散家庭收入来源等措施在内的金融管理措施（Huang 等，2014）。朱红根等（2016）基于南方主要稻谷产区的入户调研数据分析，发现大部分稻农通过补苗、调整种植日期、更换作物等非工程类适应性行为来应对季节性干旱，而由于资金和劳动力方面的限制，对修建基础设施等工程类适应性措施的采纳意愿较低。Huang 等（2014）基于中国九省的微观调研数据发现，农户通过种植作物多样化来适应气候变化，且适应性行为主要与前一年的极端气候事件相关，同时家庭资产和社会资产也对适应性行为产生重要影响（Wang 等，2014）。由于贫富差距所产生的偏好异质性，富有的农户更倾向于采取工程类措施，而贫困的农户更倾向于采取低成本的农田管理方法（侯玲玲等，2016）。

2.2.4 文献述评

综上所述，国内外围绕气候变化和农业生产的研究主题展开了许多有益的讨论，并形成了丰富的研究成果，为进一步开展相关研究提供了重要的文献支撑，但在以下三个方面仍有待拓展：

一是当前研究多关注于评估中低纬度地区气候变化的负外部性，少有研究关注我国高纬度地区的气候变化及其对农业生产的影响。一方面，较多文献在评估中低纬度气候变化负面效应时已发现了水稻生长适宜区向北方高纬度地区迁移的趋势，但对高纬度地区水稻生产受气候变化影响的效应及机制研究仍显不足。目前，高纬度地区水稻生产呈现显著的增长趋势，逐渐成为我国重要的水稻生产基地，其也是享受我国稻谷最低收购价政策支持的区域，具有重要的研究价值。另一方面，如果未来遭受持续的气候变暖，高纬度地区水稻生产是否也会遭遇不利影响，其生产潜力究竟有多大，尚未得到充分研究，仍需进一步探索。

二是在有关气候变化对农业生产影响的研究中较少综合考虑粮食价格支持政策通过价格预期所产生的作用，尤其是价格政策的托底效应。回顾已有研究可知，多数文献重点考虑了农业基本投入要素和气候要素等变量对农业生产的影响，而忽略了价格支持政策体系下农产品价格的影响，尤其是产品价格预期的作用。值得注意的是，有文献发现如果完全忽略价格因素，可能会过度估计气候变化对粮食生产的不利影响。并且在以稻谷最低收购价为主的粮食价格支持政策体系下，产品价格必然作用于整个农业生产环节。同时，由于农业生产和农产品销售之间存在时滞性，种植决策和种植后的作物管理实践必须基于农户对产出价格的预期。因此价格预期影响着农户的生产决策方案，对农业产出质量及效率有较大影响。但多数研究仅直接采用滞后价格作为农户价格预期，忽略了价格支持政策对农户价格预期的影响。

三是现有文献尚未充分考察气候变化估计中存在变量选择主观性、空间异方差等计量问题，也未评估气候变化下适应性效果，研究方法仍需完善。已有研究方法采用生物物理模型、面板模型、农户调研数据等分析气候变化对作物生产的影响，其潜在的缺陷是气候变量选择和函数形式依赖于研究者的主观态度，难以捕获气候变量的非线性和动态交互关系。经典面板数据模型忽略了作物产量在空间上的相关性，以及地区间降水、温度的相关性，因而较少考虑实证模型中可能存在的空间自相关和空间异方差，导致难以确保估计结果的一致性和有效性。此外，基于调研数据的文献主要围绕农户气候变化感知、农户适应措施采纳两个方面展开，使其难以评价生产适应性效果，即农户适应性行为整体上是否有显著缓释气候变化的不利影响。

因此，本研究在现有研究的基础上，重点关注高纬度地区水稻生产变化，同时将稻谷最低收购价政策融入价格预期的构建，获得能够反映政策托底效应的价格预期。进而将自然资源禀赋条件和经济激励因素相结合，探索气候变化和价格预期对高纬度地区水稻生产面积、单产水平和生产效率的影响，并考虑单产模型中可能存在的异方差及空间相关问题。最后落脚于水稻生产适应性，就高纬度地区水稻生产对气候变化的适应程度进行评估，探究其适应路径，并挖掘价格预期在适应过程中所起的作用。

2.3　研究分析框架

近年来，气候变化对农业生产的影响得到国内外学者的广泛关注，气候条件作为外在环境供给，不仅是作物生产时所依赖的关键生产资源禀赋要素，气候变化所诱致的极端气候频发也是农产品生产的主要环境风险来源（见图 2－1）。水稻作为我国最重要的粮食作物之一，其生产对气候资源具有较强的依赖性，因而在农业生态系统中被认为是响应气候变化最敏感的生产系统之一（凌霄霞等，2019）。Wei 等（2009）预计至 2050 年气候变暖和极端气候会导致我国水稻减产 4%—14%，加剧我国粮食安全的隐患。然而，在初始温度偏低的高纬度地区，由于适度的温度升高会带来更高的光合作用率，气候变暖一定程度上可以促进高纬度地区农作物尤其是喜温作物的生长发育（Meng 等，2014）。因此，本书将研究视角聚焦到气候变化对我国高纬度地区水稻生产的影响。

同时，本书在已有关于气候变化对农业生产相关文献的基础上进一步结合我国农业生产特有的现实背景和政策环境，引入农业生产中最为敏感的经济因素价格。同时为了捕捉农业生产和农产品销售的时滞属性（农产品销售价格须在农产品生产面积决策和产量确定后），还引入价格预期以刻画经济刺激因素，以反映生产者的内在利益需求。随着我国农业生产的市场化转型，谷物生产的目的由原来的主要保障家庭谷物自给自足，转为

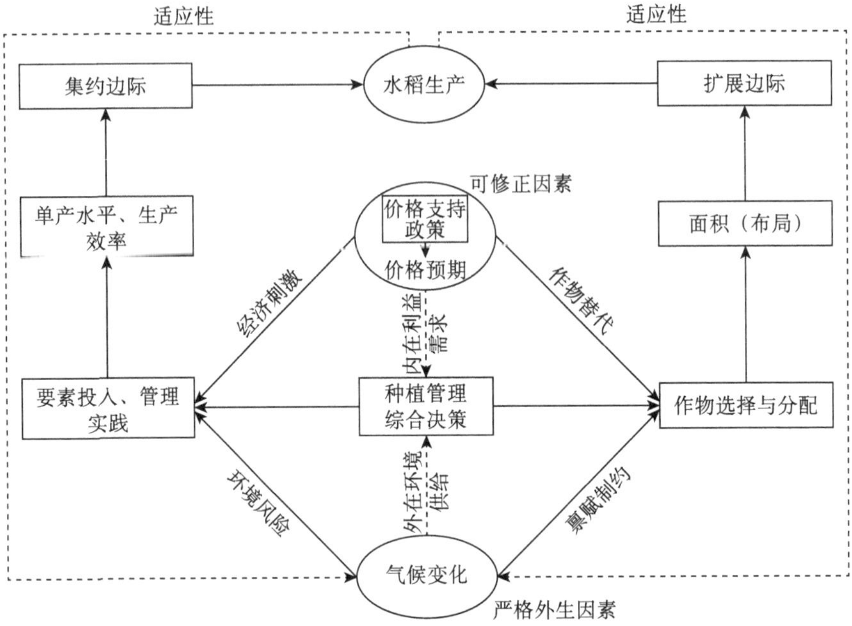

图 2－1 分析框架图

获取经济收益，获取谷物生产的利润成为农户从事农业生产的决策基础。并且我国为了保障种粮农户的收益，推出并实施了稻谷最低收购价政策，以稳定农业生产。因此，可以说我国的农产品生产决策与农业价格支持政策息息相关。这也促使其在研究气候变化的过程中，将稻谷最低收购价政策支持下的经济环境纳入价格预期的构建，分析谷物价格预期因素的影响显得尤为必要。此外，在农户种植管理综合决策过程中，需在适宜气候条件支持下，市场预期价格也能满足农户的利益需求，要求外部环境条件和内在利益需求协同作用，缺一不可。

从农业生产过程来看，农业生产的变化由作物的扩展边际（面积）和集约边际（单产水平、生产效率）决定。故而本书先从生产面积、单产量和生产效率三个关键点分别将价格预期引入“经济—气候”分析模型。一是基于利润最大化理论推导出面积供给函数理论模型，利用机器学习法，构建气候因素与价格因素的交互项，以识别农户生产面积决策中对气候变化和价格预期的协同考量机制。二是在单产模型中，本书结合柯布道格拉斯生产函数和预期利润最大化，在单产分析模型中引入价格预期因素，其优势是既可以直接获得气候变化背景下水稻价格预期对稻谷单产量影响的净效应，也可以避免因忽略价格因素而导致过度估计气候变化的不利影响。三是基于农业生产理论和投入产出分析考虑气候变化和价格预期对水稻生产效率的影响。四是基于气候变化和价格预期对水稻生产的影响，落脚于气候变化适应性，进一步估计生产适应程度及其适应路径，以及价格预期在生产适应中的作用。

具体而言，研究内容包含四个实证章节，首先将水稻生产划分为三个核心维度，分别是生产面积、单产水平和生产效率；其次，分析气候变化和价格预期对水稻生产的影响；最后，探究了气候变化下水稻的生产适应性。

一是基于面积供给方程理论模型研究气候变化、价格预期对水稻生产面积的影响。气候变化下，调整作物种植面积被认为是最重要的适应策略之一，如较高的温度可以使高纬度地区大规模生产喜热作物成为可能（Du 等，2017）。Cui（2020）认为气候变化将改变农作物的生产比较优势，并导致不同作物之间的土地利用变化。由于生长期的气候变量对作物面积有重大影响，使与历史气候变量相关的预期产量对作物面积的决定也至关重要（Weersink 等，2010）。农作物产品价格的上涨不仅会直接促进生产者增加作物的播种面积，还可以通过创造激励措施将土地从其他用途转换为该作物的种植面积，并且特定作物的面积供给受总土地面积的限制且与之呈正相关关系（Coyle，1993）。在面积供给方程中，激励措施主要是指收益与成本投入相对价值的考量。Miao 等（2016）进一步强调了价格预期的影响作用，指出作物预期产出价格的上涨会通过创造激励措施将土地从其他用途转为种植该作物，从而增加用于种植该作物的面积。因此，本部分基于利润最大化，从受限制的利润函数中推导出面积供给函数理论模型，纳入外部刺激以及总农业生产面积限制等，来衡量气候变化、作物预期价格对水稻生产面积的影响。

二是基于柯布道格拉斯生产函数研究气候变化、价格预期对水稻单产水平的影响。农作物的生产离不开适宜的水分和温度，因此作为农业生产的直接投入，纳入降水和温度等气候因素研究其对单产水平的影响是必要的。Schlenker 和 Roberts（2009）指出气候变化对作物单产水平有显著影响且存在显著的非线性关系，尤其是温度的倒“U”形影响。作物单产不仅会受到温度变化的影响，气候条件的较大变化往往也会降低平均作物单产并增加单产的波动（McCarl 等，2008）。此外，农作物价格预期会影响农户采用的农艺方法、种子品种、化肥等要素的投入以及其他可能影响农作物产量的种植决策（Kaufmann 和 Snell，1997）。由微观经济学基本原理可知，当投入品为正常商品时，作物预期价格对生产投入存在正向影响，即预期产出价格越高投入水平也越高，表现为向上倾斜的函数图像。并且 Feng 和 Babcock（2010）指出在其他条件不变的情况下，作物预期价格的上涨可能会使农户增加生产要素投入并采用生产效率更高的生产管理实践，或者在较高的作物预期价格激励下农户根据利润率高低恰好选择了更适于当地生长环境的作物进行种植，从而实现该作物单产量的增加。本部分根据 Choi 和 Helmberger（1993）的研究，认为农户在预期利润最大化的目标下进行生产，引入预期算子，建立预期利润最大化函数。在生产函数严格凹性的假设下，根据一阶导函数分别求解预期利润最优化下的需求函数最优解，得出作物预期单产量主要取决于气候因素、作物预期价格和生产投入价格变量，进而基于柯布道格拉斯生产函数构建水稻单产模型。

三是基于农业生产理论和投入产出分析研究气候变化、价格预期对水稻生产效率的影响。生产效率变动主要依赖两类因素：（1）投入要素本身；（2）投入产出关系所依附的具有随机性特征的生产环境。因此，Chambers 和 Serra（2019）指出应纳入气候因子以反映农业生产固有的随机性。气候条件在农业生产中具有两个重要属性，即要素属性和风险属性，有利的气候条件可以使已实现的生产前沿向上移动；而不利的气候条件则使其向下移动（Sabasi 和 Shunway，2018）。具体而言，基于要素属性，合适的气候如积温、降水提供作物生长所必需的光、热、水等条件，因而气候可以成为影响生产效率变动的投入要素；基于风险属性，极端气候条件的发生会影响农业生产，进而产生效率变动，并且为了适应变化，农户会加大生产以应对成本及适应成本的增加，提高其他要素投入，从而影响作物的生产效率。此外，在生产不确定性框架下，农业生产者根据预期结果进行作物种植和管理。价格预期对农业生产效率影响主要通过改变农业生产环境，以提高要素投入效果。通常价格预期较高，且最低收购价格支持政策下较为稳定的价格预期会帮助农户在生产过程中维持较积极的态度和行为，如分配更多时间、土地及其他资本投入等（McCalla，2009），这些都会对农业生产效率的提高具有正向效应。而价格预期较低的农户则倾向于规避风险，进而抑制了资源要素的投入，从而导致农业生产效率下降。此外，预期价格较低的农户在面临气候变化及其导致的次生灾害时，会因预期价格难以弥补其生产成本从而导致应对的积极性和信心较低，使作物的生产效率进一步降低。因此，本部分基于生产不确定性，将气候变量纳入生产效率的计算框架，以反映农业生产的随机性，并基于农业生产理论和投入产出分析探究关键气候变化以及作物预期价格对水稻生产效率的影响。

四是基于气候变化和价格预期对水稻生产的影响，落脚于水稻生产对气候变化的适应性，进一步估计生产适应性程度及其适应路径，以及价格预期在生产适应中的作用。当生产者意识到其生产环境发生了改变，并认为仍存在比当前更有利于生产的替代行为且有能力实施更优的行为方案时（Burke和Emerick，2016），就会在不断变化的生产环境中寻求有利的机会进行调整以减弱其负面影响（Zilberman等，2012）。生产者识别气候变化的过程是基于其所获取的历史信息与经验，并遵循贝叶斯学习过程。气候变化下农户每年会经历同分布温度变化过程并从中学习，当基于历史信息和经验判断获得足够多的信息并使自身信服气候变化的存在性后才可能会采取适应性行为。以预期利润最大化为目标的农户在考虑生产成本、预期价格、环境因素的基础上作出生产决策，若适应性措施采纳后带来的预期收益足以使自身损失最小化，农户将采取适应性行为。生产适应主要依赖于生产者对投入要素的调整，如调整生产面积、增加或减少机械、劳动力、化肥投入等。投入要素数量与作物预期价格相关。农户的作物预期价格较高时，会在生产过程中分配较多的资源投入，并且高预期价格会促使农户在种植期对该作物分配更多的面积，且该分配并非来源对气候条件的适应（彭长生等，2019）。因此，本部分探究水稻生产对气候变化的适应性，重点剥离出水稻预期价格的影响和净气候变化适应性，并分别从劳动力、机械、土地和化肥四个投入要素视角估计并剖析了气候变化下生产适应性产生的主要路径。

第 3 章

我国高纬度地区气候变化趋势及其时空分异规律

气候变化导致农业生产陷入较高的不确定性（Schlenker 和 Roberts，2009）。水稻作为典型的喜温作物和我国最重要的粮食作物之一，其生产对气候资源具有较强的依赖性，因而在农业生态系统中，水稻生产被发现是对气候变化最为敏感的生产体系之一（凌霄霞等，2019）。Meng 等（2014）研究指出由于适度的温度升高会带来更高的光合作用率，气候变暖一定程度上可以促进高纬度地区农作物的生长发育。但现有研究多集中于探究中、低纬度等传统农业地区的气候变化（Peng 等，2004；高雪等，2017）。因此，识别高纬度地区的气候变化特征及水稻生育期内各气候要素的变化幅度不仅是对高纬度地区气候变化认知的补充，也是分析其对高纬度地区水稻生产系统影响的前提和基础。

本章将从线性趋势和气候常态两方面分析我国高纬度地区气候变化特征。具体来说，一方面利用线性倾向估计方法分析最高温度、最低温度、平均温度和降水量等时间序列的气候长期趋势特征，以厘清气候变化的发展趋势；另一方面，引入气候常态的概念，将各地区各年水稻发育期内的气候要素值与当地的气候常态值进行差分，构建面板数据，探究气候变化幅度与速率特征，分析时间和地区上的气候变化时空分异规律。通过以上分析，将对高纬度地区气候变化的特征有更深入的了解，为下一步分析高纬度地区气候变化对水稻生产的影响提供现实依据与研究基础。

3.1　高纬度地区气候变化的特征性事实

3.1.1　气候趋势模型构建

为探究高纬度地区温度和降水气候要素的变动趋势，本部分引入线性倾向估计法对气候模型进行估计。气候要素随着时间而连续变动，因而可以将气候变化过程视为一个时间序列，构建气候变量与时间的模型，即将该变量的度量值与相应的时间进行关联，以此识别气候时间序列的特征，如整体是呈现上升、下降或者水平的线性态势，或是周期性振荡趋势。

具体而言，假定本研究气候要素时间跨度为 n，时间 t_i 处观测的气候要素的数值为 x_i，因而建立的气候要素与时间的气候趋势模型为：

$$x_i = \alpha + \beta t_i \quad i = 1, 2, 3, \cdots, n \tag{3-1}$$

气候变量的趋势变化主要由倾向值体现，即方程式（3-1）中 β 的数值。若 β 值大于 0，则表示该气候变量序列随时间的推移呈增加的趋势，且数值越大，意味着随时间上升的速率越快。同理，当 β 值小于 0 时，说明气候变量随时间的增加表现为下降的态势，且该数值越小，则随时间下降的速率就越快。为确定气候要素 x_i 是否随着时间 t_i 呈现出显著上升或者下降的趋势，将其与随机波动区分开来，本部分采用最小二乘法拟合线性趋势线并判断该趋势的显著性。

3.1.2 研究区域和数据说明

由于高纬度和中低纬度之间光热等环境条件差异较大，水稻生产异质性较强，而已有研究大多关注南方等中低纬度地区的水稻生产情况，忽略了高纬度地区的水稻生产，并且在气候持续变暖的趋势下，高纬度地区逐渐成为喜热作物水稻的重要生产基地。因此，本书以我国高纬度地区的水稻种植区域为研究对象，并且根据赵黎明（2015）的研究将我国北纬 40 度以北的地区定义为高纬度地区，主要包括黑龙江、吉林和辽宁三省的水稻种植地区，最终所涉及的水稻种植区域共 34 个。

本章的研究对象主要为温度、降水两个基本的气候要素，其数据来源于国家气象信息中心公布的《中国地面气候资料日值数据集（V3.0）》中的日度气象数据，其中包括日最低温度、日最高温度、日平均温度以及每日的累积降水量。并基于各水稻种植区域的中心点坐标与各气象站点的经纬度，采用直线距离最短原则，实现水稻种植地区与气候站点的匹配，以更好地将本部分研究结果与后文水稻生产分析进行衔接。

在分析高纬度地区气候趋势的过程中，本研究将各气象站点的最低、最高温度及平均温度的日值数据进行年度平均，以获得 1961—2018 年长达 58 年有关温度的年度数据，其单位为℃/年，度量的是该年度的日间温度情况。值得注意的是降水的情况略有不同，因为降水除了以直接供水的方式给作物生长提供必需的水分，还会以土壤湿度的形式保存在土壤中，以间接的方式为作物生长所需水分助力，因此关注累积降水量更有意义。为此，利用各气象站点的日降水累积数据，计算出各站点的年度累积降水量，再对各站点的年度累积降水数据进行平均，最终获得高纬度地区各年的累积降水量，单位为毫米/年。

此外，为进一步反映水稻生长期内各气候要素的动态变化幅度和速率，根据中国农业农村部公布的农时日历表，选择 5—9 月为水稻生育期。并根据逐日气候数据，计算出水稻生育期内各地区的月最低、最高和平均温度，以及每月总降水量。

3.1.3　高纬度地区气候变化长期趋势

图 3-1 显示了我国高纬度地区平均、最低及最高温度的变化趋势。就平均温度而言，平均温度主要呈现波动中上升的态势。高纬度地区年均温度范围为 3.93℃—7.40℃，其平均值为 5.90℃，波动振幅为 3.47℃。以高纬度地区 58 年间的年均温度 5.90℃为比较标准，更细致地观测平均温度的变化。数据结果发现在 1982 年以前，除 1961 年与 1975 年的平均温度分别为 5.99℃和 6.42℃高于均值温度外，其他年份平均温度均在 3.93℃—5.65℃范围内波动增加；然而在 1982 年后，除 1984 年、1985 年、1987 年、2000 年、2010 年和 2012 年这六年的平均温度略低于 58 年间的平均温度 5.90℃外，其余年份的平均温度均高于 5.90℃，且在 5.91℃—7.40℃的范围内呈波动中上升的趋势。进一步地，将高纬度地区各年平均温度 *Average Temperature* 时间序列作为被解释变量，时间 T 作为自变量，构建气候趋势模型，利用最小二乘法估计得到的线性回归模型为：

$$Average\ Temperature = 0.031T - 55.205 \quad (3-2)$$
$$(0.004)\ (8.721)$$

$R^2 = 0.467 \quad F = 49.095$

式（3 - 2）F 检验值为 49.095，且在 1% 的水平下显著，表明平均温度趋势方程整体显著，且 R^2 值进一步说明了时间 T 变量和截距项解释了平均温度变动中的 46.70%。T 的系数估计值为 0.031，且在 1% 的水平上通过了统计学显著性检验，表示时间 T 对平均温度的上升具有明显的正向作用，每 10 年平均温度约上升 0.31℃。秦大河（2012）利用 1951—2009 年的温度数据发现，受气候变暖的影响我国平均变暖速率为 0.23℃/10a，该值略低于我国高纬度地区的平均温度变化速率 0.31℃/10a，说明我国高纬度地区的变暖速率在近些年内具有进一步加快的趋势。

进一步将平均温度细分为最低温度和最高温度，并分别分析其温度变化趋势。如图 3 - 1 所示，最低温度和最高温度的变化趋势与平均温度保持一致，均呈现在振荡中稳步上升的趋势。具体来看，高纬度地区年均最低温度在 [-1.71，2.21] 区间内波动，平均最低温度为 0.51℃；年均最高温度波动范围为 [9.97，13.20]，其平均值为 11.86℃。最低温度的波动较大，振幅为 3.92℃，最高温度的波动幅度则在三类温度中较为平缓，为 3.23℃。最低温度、最高温度与平均温度的变化基本保持一致，即除极个别年份外，最低温度、最高温度在 1982 年以前均低于其均值水平，1982 年后则超越其均值水平并保持持续上升的趋势。且平均温度、最低温度和最高温度的波动变化也较为同步，当平均温度较高时，最低和最高温度均会处于较高水平；反之，当平均温度较低时，最低和最高温度也均较低。将最低温度与最高温度分别作因变量对自变量时间 T 进行回归，得到各自对应的趋势方程如下：

$$Minimum\ Temperature = 0.043T - 85.352 \quad (3-3)$$
$$(0.004)\ (8.465)$$

$R^2 = 0.648 \quad F = 102.895$

$$Maximum\ Temperature = 0.020T - 28.915 \quad (3-4)$$
$$(0.005)\ (9.991)$$

$R^2 = 0.229 \quad F = 16.659$

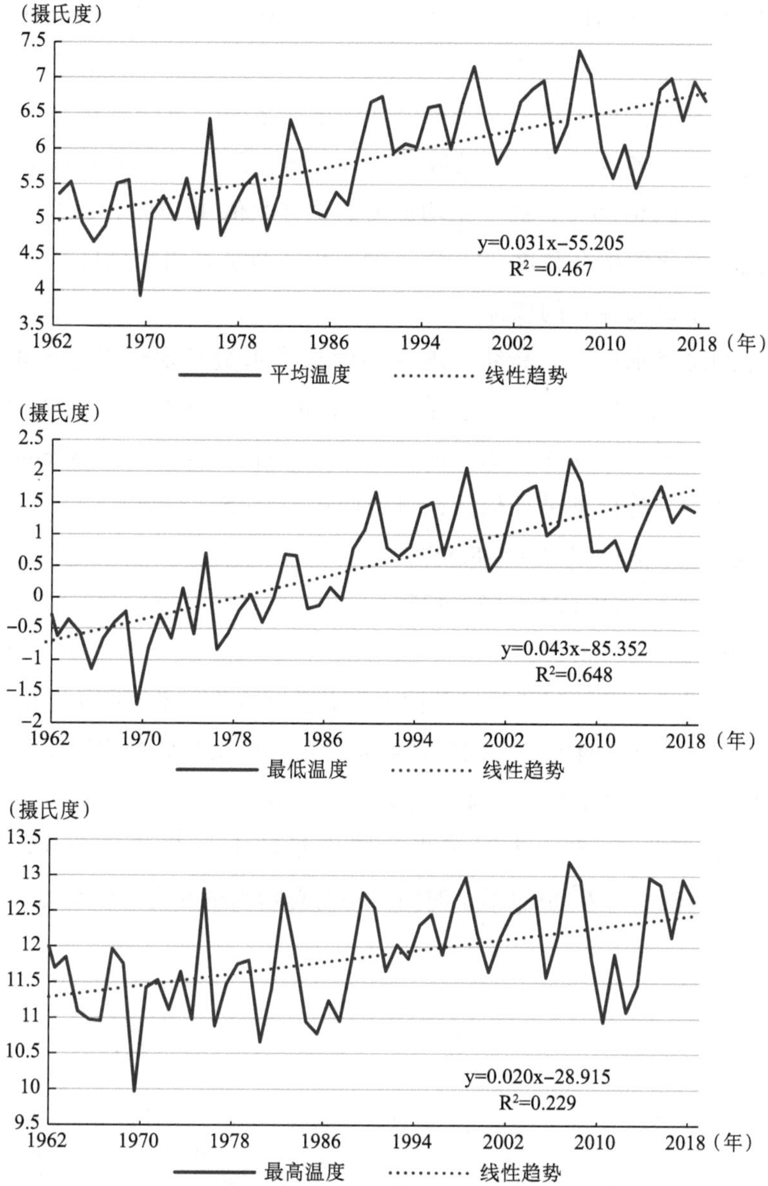

图 3－1　年均平均温度、最低温度及最高温度变化趋势

估计结果发现最低温度、最高温度与时间构建的气候趋势方程整体均在 1% 的水平下显著，其 *F* 值分别为 102.895 和 16.659。且时间 *T* 的系数值均在 1% 的范围内显著，进一步说明气候变暖趋势与时间 *T* 呈显著正相关。此外，从自变量时间 *T* 的系数可知，高纬度地区的最低温度每 10 年约上升 0.43℃，最高温度上升速率为 0.20℃/10a，最低温度的上升速度比最高温度的增速快 1 倍，即每 10 年约增加 0.23℃，平均温度的增加速率 0.31℃/10a 则正好处于最低与最高温度的增速之间，意味着高纬度地区的气候变暖趋势更多地是来源于最低温度的升高；并且时间 T 对最低温度变化的解释力高达 64.8%，高于平均温度的拟合数值 46.7%，远高于时间 T 对最高温度变化的拟合程度 22.9%，进一步证明了高纬度地区的气候变暖更多的是源于最低温度的增加。

就年均总降水而言，高纬度地区年度总降水量呈现略微上升的趋势。如图 3-2 所示，年度累计降水量在 463.38mm—794.65mm 范围内波动，且年波动幅度较大，为 333.27mm，平均年度总降水量为 583.87mm。构建降水与时间的趋势模型进行估计，得到如式（3-5）结果：

$$Precipitation = 1.182T - 548.998$$
$$(0.624)\quad(21.175) \qquad (3-5)$$
$$R^2 = 0.060 \quad F = 3.585$$

结果表明，F 值在 10% 的显著性水平上通过检验，说明所构建的降水趋势方程整体上显著；自变量时间 T 的影响为正且也在 10% 的水平下显著。该结果意味着与温度变量相比，降水的上升趋势不明显。降水趋势方程的自变量影响系数值为 1.182，表明年累计降水量的上升趋势是每 10 年增加 11.82mm，但较小的 R^2 值表明了时间对年均总降水量变化的解释力度有限。

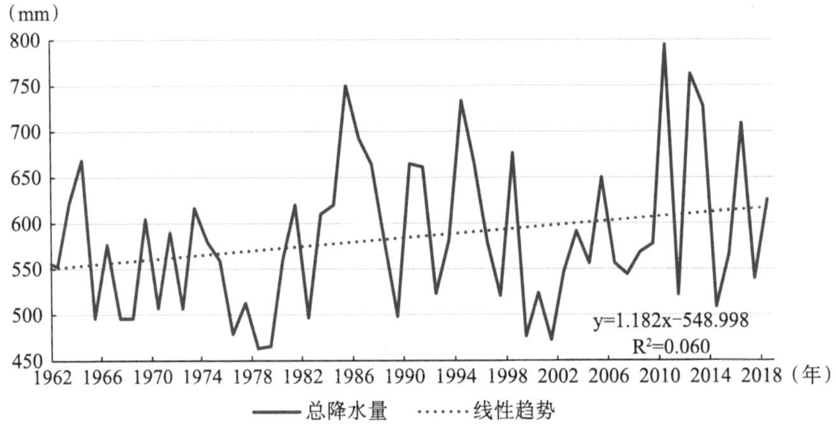

图 3-2 年均总降水总量变化趋势

3.2 高纬度地区水稻生育期气候变化的时空分异规律

3.2.1 月度气候常态模型构建

构建气候常态模型分析各地区气候要素动态变化幅度和速率，识别气候变化中的异常气候条件并探究气候变化在时间和空间上的时空分异特征。为了抓住水稻生育期内各个气候要素在其基准值上的变化，进而有效地了解高纬度各地区不同时间点上水稻生长的气候条件，本书借鉴 Cui（2020）的方法，构建气候常态值。气候常态是指某个特定地点一段时间内各气候要素的基准值，用以评估最近或当前的气候条件，包括为识别异常气候提供基础，同时也可以对各区域所可能遭遇的气候条件进行预测（WMO，2017）。美国国家海洋和大气管理局（NOAA）将气候常态（Climate Normals）定义为温度和降水等气候变量的至少 30 年的平均值。根据 NOAA 定义以及 Cui（2020）的研究，本研究将 1961—1991 年内各地区各月对应的温度和累计降水量的平均值分别定义为其气候常态值。由于作物生长期内的气候对作物的生长发育、农户的种植决策管理等起着重要的影响，故进一步专注于研究水稻生育期 5—9 月内的气候尤为重要。为此，将 1961—1991 年各地区的日平均温度、日最低温度、日最高温度以及由日总降水累加得到的月总降水量等变量均分月份进行平均，以获得各地区水稻生长期内各月份的气候常态值，形成一个气候常态面板数据集。Cui（2020）指出每个区域内每年的气候要素值与气候常态值的差异可以刻画当地气候的逐步动态更新状态。因此，本部分将 1992 年后各地区 5—9 月水稻生育期内实际的气候值与其各自对应的气候常态值进行差分，最终获得包括平均温度、最低温度、最高温度以及累计降水量等气候变量在内的面板数据，用以分析高纬度各地区水稻生育期内气候动态变化的幅度和速率，基于此识别异常气候并探究气候变化时空分异特征。

为反映气候变化幅度和速率的总体特征，进一步将气候要素实际值与其常态值之间的差值对时间 T 和地区 D 进行回归：

$$(x_{it}-w_{it})=\alpha+\beta T_i+\gamma D_i \tag{3-6}$$

其中，x_{it}表示各地气候要素的实际值，包括水稻生育期5—9月的平均温度、最低、最高温度以及月度总降水量；w_{it}是依据1961—1991年数据计算的各地区在水稻生育期内的逐月气候常态值，即5—9月内各月的平均温度、最低、最高温度和月度总降水量的常态值。T_i 和 D_i 则分别是指时间变量和地区变量。利用最小二乘法估计获得 α、β 和 γ 的一致无偏估计量。为更明晰地分析水稻生长期内各地区气候在其常态值基础上逐渐更新的动态变化趋势，在下文的分析中，将以图示的方式表现该方程的估计结果。

由于温度与降水等气候要素在水稻生育期的各个阶段存在异质性，并且不同生长发育阶段对水热有着不同的需求，因此根据 Chandrasekaran 等（2010）的研究以及农业部公布的农时日历表，选取5—9月为水稻生育期，并划分为三个生育时段分小节进行结果汇报：其中5月为育秧—移栽期；6—8月为返青—灌浆期，是水稻生长的核心阶段；9月是乳熟—成熟期，具体农时如表3－1所示。

表3－1　　高纬度地区水稻农时对应表

时间	5月	6月	7月	8月	9月
上旬	出苗	返青	分蘖	抽穗	乳熟
中旬	育秧	分蘖	分蘖	灌浆	成熟
下旬	移栽	分蘖	孕穗	乳熟	成熟

资料来源：中国农业农村部（http：//zdscxx. moa. gov. cn：8080/nyb/pc/calendar. jsp）。

3.2.2　水稻育秧—移栽期气候变化时空分异规律

上文分析了我国高纬度地区年均温度和年总降水量的总体变化趋势。由于水稻生育期气候条件与水稻生产关系最为紧密，进一步结合水稻生育期识别异常气候并分析气候变化时空分异规律。由于我国高纬度地区水稻生产熟制仅能实现一年一熟，生育期没有交叉重叠部分，因而将生育期主要划分为三个时段，分别是育秧—移栽期；返青—灌浆期；乳熟—成熟期。

水稻育秧—移栽期是水稻进入稻田种植前在大棚里的苗床上进行培育的阶段，一般在 5 月左右进行。图 3－3 分别显示了我国高纬度地区 5 月的月平均温度、最低温度、最高温度以及月总降水量的气候常态差异。图中的点表示气候常态差异的具体数值，可以反映异常气候条件；平面则是气候常态差异对年份和地区变量进行回归得到的图形表达，其中平面的斜率可以反映气候要素的变化速率，并且该特定气候要素的变化是来自气候常态基础上地域内部的气候变动。若图中所展示的平面坡度越陡，则近年来的气候要素变化就越快，如果平面越平坦，那么意味着该气候要素越平稳。

总体上，水稻育秧—移栽期的平均温度在过去 30 年内呈现出不断上升的趋势，且最低温度的变化速率相较于平均温度而言更快，这表明该时期平均温度的变化主要体现在最低温度的上升。具体来看，一方面平均温度与其常态值差异的均值从 0.24℃ 上升为 1.79℃，平均温度净增长 1.55℃。通过平面的坡度，即从斜率来看，平均温度所展示的平面斜率的均值为 4.28%，平均温度的增加速率处于最低温度和最高温度之间，且最低温度图所展示的斜率最大，意味着最低温度对平均温度增长的贡献相对较高。另一方面，图中分散的点显示 1995 年和 2009 年部分地区平均温度变化幅度绝对值超过 2℃，分别反映了较低温度和较高温度的异常；而在 2011 年从地区截面角度观察图中的平面，则发现平均温度在近些年具有较强的空间异质性。

最低温度的常态差异增幅最为明显。各地区平均常态差异初始值从 0.23℃ 增加至 1.90℃，上升了 1.67℃。固定当地气候常态的影响后，最低温度在近 26 年来的年平均增长率为 5.81%，即图中由模型估计得来的平面的斜率。其中，平面下侧值表明最低温度变化的速率在该点上较平均变化速率更慢，上侧值则表示某地某年的最低温的上升速率在平均速率之上。不同地区在不同年份的最低温度的变化也存在一定差异，导致在常态面板的上侧和下侧具有部分散点值且分布于平面下方，意味着低温异常出现的频率较高。并且随着时间的推移，最低温度的平面向上倾斜，意味着平面的临界值随着年份的增加不断提高，如 1992 年最低温度的临界线为 0.56℃—0.82℃，而近年来，这一临界线的范围已上升至 2.01℃—2.27℃，且区间范围较为狭窄，也说明虽然最低温度的年际上升较为明显，但高纬度内部各地区最低温度的空间异质性相对较小。

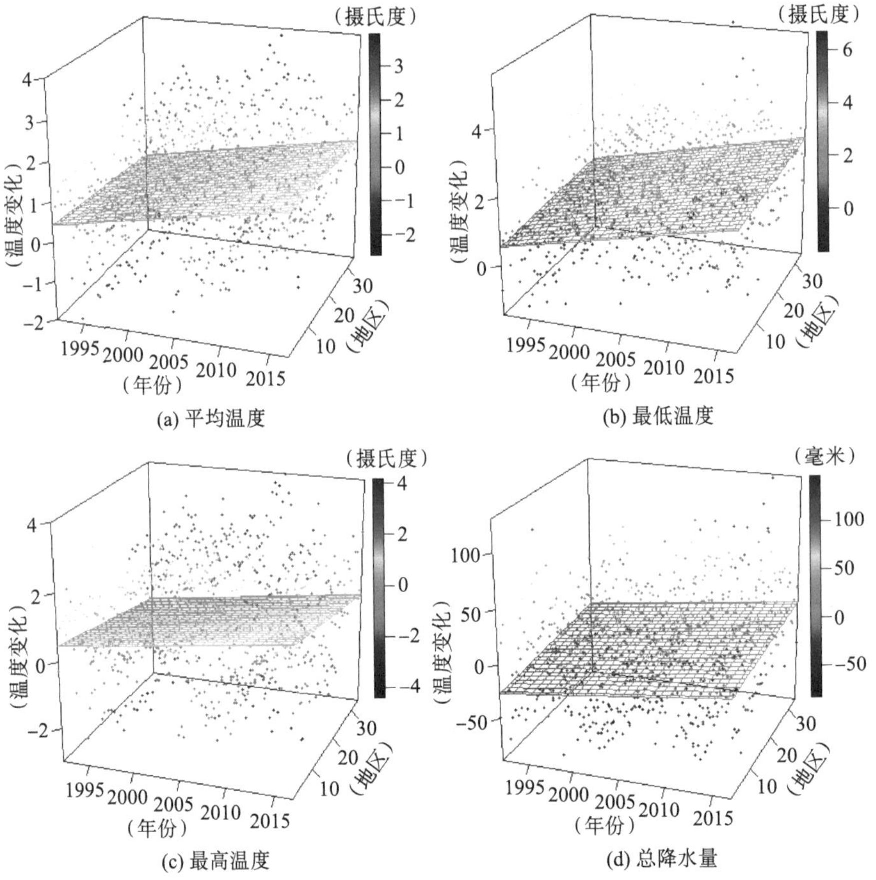

图 3-3　水稻育秧—移栽期气候常态差异

最高温度增速较缓，但空间异质性强。最高温度与其常态值的初始差异平均值由 0.29℃增长至 1.82℃，说明控制地区气候常态的影响后，高纬度地区最高温度净增长 1.53℃。各地区平均年均变化速率为 3.65%，与最低温度的速率差异为 -2.16%，表明高纬度地区最高温度的增长速度小于最低温度的增长速度，再一次印证了高纬度地区平均温度增加的趋势主要是源于最低温度的升高。与最低温相比，最高温位于常态差异平面之上的散点值更多，表明与最低温度相比 5 月出现较高温的频率有所增加。且图 3-3（c）中所展示的最高温度平面的坡度较为平缓，即斜率值相对于图 3-3（b）中最低温的斜率值小，意味着高纬度地区最高温度在近些年的增长趋势较为缓慢，年际异质性较小。但与最低温度不同的是，从图中横向地区差异上来看，最高温平面上明显存在黄和绿的分界点，说明最高温度变化的地区异质性较强，如在 1992 年各地区最高温度与常态值的差异在 -0.44℃—0.46℃的范围内变化，变动幅度为 0.90℃，远高于最低温度的 0.26℃，侧面体现平均温度在近年来所展现的地区异质性更多地是源于最高温度的变化。

与温度的变化不同，水稻育秧—移栽期内虽出现了高降水量异常，但总降水量的变化在时序上的变化趋势较弱，进一步验证了高纬度地区的气候变化主要表现在温度变化上。

由总降水量常态差异对时间和地区进行回归分析得到的平面图形，显示出平缓的上升趋势。各地区模型拟合的均值在早期的取值范围为 -26.90mm— -16.88mm，随着时间的推移，逐渐变为 -0.34mm—9.68mm，累计降水量的变化幅度相对较小，且其更多的负数值说明，近 30 年间各地的年度总降水量较其常态值而言总体呈现减少的趋势。但在 2016 年仍出现了高降水量的异常气候。同时降水量在不同地区和不同时间点也存在着较多散点值，且散点值范围较大从 -83.47mm—146.67mm 不等，最大的差异幅度高达 230.14mm，表明高纬度地区水稻育秧—移栽期内各地的年总降水量存在着一定的空间分异。

3.2.3　水稻返青—灌浆期气候变化时空分异规律

与水稻育秧—移栽期相比，返青—灌浆期是高纬度地区温度最高的阶段，也是水稻生长的关键生育时段，该阶段水稻生长主要包括返青、分蘖、孕穗、抽穗和灌浆。在水稻返青—灌浆期生育时段最适宜温度为25℃—30℃，温度过高即高于35℃时会导致水稻空壳或秕谷的概率增加，影响水稻质量；当温度低于23℃时花粉发芽的速度会变缓，更低的时候会导致花粉管伸长艰难甚至无法发芽。而降水过量导致的湿度过高，或是降水不足致使的干旱问题，都会使水稻发育不良、空壳率上升。因此，水稻返青—灌浆生育时段对光热和水分的需求较高，因而分月份探究该生育时段的气候要素变化具有实践意义。

其中，6月的月均温度、最低温度以及最高温度较30年前均有不同程度的上升，但在近些年的变化速率较5月变慢，且气候变暖主要来源于最低温度的变化。具体而言，最低温度的气候常态差异值分散范围为-2.34℃—6.09℃，低温分散点较多，表明时间和空间上的异质性较大，低温异常气候出现频率较高。其回归模型得到的平面向上倾斜，斜率为0.04，且平面的初始值大于0，意味着平均意义上最低温度较30年前上升且保持持续上升的态势，模型估计的年均增长率约为4.04%，较育秧—移栽期5.81%的年均增长率稍缓。最高温度的气候常态差异值的变动范围则为［-3.74，6.28］，变动幅度为10.02℃，表明最高温度波动异常可能性较高。最高温度的年均增长率为2.18%，低于最低温度的增长率；而平均温度年均增长率2.45%，介于最低和最高温度之间，意味着6月平均温度的升高主要源于最低温度的提高。然而，6月总降水量的差异图表明，6月的总降水量没有表现出明显的上升或下降趋势。但其平面的初始值小于0，说明实际上6月的总降水量较30年前有所减少，且在-154.55mm—158.98mm范围内分布、分散幅度高达313.53mm的散点值，说明降水分布存在着较高的时间和空间异质性，且该月异常降水量高于较育秧—移栽期的异常降水量。

7月是我国高纬度较热的月度，月均温度为24.41℃。7月实际温度与其常态值差异在平均温度、最低温度、最高温度上分别为0.76℃、0.92℃、0.63℃，表明自1992年来平均温度、最低温度及最高温度较其常态值均有所上升。所有温度的常态差异值的平面都较为平稳，平均温度、最低温度及最高温度差异的年均增长率分别为0.67%、0.75%、1.22%，远低于 5 月和 6 月的增长速率，表明高纬度地区目前升温的特点仍集中于最低温度的升高。但图 3－4 中所展示的散点值分布的松散与集中程度，意味着最低温度和最高温度差异值存在着异常气候条件的发生，而平均温度差异值则较为集中。平均温度、最低温度及最高温差异值的散点具体分布区间分别为－1.76℃—3.63℃、－1.86℃—4.93℃、－3.13℃—5.20℃，其对应的分散幅度分别为 5.39℃、6.79℃、8.33℃。降水量的变化依旧呈现为下降的趋势，不仅较之于其常态值表现为下降，并且在近些年来其绝对数值也呈现略微下降的态势。7 月总降水量与其常态值的差异在－290.17mm—411.22mm 的范围内变化，变化幅度高达 701.39mm，超过了 6 月变动幅度的 2 倍，表明虽然总体上呈现降水量减少的趋势，但 7 月降水量的异质性及变动都相对较大，意味着 7 月出现极端降水的情况在未来需要警惕。

8 月是该生育时段气候变化最为显著的月份，也是全年最热的月份，平均温度为 24.82℃。8 月温度较在 30 年前有明显的上升趋势，且上升的幅度不断加快。平均温度、最低温度和最高温度分别对年份和地区进行回归，得到如图 3－4 中显示的平面图形。由图可知，平均、最低和最高温度的平面初始值均大于 0，意味着平均而言 1992 年的温度与前 30 年的常态值相比有所增加，且最低温度的增加值依次高于平均温度和最高温度，但最低温度的低温散点值仍较多，表明了低温冷害发生的可能性。而最高温度的增长速率加快，与此同时，最低温度的增长速率放缓，其增长速率分别为 4.65% 和 3.08%，平均温度的增长速率处于两者之间为 3.04%，8 月三类温度的增长速率均高于 7 月。但总体上来看，平均、最低和最高温度较各自的常态值分别净增加 0.60℃、0.77℃ 和 0.53℃，其实际增加幅度仍小于 7 月的差值。此外，月度总降水量的变化相对较小，但伴有降水量减少以及极端值频率有所增加的趋势，表现在平面的初始值小于 0 且平面较为平缓，但略微向下倾斜，降水散点值分布在［－301.60，325.77］较大的区间内。8 月降水所表现的特征与 7 月的类似，不仅在于降水量下降的趋势，还在于其较高的异质性与极端降水的表现特征。

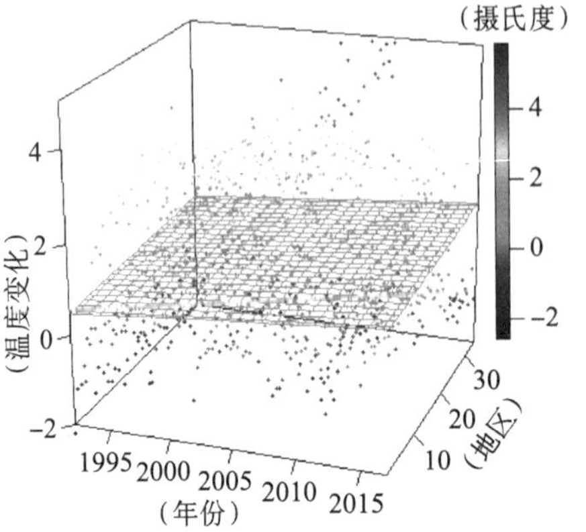

(a) 平均温度，6月

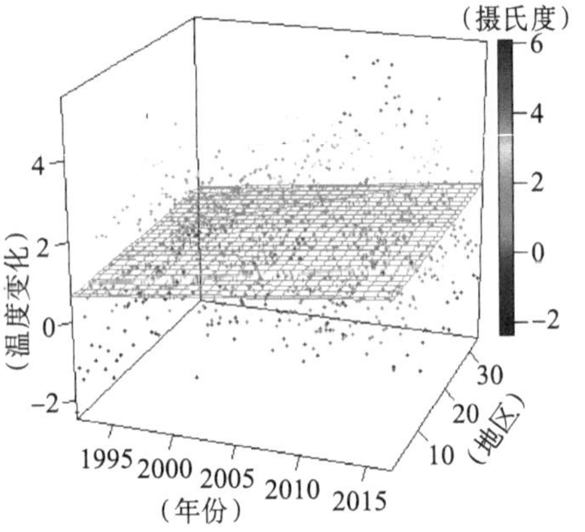

(b) 最低温度，6月

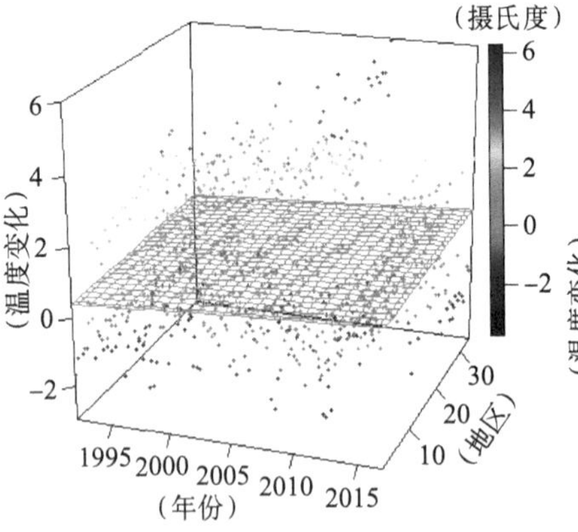

(c) 最高温度，6月

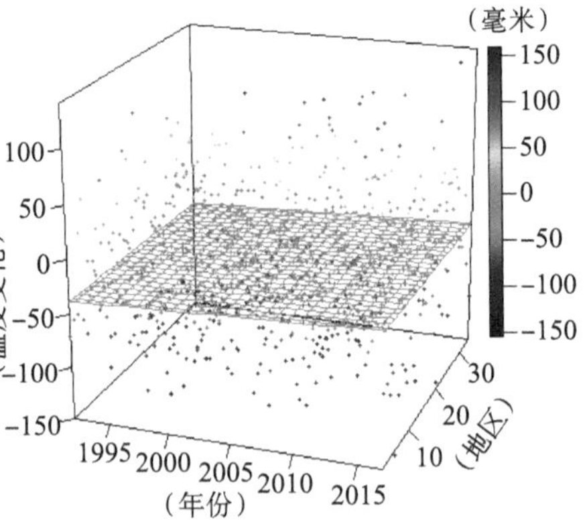

(d) 总降水量，6月

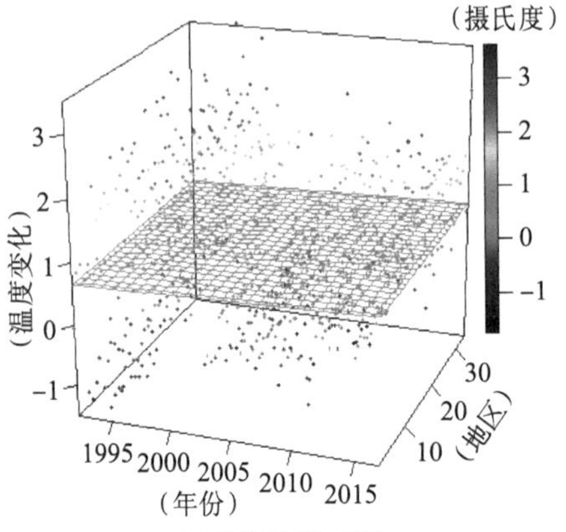

(e) 平均温度，7月

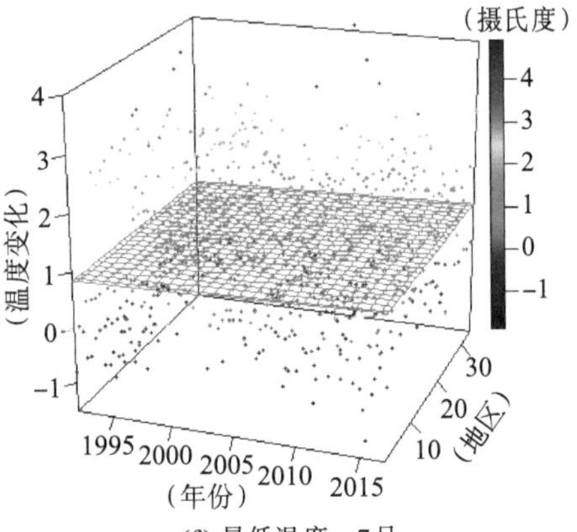

(f) 最低温度，7月

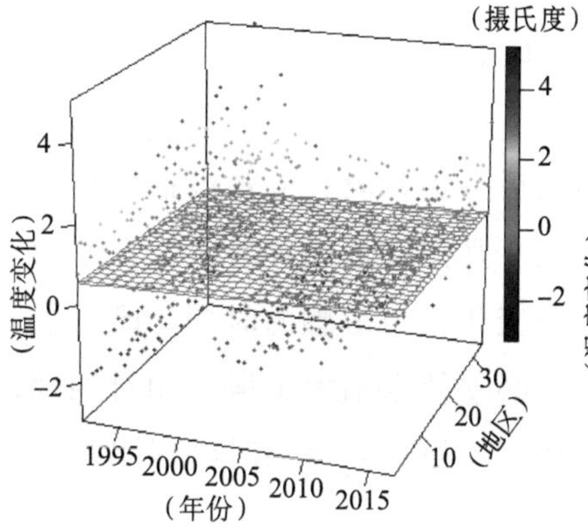

(g) 最高温度，7月

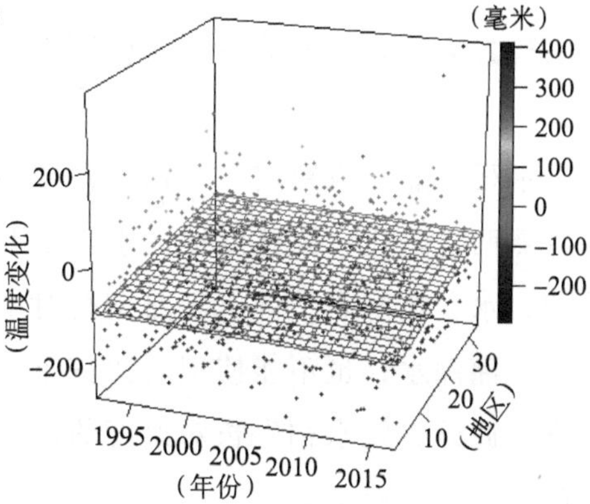

(h) 总降水量，7月

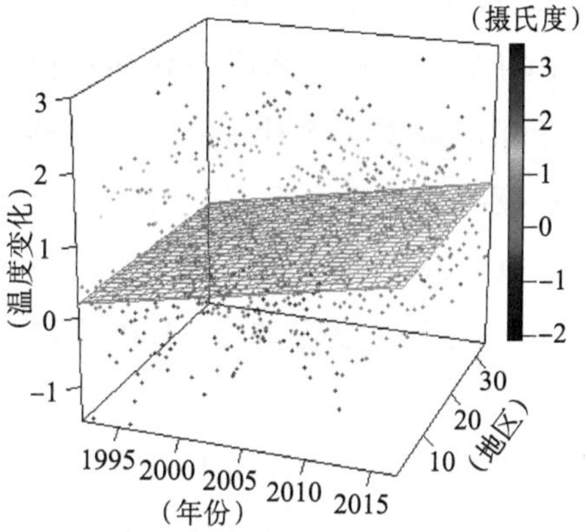

(i) 平均温度，8月

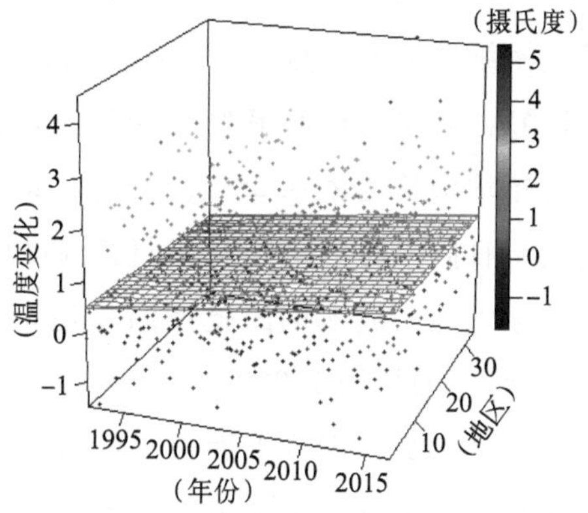

(j) 最低温度，8月

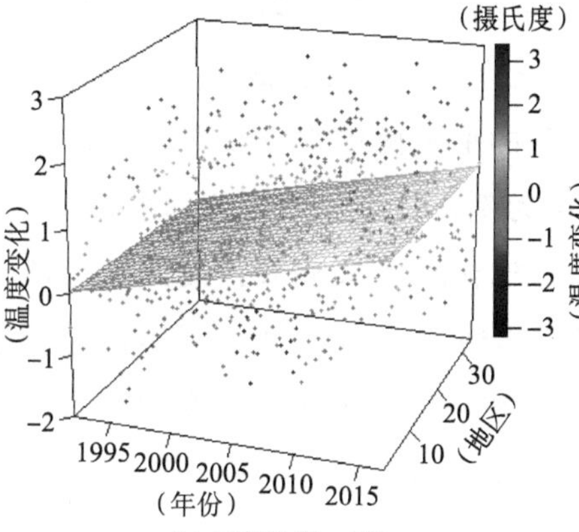

(k) 最高温度，8月

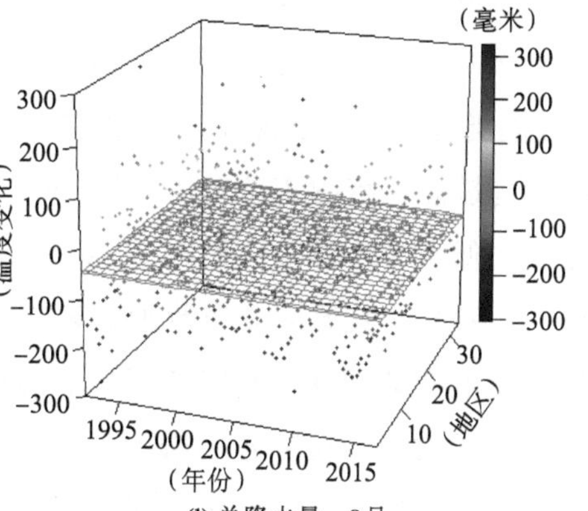

(l) 总降水量，8月

图 3－4　水稻返青—灌浆期气候常态差异

3.2.4 水稻乳熟—成熟期气候变化时空分异规律

水稻乳熟—成熟期是水稻生育期的最后一个时段，主要包括水稻乳熟和成熟两个阶段，高纬度地区水稻主要在9月完成该生育时段。在水稻乳熟期，水分控制是关键，乳熟期是对水分变化较为敏感的时期，既不能长时间浇灌深水，也不能使田间比较干旱，必须使水稻大田保持相对湿润的状态。此外，就水稻生长对温度的需求而言，昼夜温差大时将对水稻干物质的积淀更为有益。

水稻乳熟—成熟期的平均温度总体较30年前的常态值有所升高，且呈现持续升高的态势。该水稻生育时段平均温度与其常态值差异的均值为1.14℃，年均增长速率为3.34%，仅低于相应温度在5月水稻育秧—移栽期的年均增长速率4.28%。另外，最低温度代表的夜间低温，而最高温度则表示日间午时的最高温，两类温度的差值为最大昼夜温差，通过计算发现水稻乳熟—成熟期的昼夜温差逐渐扩大，最大昼夜温差由11.04℃增至12.12℃，增长约1.08℃。

具体到最低温度上而言，最低温度较其常态值平均升高1.26℃，略高于平均温度的增加值1.14℃。但最低温度对年份和地区进行回归得到的平面图形坡度较平均温度平缓，表明最低温度的增加幅度较小，年均增长率为3.92%，不仅低于当月平均温度的增长速率，同时也低于5月、6月和8月同类温度的增长速率。最低温度平面的上下两侧都分布着较多的散点值，且散点值跨越正负范围。以1992年为例，散点值最高能达到1.21℃，最低能低至-1.62℃；而在2018年最高散点值为3.83℃，最低散点值仅为-0.92℃，其温度分布范围的幅度由2.83℃增至4.75℃。其区间范围整体的向上变动更进一步印证了最低温度正在升高的事实，幅度的扩大意味着空间异质性正在随着年份的增加而增强，但0℃以下仍存在着较多的散点值，说明生产中应警惕夜间的异常低温。

高纬度地区最高温度较其常态值平均增长1.07℃，绝对增长数值较平均温度和最低温度略低。但最高温度所显示的平面图形坡度最为陡峭，表明最高温度的增长速率高于平均温度和最低温度，其年均增长速率具体为 3.73%。就同类温度而言，水稻乳熟—成熟期 9 月的最高温年均增长速率高于水稻生育期的其他月份。最高温度的变化也存在着一定的地区异质性，但其异质性程度较最低温度更弱。如高纬度各地区最高温度与其常态值的差值起初在［-1.97，0.55］范围内各异，跨越幅度为 2.52℃；如今，其下限值由 -1.97℃上升至 -0.38℃，变动上限值也扩大至 2.46℃，跨越幅度为 2.84℃，较初期增长了 0.32℃。与最低温度的变动趋势一致，散点区间范围整体向上移动，说明高纬度所有地区的最高温度都存在上升的趋势，且最高温度的异质性也随着年份的增加略有增强，但其分异程度仍低于当月的最低温度。

水稻乳熟—成熟期内降水量呈现明显减少的趋势，且具有较高的空间异质性。构建 9 月总降水量与其常态值差异模型，以年份和地区为自变量，用最小二乘法得到如图 3-5 所示正方体中的平面。图中平面起始值小于 0，且平面呈现向下倾斜的状态，反映出 1992 年水稻乳熟—成熟期的总降水量较 30 年前减少，并在此后持续下降且下降的速率逐渐加快。此外，该月总降水量也存在着较强的地区异质性，表现为从横截面来看，平面的颜色从里到外由浅入深，并且除平面外，平面上下两侧被若干散点值包围，其中散点值是高纬度地区各地各年份的实际降水量差值，散点值分布在 -109.89mm 与 151.14mm 之间且负值较多。降水量持续下降的趋势以及较多的负散点值分布显示了水稻乳熟—成熟期可能遭遇降水不足问题。

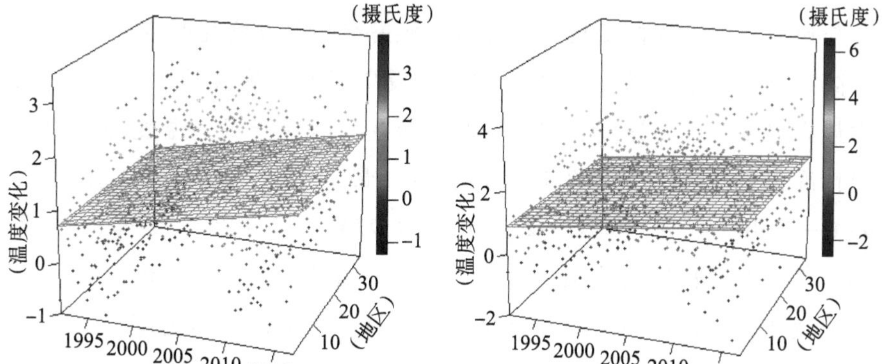

(a) 平均温度　　(b) 最低温度

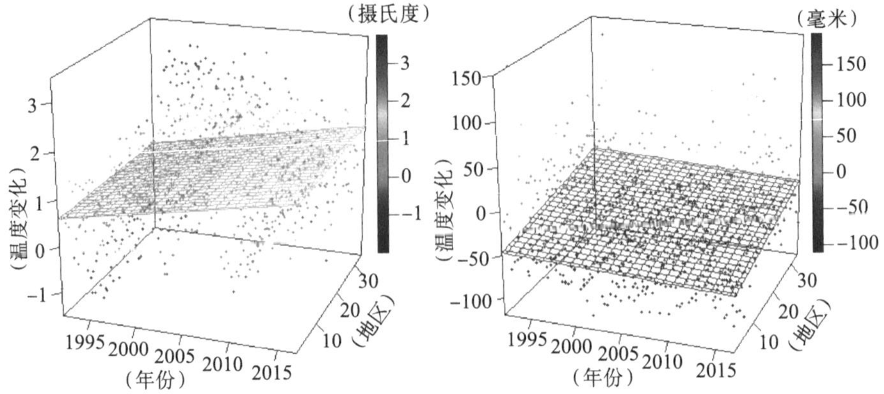

(c) 最高温度　　(d) 总降水量

图 3-5　水稻乳熟—成熟期气候常态差异

3.3　本章小结

本章利用国家气象信息中心公布的日值气象数据，从两方面对高纬度地区气候特征进行分析。首先，基于气候趋势模型，分析平均温度、最低温度、最高温度及年总降水量逐年的长期变化趋势。其次，利用各气候要素的日值数据构建相应的气候常态值，计算各地区各年份实际气候要素值与其气候常态值的差异，将其与年份和地区变量构建模型，并分水稻生育时段进行分析，以进一步结合水稻生育期刻画各地区气候要素的动态变化幅度与速率，识别气候变化中的异常气候并分析气候变化时空分异特征。

高纬度地区平均温度、最低温度和最高温度呈现波动中上升的趋势，其中最高温度的上升速度有限，气候变暖主要是源于最低温度的增加，但低温情况仍然存在。全年年均平均温度、最低和最高温度的范围分别为3.93℃—7.40℃、-1.71℃—2.21℃和9.97℃—13.20℃。受气候变暖的影响，平均温度长期变化值为0.31℃/10a，即每10年上升0.31℃。就长期趋势变化而言，平均温度升温速度低于最低温度的上升速度，而高于最高温的增速，最低温度和最高温度每10年分别升温0.43℃和0.20℃，反映了高纬度地区的气候变暖更多是源于最低温度增加。就降水要素而言，在近 60 年内年度总降水波动较大，整体呈略显上升的态势。

进一步分水稻生育时段，关注各气候要素与其气候常态值的相对动态变化。水稻育秧—移栽期内平均温度、最低温度和最高温度均在过去 30 年间呈现不断上升的趋势，其与各自固定常态差异值的年平均增长率分别为 4.28%、5.81%、3.65%，最低温度的常态差异增幅最为明显但异常低温仍然存在，该阶段最低温度对平均温度增长的贡献相对较高，而平均温度所展现的空间异质性更多是源于最高温度的变化。水稻返青—灌浆期内月均温、最低温以及最高温较前 30 年均有不同程度的上升，且伴有不同程度的空间异质性。除 7 月外，返青—灌浆期其他月份内平均温度的升高较多来自最低温升高的推动，而 7 月温度的年均增长速率最慢，且最高温度年增长速率快于当月的平均温度和最低温度。水稻乳熟—成熟期内温度呈现出由最高温升高拉动的变暖趋势，且日间温差拉大，空间异质性高。纵观降水要素，在水稻整个生育期内各个生长阶段的总降水变化较为类似，降水在时序上的变化趋势较温度弱，较相应的降水总量常态值而言，各生育期降水量平均呈现减少的趋势，结合总体气候趋势分析中总降水量波动较大且略微上升的趋势，反映了高异常降水量的出现。

第 4 章

气候变化、价格预期对水稻生产面积的影响

确保粮食安全的关键之一便是稳定粮食生产面积。但我国最重要的粮食作物之一，水稻的生产面积在南部水稻主产区省份，如浙江、福建、广东等地均存在不同程度的收缩（Liu 等，2013）。气候变化将改变农作物的生产比较优势，并导致不同作物之间的土地利用变化（Cui，2020），使生长季节内的耕地面积表现出对气候变化的强烈敏感性（Cohn 等，2016）。如果温度保持持续增加的趋势，未来水稻生产的损失会更加严重，特别是热带和亚热带地区的水稻损失将随着生长季节温度的升高而上升（Battisti 和 Naylor，2009）。全球气候持续变暖下，水稻生产形势将变得更为糟糕（Prabnakorn 等，2018），调整作物面积被认为是最重要的适应策略之一。

已有研究主要集中在热带或亚热带地区，较少关注气候变化对我国高纬度地区水稻生产面积的影响。Yang 等（2007）发现，全球变暖已导致高纬度地区积温的显著增加和冷胁迫的减少，致使农业气候区向北移动，有助于改善农作物的生长条件，特别是对于像水稻这样的喜热作物。在气候变化下，调整作物种植面积被认为是最重要的适应策略之一，因为较高的温度也可以使高纬度地区大规模生产喜热作物成为可能（Du 等，2017）。在过去的 43 年里，我国高纬度地区的水稻播种面积从 1980 年的 848.80 千公顷增加到 2022 年的 4950.94 千公顷，增长了 483.29%，而与此同时 2022 年全国高纬度以外地区水稻播种面积较 1980 年减少了 25.83%。高纬度地区逐渐成为我国重要的水稻生产基地。如果可以估计气候变化如何影响高纬度地区的水稻生产面积决策，将更好地了解生产者如何适应气候变化。

另外，从面积供给响应视角出发，早期的许多文献都集中在关注面积供给方程中的价格因素（Nerlove，1956；Chavas 等，1983）。Miao 等（2016）进一步强调了价格预期的影响作用，指出作物预期产出价格的上涨会通过创造激励措施将土地从其他用途转为种植该作物，从而增加用于种植该作物的面积。关于预期价格变量的选择，Nerlove（1956）首先指出农户不仅对上一年的价格作出反应，还对他们预期的价格作出反应，且预期价格在有限程度上取决于上一年的价格。后来的一些研究试图使用不同类型的工具变量来表示预期价格，如滞后一年的出售价格或当年的期货价格（Lin 和 Dismukes，2007；Xu 等，2019）。Clark 和 Fleming（1990）指出政府制定的价格支持政策为农作物销售设定价格下限，会直接改变农户的价格预期。在国内现有相关文献中，纳入价格政策的主要方法是通过构建虚拟变量进行估计（Wang 等，2021）。但如果通过引入价格政策虚拟变量直接估计价格预期，可能会忽略价格政策托底效应对价格预期的影响，并且已有研究也尚未考虑价格支持政策在水稻价格预期中的作用及其对水稻生产的影响。

此外，在研究方法上，有关气候对农业生产影响的研究采用了不同的气候变量和估计方法。Mehdi 等（2018）强调土地利用变化的气候驱动因素需要被有效识别，应考虑这些因素之间的交互作用。在全球范围内，对作物生产面积影响较大的气候变量包括月平均温度、最高温度、最低温度和生长期的降水等（Mccarl 等，2008；Cabas 等，2010；Cui，2020）。通常，生长季节的温度对农作物面积的影响要比降水量稍大（Weersink 等，2010）。其他一些研究则使用生长度日来计算累积的热量供应（Schlenker 和 Roberts，2009）。在实证模型上，这些研究主要针对特定地区的气候和价格变量构建面板模型进行估计，如广义矩估计法（Haile 等，2016）、空间误差模型（Miao 等，2016）和固定效应模型（Cui，2020）。已有模型的主要局限性在于这些模型无法自动识别气候变量的影响模式，模型中气候变量纳入的函数形式主要由研究人员构建，并且得到的非线性效应的模拟效果在高维设定下平滑度有限且灵活性较差。

基于以上研究基础，本章研究的目标主要体现在两个层面：首先，将研究视角集中于高纬度地区，试图研究气候变化对高纬度地区水稻生产面积的影响，使用机器学习中的多元自适应回归样条算法（Multivariate Adaptive Regression Splines，MARS）自动选择重要的解释变量，以表征水稻种植面积的非线性响应及其动态驱动因子；其次，基于预期理论，在稻谷最低收购价政策基础上构建价格预期模型，并将估计获得的水稻价格预期纳入面积供给响应模型，以同时分析面积决策对气候变化和价格预期的响应。同时，进一步将预期水稻产量引入模型中，以探索区域生产面积的形成机制。

4.1　模型设定与指标选取

4.1.1　面积供给方程构建的理论逻辑

面积供给方程的发展由来已久，且主要历经了三大发展阶段。早期第一阶段在 1947 年，Goodwin（1947）研究农业生产滞后的动态耦合时，将面积响应与价格相联系，指出作物面积响应由当期作物价格决定，而与此同时，当期价格通常完全依赖于过去价格。因此，在当期收购价格未知的情况下，假定面积供给方程由前期的价格决定：

$$A_t = \alpha_0 + P_t = \alpha_0 + \alpha_1 P_{t-1} + u_t \tag{4-1}$$

其中，A_t 表示第 t 期作物的生产面积；P_t 表示当期作物收购价格；P_{t-1}为前一期作物的实际价格；u_t 是误差项。因此，面积供给方程理论发展的第一阶段认为，在完全竞争市场条件下，生产者对当期作物收购价格未知时，主要依赖于上一期的历史产品价格来实施当期的生产决策，即作物面积供给完全依赖于历史作物价格。但该模型过于理想化，忽略了其他外部条件的影响，导致误差项 u_t 难以满足独立同分布条件。

Coyle（1993）认为除了农作物产品价格的上涨会增加作物的播种面积外，还可以通过创造激励措施将土地从其他用途转换为该作物的种植面积，并且特定作物的面积供给受总土地面积的限制且与之呈正相关关系。在多作物面积供给方程中，激励措施主要是指收益与成本投入相对值的考量。此外，还有 Nerlove（1956）提出的经典局部调整模型，考虑的是基于面积系统的局部动态调整关系。因此，面积供给方程的第二发展阶段由 Coyle（1993）等为代表提出，在总土地面积受限的条件下，基于利润最大化原理，为衡量作物价格、外部刺激以及总土地限制对作物面积供给的影响，从受限制的利润函数中提出了多作物下的面积供给函数：

$$A_t^n = \alpha_0 + \sum_{m=1}^{n} \alpha_{nm}(P_t^m / W_t^1) + \alpha_{n,n+1}(W_t^2 / W_t^1) + \alpha_{n,n+2}K_t + \alpha_{n,n+3}\overline{A}_t + u_t^n \quad (4-2)$$

在该多作物面积供给方程中，作物播种面积是价格与总耕地面积的函数。其中，n 代表的是不同农作物品种，那么 A_t^n 表示作物 n 在 t 时期的面积供给数量；$P_t^m = (P_t^1, \cdots, P_t^n)$ 是多作物产出价格向量；W_t^1 和 W_t^2 分别代表投入价格变量和雇佣劳动力的工资率；K_t 表示当期的机械以及相关设备的库存；$\overline{A}_t$ 代表总耕地面积；u_t^n 为误差项。而在单作物面积供给函数中，可用的劳动力、机械等投入要素在一定时间内较为稳定，那么单面积供给函数则主要与该作物价格、所拥有的总耕地面积以及竞争作物的价格相关：

$$A_t = \alpha_0 + \alpha_1 P_t + \alpha_2 C_t + \alpha_3 \overline{A}_t + u_t \quad (4-3)$$

其中，A_t 是目标作物第 t 期的面积；$\overline{A}_t$ 为当期总耕地面积；P_t 和 C_t 则分别表示目标作物价格及其竞争作物价格。高纬度地区的水稻和玉米均在5月种植，显示出较高的土地竞争力，因此当目标作物为高纬度地区水稻时，其竞争作物为玉米，那么 P_t 和 C_t 分别表示水稻和玉米的价格；u_t 表示方程的误差项。因此，自身和竞争作物的价格是早期文献用来分析种植作物面积响应的关键因素。至此，关于面积供给响应的研究仍然主要集中于价格对作物分配决策的影响。

但气候变化发生后，其对农户种植的农作物类型及其面积的影响也开始得到关注（Smithers 和 Smit，1997）。Weersink 等（2010）明确指出，价格的急剧变化以及潜在的气候变化的影响均会导致替代作物之间的耕地分配发生重大变化。因此，在第三发展阶段，研究者进一步将气候变量纳入面积供给方程中（Weersink 等，2010；Miao 等，2016；Cui，2020）：

$$A_t = \alpha_0 + \alpha_1 P_t + \alpha_2 C_t + \alpha_3 \overline{A}_t + \alpha_4 S_t + u_t \quad (4-4)$$

其中，S_t 表示在 t 时期时各类气候变量组成的向量。因此，面积供给方程发展至今，主要考虑了价格、气候以及总耕地面积限制等变量，即面积供给函数的一般形式是将 t 时期区域 i 中的作物种植面积 $A_{i,t}$ 对气候变量和经济变量 $X_{i,t}$ 进行回归：

$$A_{i,t} = f(X_{i,t}, \alpha) + u_{i,t} \quad (4-5)$$

在此基础上，本书进一步考虑将价格预期和气候预期纳入面积供给方程。Weersink 等（2010）指出，由于农产品销售相对于农业生产存在滞后性，农户对种植面积的决策是基于农户对利润的预期，从而作物种植面积的决策必须基于农户的预期。因此，本研究引入价格预期和气候预期，从作物单产量和价格的角度考虑了预期的作物利润，并且单产量将通过生长期的历史降水和温度来预测（Miao 等，2016；Lu 等，2018），以探究农户的面积决策。因此，可以将具体的模型表示如下：

$$A_{i,t} = \alpha_0 + \alpha_1(Totalarea_{i,t}) + \alpha_2(Price^*_{i,t}) + \alpha_3(Precip^*_{i,t}) + \alpha_4(Temp^*_{i,t}) + u_{i,t} \tag{4-6}$$

其中，$A_{i,t}$是第 t 年在区域 i 中用于种植水稻的土地面积；$Totalarea_{i,t}$是用于种植农作物的总土地面积。* 代表预期，可以通过历史数据建模获得。$Price^*_{i,t}$包括水稻预期价格及其竞争作物玉米的预期价格。$Precip^*_{i,t}$和$Temp^*_{i,t}$分别被定义为水稻生育期内每月总降水量预期和各月温度预期。根据 Chandrasekaran 等（2010）的研究以及农业部公布的农时日历表（如第 3 章表 3 - 1 所示），水稻生育期选取时间为 5 月 1 日至 9 月 30 日。$u_{i,t}$是误差项。

此外，Mehdi 等（2018）强调土地利用变化的驱动因素是由无数因素的相互作用所造成。为了捕获各影响因素间的复杂关系，可以在回归模型中引入各类因素的非线性及交互关系，如下所示：

$$A_{i,t} = \alpha_0 + C(Totalarea_{i,t}) + C(Price^*_{i,t}) + C(Precip^*_{i,t}) + C(Temp^*_{i,t}) + Z(Totalarea_{i,t}, Price^*_{i,t}, Precip^*_{i,t}, Temp^*_{i,t}) + u_{i,t} \tag{4-7}$$

其中，$C(\cdots)$ 和 $Z(\cdots)$ 函数分别表示变量的非线性关系和交互关系。* 同样代表预期，除 *Temp* 变量外，其他变量定义均与方程式（4 - 6）一致。*Temp* 变量包括每月的最高温度和最低温度。原因有三个：首先，农户作为农作物面积的主要决策者，相较于平均温度的变化，他们对最高和最低温度变化的感知更为敏感（Makuvaro 等，2018）；其次，单产的相关文献已经广泛研究了最高/最低温度比平均温度更好地捕获了产量的波动（Miao 等，2016）；最后，在第 3 章气候趋势变化的分析发现平均温度的变化来自最高温度或最低温度，并且纳入最高温度、最低温度进行研究更为细致。

进一步地，Weersink 等（2010）指出由于气候会对单产量分布产生重大影响，因此气候可能会通过单产形成后续影响，进而最终影响农户面积决策分配。Schlenker 和 Roberts（2009）在单产函数中发现了非线性效应，并且单产量的变化可以通过历史降水和温度来预测（Miao 等，2016；Lu 等，2018）。Lin 和 Dismukes（2007）、Weersink 等（2010）的研究建议将价格和单产的影响分开计算，尤其是在气候变化的研究中，该分解显得尤为重要，因为气候条件、单产、价格、面积种植决策存在相互交织的复杂关系。因此，有必要将产量预期值添加到方程式（4－7）中，以研究气候对水稻面积的潜在影响机制，此时带有单产预期的面积供给方程为：

$$A_{i,t} = \alpha_0 + C(Totalarea_{i,t}) + C(Price^*_{i,t}) + C(Precip^*_{i,t}) + C(Temp^*_{i,t}) + C(Yield^*_{i,t}) + Z(Totalarea_{i,t}, Price^*_{i,t}, Precip^*_{i,t}, Temp^*_{i,t}, Yield^*_{i,t}) + u_{i,t} \quad (4-8)$$

其中，$Yield^*_{i,t}$是水稻单产量预期。

在方程式（4－6）、（4－7）和（4－8）中涉及的预期变量构建如下：水稻单产量预期用滞后一年的水稻单产量来衡量（Xu 等，2019）；气候预期变量则根据 Weersink 等（2010）的研究，将每个气候变量的预期值均假定为过去 3 年中各指标的加权平均值，权重系数分别设置为 0.50、0.33 和 0.17；价格预期的构建将在下一节进行详细论述。

4.1.2 价格预期模型构建的理论分析

预期理论在农业领域中的讨论从 20 世纪 40 年代开始，主要经历了四个阶段。由于在农业生产中，农户的生产经营决策（作物种植面积或不同产品种植比例的配置决策）往往较实际的生产经营收入（收获价格）更早，农户需要通过前期的决策以最大化未来的生产利润，因而预期理论在农业生产领域得以发展。以农作物水稻为例，基于预期利润最大化原则，农户需要基于价格预期、单产量以及其生产投入成本，确定种植水稻的面积，其中价格预期是预期理论讨论的核心变量。早期预期理论在农业领域的发展主要由 Goodwin（1947）提出，他认为农户在决策时，主要基于过去一期的产品价格预测下一期的价格。由于存在从众、锚定等社会效应，加之商品价格信息的传递速度较慢，农户下一期的价格预期仅受当期价格的影响，即当期的价格预期完全等于前一期的价格（赵玉和严武，2016），其带有价格预期的供给方程可以表示为：

$$A_t = \alpha_0 + \alpha_1 P_t^* = \alpha_0 + \alpha_1 P_{t-1} + u_t \tag{4-9}$$

其中，P_t^* 和 P_{t-1} 分别表示第 t 年的作物预期价格和第 $t-1$ 年的作物实际价格；u_t 为误差项；A_t 则为第 t 期的生产面积。通过式（4-9）可知，农户主要依据当前的实际作物价格进行下一期的生产决策，并且坚信当前的价格会持续下去且自己的生产不会影响市场价格。如 Coyle（1993）和 Haile 等（2014）在分析生产供给响应时，均采用前一期的谷物收获价格作为市场预期价格。然而，该模型对两期价格过强的假设，使其忽略了农户在生产中对长期历史价格信息处理和加工能力。因而随后发展的外推式预期在此基础上不仅考虑过去一期价格的影响，还考虑了两期价格之间的动态变化，新的预期方程改写为：

$$P_t^* - P_{t-1} = \beta(P_{t-1} - P_{t-2}) + u_t \tag{4-10}$$

如式（4-10）所示，当期的价格预期不仅包括前一期的价格，还包含前一期和前两期价格差分项的影响，β 为差分项的预期系数，用于捕获农户对价格变动的预测。因此，外推式预期也可以视为一个 MA(1,1) 随机过程。

此后，Nerlove（1956）指出农户在预期当期价格时，不仅会基于历史价格及其差分项进行预测，还会不断修正自己的预期，即对误差建立修正机制，建立价格适应性机制。换言之，农户会根据自己在过去预期决策中的误差，不断修正后来的价格预期，其适应性预期方程可以写为：

$$P_t^* - P_{t-1} = \beta(P_{t-1} - P_{t-1}^*) + u_t \tag{4-11}$$

$$P_t^* = H(1-\beta)^t + \sum_{\tau=0}^{t} \beta(1-\beta)^{t-\tau} P_{\tau-1} + u_t \tag{4-12}$$

其中，β 称为修正系数或适应系数；H 代表固定的初始条件下的值，基于式（4-11）和式（4-12）可知，适应性预期与外推式预期最大的差异主要在于，适应性预期增加对历史实际价格和历史预期价格差异的权重。由于适应性预期依然仅关注历史价格信息对当期预期价格的影响，并未考虑其他外生政策因素的影响，Muth（1961）进一步提出理性预期思想。因为理性的经济行为人并不只是简单地适应经济环境的变化，而是在获取所有历史信息后作出理性选择，即考虑了环境或政策对当期经济信号的影响，新的价格预期方程是对历史信息集合的处理和加工，可以表示为：

$$P_t^* = E(P_t \mid \Omega_{t-1}) \tag{4-13}$$

其中，Ω 表示信息集合，此时作物价格预期 P_t^* 表示为第 $t-1$ 年 Ω 信息集合条件下的数学期望。在现实环境中，理性预期由于假定农户为完全经济人和信息无障碍，即农户知道如何构建预测模型，且能准确估计参数，在实际生产中难以运用，后期的准理性预期模型放松了信息无障碍的假设，强调农户对已有信息的判断和处理，更符合现实发展。由于两者在理论和实际运用中较为相近，因而本书对理性预期和准理性预期并未作进一步的区分。

在我国水稻生产中，价格不仅受到历史价格的影响，还会受到当期最低收购价政策的影响。张爽（2013）在原有适应性预期模型的基础上，增加粮食支持政策价格，以考虑政策支持对农业生产的影响。其出发点并非基于政策对价格预期的影响，而是基于价格政策对生产的直接影响。然而，一旦忽略了价格政策对预期方程的影响，模型的估计将需要施加更多的约束条件，否则会导致方程中政策价格影响的估计参数并不能完全反映政策价格对面积的作用，同时也忽略了价格政策起作用的机制。因此，更为有效的估计策略是先估计价格政策对价格预期的影响，进而分析价格预期对水稻面积供给的影响。基于此，Clark 等（1990）和 Yu 等（2022）提出了带有价格支持政策的价格预期方程：

$$P_t^* = E(P_t \mid \Omega_{t-1}) = \alpha_0 + \alpha_1 P_{t-1} + \alpha_2 X_{t-1} + u_t \tag{4-14}$$

其中，X_{t-1}为有助于预测产出价格的其他信息，如价格支持政策等。为了支持农业生产，我国于 2004 年首次为主要农产品制定了价格政策支持计划，如稻谷最低收购价政策。这些价格支持计划类似于美国的缓冲库存政策或加拿大的初始支付政策，即在粮食主产区中，一旦市场价格降至最低价格以下，政府就会在规定的时间内，按照公布的收购价格进行收购。

4.1.3　实证模型构建

4.1.3.1　多元自适应回归样条模型

尽管先前已经较多地研究了气候对作物生产面积的影响，但从未设置出一个统一的函数。此外，作物面积决策由农户决定，即使在理性人的假定下，研究者仍然无法完全了解气候与价格究竟如何影响作物面积，并且气候、价格、产量与面积之间或许存在着复杂的交互关系，因此难以准确地设定函数形式。为了更好地捕获自变量和因变量之间的非线性和交互关系，并避免在选择变量和函数形式时过分依赖于主观的问题，在估计面积供给方程时应用灵活的机器学习法。

机器学习法已逐渐用于多学科研究中，可以实现较高的拟合精度，如多元自适应回归样条、随机森林和支持向量机等。但是其中大多数机器学习法均存在一个共性的缺点，即算法将数据运算机制假设为“黑匣子”，这使由机器学习得来的变量间的关系被隐藏起来，导致所获得的结果难以解释（Rudin，2019）。这导致研究人员和政策制定者无法清楚地探究气候变化、价格预期与水稻种植面积之间的具体关系。然而，机器学习法中的 MARS 模型可以捕获多维变量之间的复杂关系并生成一个较为简单的模型，尤其适用于探索气候变化、价格预期与水稻种植面积等变量之间的非线性和交互这类复杂关系。

MARS 模型是捕获一组输入变量和目标因变量之间的非线性以及交互关系的灵活方法，属于线性模型的扩展，并利用非参数技术在多元设定中使用，并削弱了传统回归估计方法中的各类假设（Friedman，1991），通过数据自动选取目标解释变量及其函数形式。因此，MARS 技术没有对基函数的基础关系做出特殊假设，该基函数类似于平滑连接解释变量和被解释变量的阶跃函数。基函数的形式以及数量的确定同样是由给定的数据自动完成，而无须手动选择。这可以有助于获得变量之间更精确的复杂关系（Yu 等，2021）。因此，通过构建 MARS 模型来估计上一节中构建的面积供给方程，如下所示：

$$A_{i,t} = \alpha_0 + \sum_{n=1}^{m} C_n(x) + \sum_{n=1}^{j} Z_n(x) = \alpha_0 + \sum_{n=1}^{k} \alpha_n h_n(x) \tag{4-15}$$

其中，$C_n(\cdots)$ 和 $Z_n(\cdots)$ 分别表示非线性关系函数和交互关系函数；x 是面积供给函数构建部分中所选择的解释变量矩阵；α_0 至 α_k 为估计系数；$h_n(\cdots)$ 为基函数，由一个铰链函数或由多个铰链函数相乘的形式构成。$h_n(\cdots)$ 决定了 MARS 具有强大的能力来模拟变量间的非线性和交互关系：若针对同一变量生成了两个或多个单铰链函数，则表示非线性效应；如果是由两个或多个铰链函数相乘的形式表现，则可以描述交互效应。Friedman（1991）将铰链函数定义为：

$$h_n(x) = (x - \theta)_+ \tag{4-16}$$

其中，$(x-\theta)_+$ 为指示函数，如果为正数，则等于（$x-\theta$），否则为零。θ 被称为节点，由一个常数构成，可以反映自变量和因变量之间关系发生变化的拐点。

MARS 分为两个阶段构建模型，包括前向阶段和后向阶段（Friedman，1991）。在前向阶段，使用自适应回归算法中的直传截断过程自动搜索整个输入样本可能的单变量候选节点的位置，以分割输入样本，每个分割点均为一个节点。通过将样条函数拟合到每个划分的区间，在考虑变量的非线性和交互作用的基础上，可以在每个小区间生成基函数。前向过程中将不断增加基函数数量以提高模型精度，直至残差平方和达到最小值或基函数数量达到最大值才结束拟合过程。这使在前向过程中将生成许多基函数，从而导致模型存在过度拟合问题。因此，后向阶段是使用带有网格搜索的广义交叉验证法除去在前向过程中所生成的贡献程度较低的冗余基函数，以建立最佳估计模型的过程。

除了确定节点的个数和位置之外，MARS 模型还具有强大的功能来模拟不同铰链函数之间潜在的交互作用。它可以使用十折交叉验证执行网格搜索，以通过最小化预测误差来识别交互阶数和项数的最佳组合。由于农户通常综合考虑气候、经济和总土地限制，因此该潜在交互作用的识别过程与水稻面积决策过程一致。

4.1.3.2　价格预期模型实证估计方法

在建立了带有价格预期的面积供给模型后，本小节进一步基于预期价格理论构建价格预期方程，并讨论如何检验价格政策等市场信息在形成价格预期中的有效性。一般而言，假定价格预期与理性预期一致且相符（Lucas，1972），即主观预期与客观预期相等：

$$E_{t-1}\hat{P}_t = E(\hat{P}_t/I_{t-1}) \tag{4-17}$$

其中，$E(\hat{P}_t/I_{t-1})$ 表示在当前给定信息集 I_{t-1} 下理性人对下一期预期价格 $\hat{P}_t$ 的条件期望。进一步地，Clark 等（1992）指出农户形成的价格预期 $\hat{P}_t$ 服从自回归模型，因此决定向量 $\hat{P}_t$ 的预测方程为：

$$P_t = \alpha_0 + \alpha_1(L)P_{t-1} + \alpha_2(L)X_t + u_t \tag{4-18}$$

其中，P_t 是农户在 t 时期预期的作物价格；P_{t-1} 表示滞后一期的实际作物收购价格；X_t 代表农户用于预测价格的其他信息，如政府公布的最低收购价格、期货价格等；L 为滞后算子；u_t 是误差项。准理性预期假设认为，理性经济人能基于已有信息构建方程式（4－18），并且利用该方程式预测价格以获取自身的价格预期，进而得到下式：

$$E_{t-1}P_t = \alpha_0 + \alpha_1(L)P_{t-1} + \alpha_2(L)X_t \tag{4-19}$$

由于期货价格的发现功能以及农业期货市场的快速发展，期货价格可以为农户的价格预期提供更多信息（Lin 和 Dismukes，2007；Haile 等，2016），且稻谷最低收购价政策也可能有助于农户预期下一期收获价格，因而，式（4－19）中的 X_t 方程定义为：

$$X_t = (P_{t-1}^{IS}, P_t^{IF}, P_t^{DF}, MP_t) \tag{4-20}$$

其中，P_{t-1}^{IS} 和 P_t^{IF} 分别表示 $t-1$ 时期的国际现货价格和 t 时期的国际期货价格；P_t^{DF} 表示 t 时期的国内期货价格；MP_t 是政府在 t 时期发布的稻谷最低收购价格。实际上，在本研究中 $t-1$ 和 t 分别代表作物种植前的时间和作物收获的时间。对于稻谷最低收购价格出台之前的水稻价格预期（2004 年之前）和玉米价格预期，可以使用普通最小二乘法直接估算方程式（4－18）。

然而，在引入最低收购价政策后则无法通过普通最小二乘法一致地估计方程式（4－18），因为稻谷最低收购价格是一个有保证的价格，即具有地板底价限制，并且农户在种植水稻之前就能明确知晓政府公布的最低收购价格，即 $P_t \geqslant MP_t$。因此，价格政策可以存在于两种不同的情况下，即对地板价格有约束力，或是地板价格没有约束力。水稻价格预期方程受 $P_t \geqslant MP_t$ 的约束，方程式（4－18）进一步演变为：

$$P_t = \beta_0 + \beta_1(L)P_{t-1} + \beta_2(L)X_t + u_t,\ s.t.\ P_t \geqslant MP_t \tag{4-21}$$

其中，P_t 是农户在 t 时期预期的作物价格；MP_t 表示最低收购价格；L 为滞后算子；β_0、β_1 与 β_2 是估计系数；u_t 为误差项。并且由于水稻价格降至最低收购价格以下的概率为零，因此典型的自回归模型可能不再代表水稻价格的真实分布。而这种零处截断的数据分布被称为截尾分布。这意味着农户将关心的是实际价格是否高于最低收购价格，以及实际价格高出多少。因此，带有地板价格的价格预期方程将变为：

$$E_{t-1}P_t = MP_t + D_t[\beta_0 + \beta_1(L)P_{t-1} + \beta_2(L)X_t] + \vartheta_t \tag{4-22}$$

其中，$E_{t-1}P_t = E(P_t | Z_t)$ 是对下一期价格的预期；Z 是指在行为人形成其价格预期时可获得的新信息集；D_t 表示预期价格差，是 P_{t-1} 和 X_t 的函数。当公布的稻谷最低收购价具有地板价约束力时，$D_t(\cdots)$ 的价格在零处存在截断分布，可以使用 Tobit 程序进行估算。ϑ_t 等于 D_t 的概率密度函数乘以 u_t 的标准差（Maddala，1986）。

为确保市场上出现的新信息对行为人获得作物价格预期具有可用性，引入卡尔曼滤波法对市场上新信息的有用性进行检验，以提高预期模型构建的可靠性。自 2004 年以来，我国在一些省份对水稻实施了价格支持计划，即最低收购价政策，以保护农户的利益并确保包括黑龙江和吉林等省份在内的重点水稻生产市场的供应。辽宁省也于 2008 年开始加入价格支持计划。该计划开始施行后，当政府公布的稻谷最低收购价格高于水稻市场价格时，政府将委托具有一定资格的粮食企业以最低收购价格购买农户的水稻。该类价格支持政策类似于美国的缓冲库存政策和加拿大的初始支付政策。此外，玉米期货产品也于 2004 年在中国大连商品交易所上市。因此，种植水稻或玉米的农户将能从市场上获取新的信息来预测其作物价格预期。为了确保这些新信息在生产者形成其价格预期时具有可用性，本研究将采用卡尔曼滤波法对其进行检验。Sargent（1979）和 Clark 等（1992）认为，卡尔曼滤波是检验市场变化是否为生产者提供有用信息的绝佳方法。根据卡尔曼滤波理论，在给定旧信息集 Ω 和新信息 Z 的情况下预期价格 P 的新估计量为：

$$f(P|\Omega,Z)=f(P|\Omega)+f[(P-f(P|\Omega))|(Z-f(Z|\Omega))] \quad (4-23)$$

其中，$f(\cdots)$ 表示投影函数。最后一项是在给定 Z 和 $f[(P-f(P|\Omega))|(Z-f(Z|\Omega))]=f(u_P|u_Z)$ 的情况下得到的更新因子，其中 u_P 是在给定旧信息集 Ω 的情况下的价格预测误差，u_Z 则是在给定新信息 Z 的情况下的价格预测误差。因此，检验市场上的新信息是否具有可用性，即是将 u_P 对 u_Z 进行回归并判断其系数的显著性。如果获得显著的 t 值，则表示新信息将有助于预测价格，否则该信息将是无用的。如果新信息对预测价格增添了新的信息，则具有理性预期的生产者会将新信息 Z 纳入他们对价格预期的构建中。

4.1.4 变量选择与数据说明

本章选取纬度为北纬 40 度以北的水稻种植区域为高纬度地区水稻研究区域（赵黎明，2015），所涉及的水稻种植区域共 34 个，研究时间跨度为 1992—2018 年，数据量满足 MARS 对样本量的要求（Friedman，1991）。研究从统计年鉴中收集了市级年度水稻种植面积、水稻产量以及农作物总面积数据。其中农作物总面积代表所拥有的土地禀赋。水稻单产量由各地域水稻总产量除以相应的水稻面积得出，并将滞后一期的水稻单产量作为预期单产变量（Xu 等，2019）。

为构建气候预期，本章从国家气象信息中心公布的《中国地面气候资料日值数据集（V3.0）》中收集了 1989—2018 年的日度气候数据，包括每日的最低温度、最高温度和平均温度以及日度累计降水量。基于各水稻种植区域的中心点坐标与各气象站点的经纬度，采用直接距离最短原则，挑选出位于农作物区域内的代表性气象站，实现市级水稻生产数据与气候站点的匹配。依据各地的逐日气候数据计算了水稻生育期5—9月内各自相应的月度气候变量，进而根据 Weersink 等（2010）的研究，以权重系数0.50、0.33和0.17计算出每个气候变量在过去三年中的加权平均值，以获得各气候指标的预期值，包括5—9月内各月的预期最低温度、预期最高温度以及预期总降水量。

价格预期构建方面。研究从《中国农产品价格年鉴》中收集了水稻（PR_t）和玉米（PC_t）的收购价格。价格预期模型中包括的国际期货价格变量（其中水稻为 PR_t^{IF}；玉米为 PC_t^{IF}）和进口现货价格变量（其中水稻为 PR_t^{IS}；玉米为 PC_t^{IS}）分别从芝加哥期货交易所和 UN Comtrade 数据库中获得。年度稻谷最低收购价（MP_t）和国内玉米期货价格 PC_t^{DF} 分别从中国国家发展和改革委员会和 Wind 数据库中收集。所获得的国际数据以美元为单位，均根据联合国粮农组织公布的美元兑人民币汇率统一调整为人民币单位，以保持价格数据的单位一致。水稻和玉米的价格预期指标将利用以上数据并基于前述的预期理论以及所构建的价格预期模型估计获得。表4-1包含了农作物播种总面积，水稻面积、价格预期以及各类气候预期的汇总统计数据。

表4-1　水稻面积分析的数据集描述性统计

变量	简称	均值	标准差	最小值	最大值
水稻面积（千公顷）	RA	75.22	93.76	0.79	638.10
总面积（千公顷）	TA	523.50	497.22	50.40	2303.10
水稻预期价格（元/千克）	RP	1.92	0.85	0.91	3.39
玉米预期价格（元/千克）	CP	1.27	0.62	0.54	2.48
水稻预期单产量（吨/公顷）	RY	7.26	1.49	1.79	12.10
5月预期最低温度（℃）	MINT5	9.91	2.40	2.35	15.33
6月预期最低温度（℃）	MINT6	15.84	2.04	9.16	20.39
7月预期最低温度（℃）	MINT7	19.35	1.83	14.46	23.05
8月预期最低温度（℃）	MINT8	17.95	2.19	11.08	22.95

续表

变量	简称	均值	标准差	最小值	最大值
9 月预期最低温度（℃）	MINT9	11.01	2.92	3.30	18.98
5 月预期最高温度（℃）	MAXT5	21.81	1.63	16.79	25.83
6 月预期最高温度（℃）	MAXT6	26.37	1.33	23.25	29.83
7 月预期最高温度（℃）	MAXT7	28.16	1.19	25.24	31.45
8 月预期最高温度（℃）	MAXT8	27.30	1.28	23.25	30.13
9 月预期最高温度（℃）	MAXT9	22.76	1.78	17.71	26.59
5 月预期总降水量（mm）	TP5	58.47	24.93	2.75	155.65
6 月预期总降水量（mm）	TP6	89.56	29.33	20.50	235.04
7 月预期总降水量（mm）	TP7	151.33	57.45	30.03	471.57
8 月预期总降水量（mm）	TP8	141.68	60.57	31.31	380.70
9 月预期总降水量（mm）	TP9	49.67	23.96	5.01	178.64

从描述性统计结果可知，水稻平均面积为 75.22 千公顷，总播种面积平均为 523.50 千公顷，作物播种面积的标准差较大，表明水稻种植分配以及所拥有的土地禀赋存在较大的地区异质性。水稻预期单产量均值为 7.26 吨/公顷，最高可达到 12.10 吨/公顷。水稻预期价格平均为 1.92 元/千克，最小值为 0.91 元/千克，最大值为 3.39 元/千克；玉米预期价格均值为 1.27 元/千克，最小值为 0.54 元/千克，最大值为 2.48 元/千克。不管是均值还是最小值和最大值，玉米预期价格较水稻预期价格低，但水稻预期价格的标准差较玉米价格的大，说明水稻价格预期的变动较大。5—9 月最低温度预期值在 2.35℃ 至 23.05℃ 变动，其均值分别为 9.91℃、15.84℃、19.35℃、17.95℃以及 11.01℃。7 月的预期最低温度最高，且其标准差最小，而 5 月的预期最低温度最小；预期最高温度的变动范围为 16.79℃至 31.45℃，与预期最低温度表现一致，7 月的预期最高温度最高，5 月的最低，且 7 月预期最高温的标准差仍最小，意味着 7 月预期温度最高且较为稳定。就降水量的预期值而言，差异较大，水稻生育期内预期降水量最小值为 2.75mm，最大值为 471.57mm，且 7 月和 8 月的预期降水量相对较高，其中 7 月的预期降水量最高。

4.2 价格预期方程实证分析

4.2.1 基于卡尔曼滤波法的价格信息有用性检验

Clark 等（1992）提出可以使用卡尔曼滤波法来检验市场上出现的新信息是否对预期价格存在有用性。对于水稻而言，是将包含最低收购价格的价格预期模型的预测误差与不包含最低收购价格价格的价格预期模型中所获得的预测误差进行回归，并判断模型的显著性；对于玉米而言，新信息为期货价格，那么相当于将包含玉米期货价格的价格预期模型的预测误差与不包含玉米期货价格的价格预期模型中所获得的预测误差进行回归。若结果回归中存在显著的 t 值则表示市场上出现的新信息有助于预测收获价格，应将其纳入价格预期模型的构建中。结果如表 4－2 所示。

表 4－2　　新信息对价格预期方程的有用性检验

变量	稻谷最低收购价格	国内玉米期货价格
水稻预期价格	0.955*** (0.010)	—
玉米预期价格	—	1.062*** (0.011)

注：括号内为标准差；*、** 和 *** 分别表示在 10%、5% 和 1% 的水平下显著。

卡尔曼滤波法获得的稻谷最低收购价格变量的系数为 0.955，玉米期货价格变量的系数为 1.062，且两个变量均在 1% 的显著性水平下显著，说明卡尔曼滤波法强烈地支持了稻谷最低收购价格及玉米期货价格自 2004 年起在市场上提供的新信息对构建价格预期方程存在有用性，即为旧信息集增加了有用性新信息。因此，在构建价格预期方程时，有必要纳入稻谷最低收购价格和玉米期货价格。

4.2.2 价格预期方程估计结果

在水稻和玉米价格预期的估算过程中，基于价格预期模型构建以及卡尔曼滤波法测算的有用信息，分别将最低收购价格和期货价格纳入价格预期方程。对于水稻而言，水稻价格预期方程是通过 OLS 和 Tobit 方法进行估算获得，主要是将稻谷最低收购价政策和市场上其他有用的价格信息纳入，通过 OLS 和 Tobit 方法估算的价格预期方程中。对于玉米而言，玉米价格预期方程使用 OLS 方法进行估算，并且在 2004 年之后的方程式中添加通过卡尔曼滤波检验的国内玉米期货价格信息。表 4 - 3 给出了水稻和玉米价格预期的 OLS 和 Tobit 方程，并且通过估计而来的价格预期方程对价格进行预测，可以分别获得水稻和玉米的价格预期。

表 4 - 3　　水稻和玉米的价格预期方程

水稻
OLS：$PR_t = -0.018 + 0.864PR_{t-1} + 0.140PR_t^{IF} + 0.070PR_{t-1}^{IS}$
(0.012)　(0.036)　(0.072)　(0.037)
Tobit：$PR_t = D_t(0.035 + 0.305PR_{t-1} - 0.198PR_t^{IF} + 0.233PR_t^{IS} - 0.589MP_t) + MP_t$
(0.015)　(0.145)　(0.075)　(0.036)　(0.158)
玉米
OLS：$PC_t = -0.008 + 0.752PC_{t-1} + 0.431PC_t^{IF}$
(0.008)　(0.045)　(0.076)
OLS：$PC_t = -0.020 + 0.117PC_{t-1} - 0.112PC_t^{IF} + 0.931PC_t^{DF}$
(0.008)　(0.059)　(0.068)　(0.082)

注：括号内为标准差。

OLS 的结果表明，滞后的作物收获价格、国际期货价格和现货价格对下一期的价格具有良好的预测能力。其中滞后收获价格对于预期价格的影响较大，水稻和玉米滞后收购价的估计系数分别为 0.864 和 0.752，且均在 1% 的显著性水平内显著。国际期货和国际现货价对水稻预期价格影响的系数相对较滞后一期的收购价格的系数小，分别为 0.140 和 0.070，且分别在 5% 和 10% 的水平下显著，反映了国际期货价格对预期价格的影响较国际现货价格的影响稍大。国际玉米期货价格对玉米预期价格具有显著的正向影响，影响系数为0.431，较玉米滞后一期的收购价格的系数0.752稍低。

稻谷最低收购价格的上涨对积极的价格预期形成具有显著正向影响。基于卡尔曼滤波检验和Tobit模型估计结果可知，稻谷最低收购价政策于2004年建立后，最低收购价格也可以为生产者获得水稻价格预期提供新的有用信息，尤其是实际价格与稻谷最低收购价格之间的价格差值。稻谷最低收购价和国际期货价格会对价格差异预期产生负面影响且稻谷最低收购价的影响更大，影响系数分别为－0.589和－0.198，均在1%的水平下显著。稻谷最低收购价的负向影响表明在价格预期的形成过程中，稻谷最低收购价格越高时，预期收购价格与收购价格的差异则越小。但是更高的滞后收获价格和国际现货价格会加大对预期价格差异产生正向影响，且滞后收获价格的正向影响较大，其影响系数分别为0.305和0.233，并分别在5%和1%的水平下显著。此外，国内玉米期货价格对玉米预期价格的影响系数为0.931且在1%的显著性水平下显著。

根据已估计的价格预期方程，获得水稻和玉米的预期价格。由于本研究的关注点在于高纬度地区，即北纬40度以北的水稻种植区域，主要包括黑龙江、吉林和辽宁三省。为更进一步了解水稻预期价格的变化趋势，体现预期价格和普通滞后一期价格的差异并彰显稻谷最低收购价政策的效果，进一步将水稻价格预期与滞后一年的水稻价格进行比较，并分别对黑龙江、吉林和辽宁三省进行分析。如图4－1所示，在稻谷最低收购价政策制定实施前，预期价格与滞后一期的水稻价格的变动趋势保持一致，且差异较小。在稻谷最低收购价政策制定实施后，就黑龙江省和吉林省而言，在2004—2014年间预期价格开始明显高于滞后一期价格，该阶段是稻谷最低收购价政策确立并持续增长的时期，同时预期价格高于滞后一期价格，表明由于稻谷最低收购价政策的积极信号，农户对未来稻谷市场价格会有更高的价格预期。但由于稻谷最低收购价格于2014年之后开始下调，预期价格也开始下降，致使水稻预期价格低于其滞后一期的收获价格。辽宁省的预期价格也呈现出相类似的趋势，在2008年稻谷最低收购价政策在辽宁省确立后，预期价格高于水稻滞后一期的价格且价格差有拉大的趋势，但自 2014 年政策价格下调后，水稻预期价格下降并低于滞后一期的收获价格。总体而言，水稻预期价格经历了平稳至上升再到下降的趋势。在稻谷最低收购价格发布之前，预期价格相对较平稳；在收购价政策确立且最低价格持续上调的阶段，水稻预期价格历经了一个持续上涨的过程；而在 2014 年起最低收购价下调后，水稻预期价格也呈现回落的趋势。

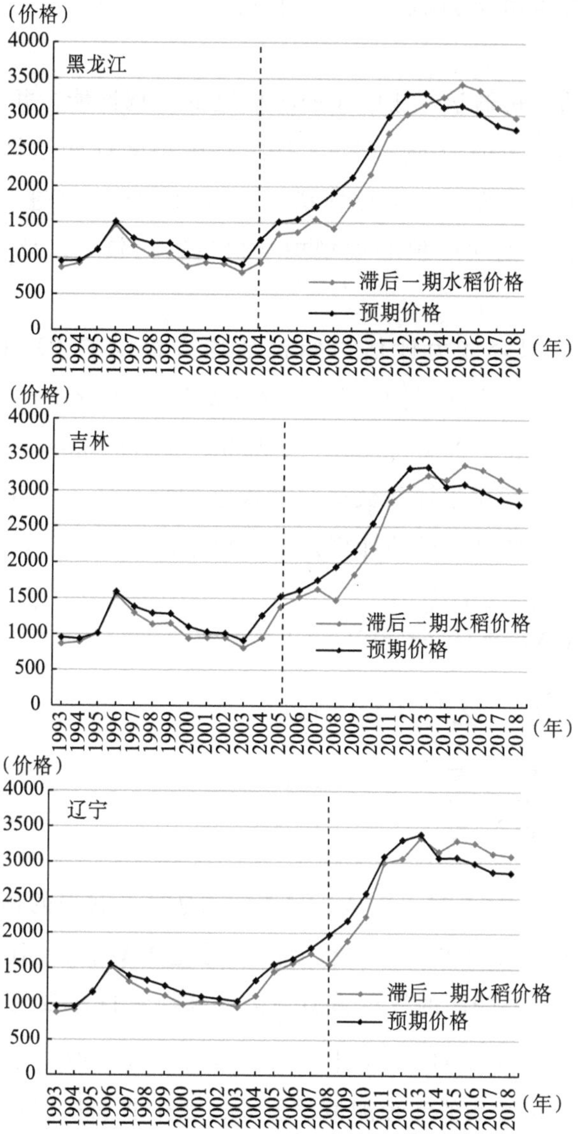

图 4－1　水稻预期价格及其滞后一期价格的比较

4.3 水稻面积供给方程实证分析

4.3.1 面积供给方程实证模型性能评估

本部分评估了机器学习法中 MARS 模型的表现性能，并将其与多重线性回归（Multiple Linear Regression，MLR）模型的性能结果进行了比较。首先，基于三个模型拟合能力评估指标，对 MARS 模型进行评估；其次，将因变量水稻面积的实际值和模型拟合值进行比较，以评估模型的解释能力。

采用的三个拟合能力评估指标包括均方根误差 RMSE（Root Mean Square Errors），平均绝对误差 MAE（Mean Absolute Errors）以及 Nash - Sutcliffe 模型效率系数 NSE（Nash - Sutcliffe Model Efficiency Coefficient），它们在文献中被广泛用于评估数据驱动模型的拟合能力（Jeong 等，2016；Yu 等，2021）。其统计指标的计算公式分别为：

$$RMSE = \sqrt{\frac{1}{NT}\sum_{i=1}^{N}\sum_{j=1}^{T}(y_{it} - \hat{y}_{it})^2} \tag{4-24}$$

$$MAE = \frac{1}{NT}\sum_{i=1}^{N}\sum_{j=1}^{T}|y_{it} - \hat{y}_{it}| \tag{4-25}$$

$$NSE = 1 - \frac{\sum_{i=1}^{N}\sum_{j=1}^{T}(y_{it} - \hat{y}_{it})^2}{\sum_{i=1}^{N}\sum_{j=1}^{T}(y_{it} - \bar{y}_{it})^2} \tag{4-26}$$

其中，NT 表示样本量；y_{it}是观测值；$\hat{y}_{it}$是模型获得的预测值；$\bar{y}_{it}$则是预测值的平均值，其中水稻面积预测值将通过 MARS 和 MLR 模型分别估计。RMSE 指标是将较高的权重施加到极值来衡量目标观测值 y_{it}和其预测值 $\hat{y}_{it}$之间的偏差。而 MAE 并未针对极值进行加权，而是以均等且忽略数值符号的方式评估观测值和预测值的偏差，属于非加权测量方法。NSE 则是模型预测技能的一项得分，取值范围为 $(-\infty,1]$。如果 NSE 效率系数值远小于 0，意味着模拟结果不可信；如果取值靠近 0 左右，则表示该模型总体结果较为可信且近似于观测值的平均水平，但结果误差较大；NSE 最优取值为 1，并且越靠近于 1 模型的可靠性越高、模型越完美。

表 4 - 4 显示了 MARS 模型和 MLR 模型的三个拟合能力评估的统计量结果。在 MARS 模型中，进行十折交叉验证，并评估每次验证的拟合能力。在此交叉验证过程中，需要将高纬度地区水稻面积分析数据集随机地分为 10 个大小相等的子样本，选取其中的 9 个子样本用作水稻面积分析的训练数据集，剩余的 1 个子样本则作为用于检验面积供给模型的验证数据集，并重复此过程以确保 10 个子样本均被恰好作为验证数据使用一次。

表 4 - 4　十折交叉验证法下 MARS 模型的拟合能力评估

模型（1）				模型（2）			
折数	RMSE	NSE	MAE	折数	RMSE	NSE	MAE
1	47.91	0.74	31.69	1	60.85	0.56	36.21
2	50.97	0.78	35.66	2	47.26	0.79	29.28
3	41.73	0.87	30.44	3	41.83	0.87	31.90
4	47.06	0.75	32.35	4	45.97	0.75	30.10
5	41.17	0.70	28.55	5	41.24	0.70	28.50
6	49.46	0.73	33.72	6	45.77	0.73	34.54
7	54.69	0.69	37.14	7	47.03	0.77	33.80
8	45.15	0.88	30.67	8	40.76	0.89	30.11
9	46.13	0.79	28.49	9	59.38	0.66	31.98
10	51.26	0.56	34.27	10	44.86	0.66	31.06
平均值	47.55	0.75	32.30	平均值	47.50	0.74	31.75
MLR	68.97	0.57	49.35	MLR	70.44	0.58	50.46

注：模型（1）和模型（2）分别表示不含单产预期和含单产预期的模型；RMSE 为均方根误差，MAE 为平均绝对误差，NSE 为 Nash - Sutcliffe 效率系数；平均值为多元自适应回归样条模型的十折交叉验证的平均值；MLR 为多元线性回归。

在十折交叉验证过程中，分别计算出每个交叉验证中的 RMSE、MAE 和 NSE。首先，在不含单产预期变量的模型中，MARS 模型十折交叉验证获得的 RMSE 范围处于 41.17—54.69，平均 RMSE 值为 47.55，其最小值、最大值和平均值均低于 MLR 模型中获得的 RMSE 值 68.97；其次，MARS

模型的 MAE 值范围为 28.49—37.14，其平均值为 32.30，也低于 MLR 模型获得的 MAE 值 49.35；并且，MARS 模型十折交叉验证的 NSE 值最高达 0.88，平均水平也高至 0.75，与最优模型的数值 1 较为接近，且高于 MLR 模型中的 NSE 值 0.57。

在包含单产预期变量的模型中也展现出相同的规律，十折交叉验证中 MARS 模型的 RMSE 范围为 40.76—60.85，其均值为 47.50，均远低于 MLR 模型中的 RMSE 数值 70.44；同时 MARS 模型的 MAE 评估指标处于 28.50—36.21，均值为 31.75，小于 MLR 中汇报的 MAE 结果 50.46；且 MARS 十折交叉验证中 NSE 最高值和平均值分别为 0.89 和 0.74，高于 MLR 模型的 0.58。以上的评估分析发现，采用机器学习 MARS 算法估计获得的模型在三个不同指标的评估上均优于传统计量经济学中的多元线性回归 MLR 模型，意味着 MARS 模型比 MLR 模型具有更高的拟合度和解释能力。

MARS 模型拟合能力更强，尤其是在获得更小的偏差以及对极端值的拟合方面强于 MLR 模型。将因变量水稻面积的实际值和模型拟合值进行比较，以评估模型的预测能力，其中面积的拟合值分别利用 MARS 模型和 MLR 模型对面积供给方程估算所得。如图 4 - 2 所示，在不带单产预期和带有单产预期的模型中，MARS 模型下获得的水稻面积拟合值均紧紧围绕其实际值上下波动，所获得的预测误差偏差较小，而 MLR 模型的拟合值在实际值周围分散的范围较广，所获得的拟合偏差较大。此外，MLR 模型难以拟合数值较大的极端值，只能在均值水平上进行模拟，而 MARS 模型在拟合极端值方面展现了较强的拟合能力。因此，通过 MARS 模型进行估计可以获得较小的预测面积偏差，并且更好地拟合实际的水稻面积。

4.3.2 气候与价格变量重要性评估

变量重要性评估可以有效地识别重要的变量，从而在模型估计中排除无效因素。因此，通过设置十折广义交叉验证法（Generalized Cross - Validation method，GCV）跟踪变量添加至模型后 GCV 统计量的减少情况来衡量每个变量的重要性，并使用残差平方和（Residual Sums of Squares，RSS）

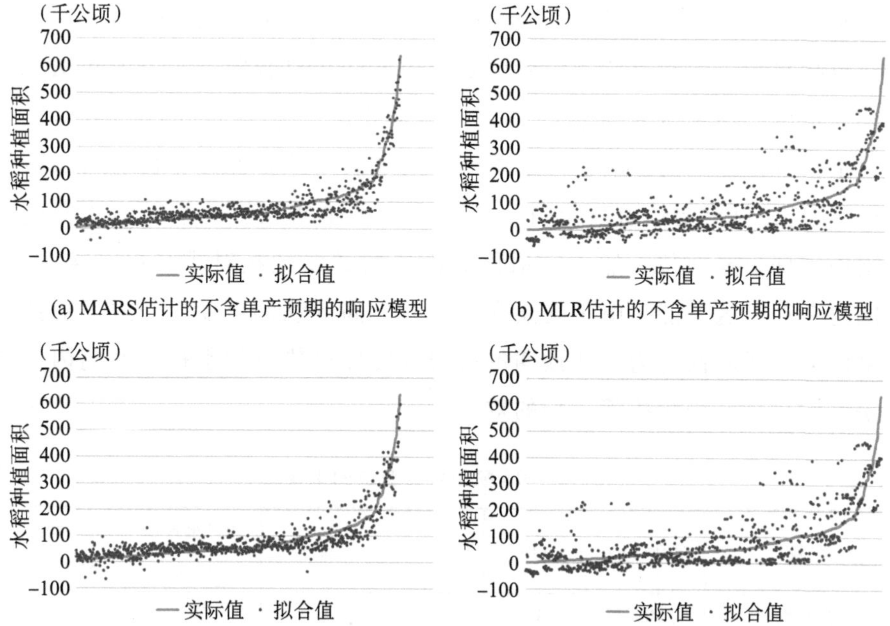

(a) MARS估计的不含单产预期的响应模型

(b) MLR估计的不含单产预期的响应模型

(c) MARS估计的含单产预期的响应模型

(d) MLR估计的含单产预期的响应模型

图 4－2　MARS 和 MLR 模型的拟合能力比较

判断自变量对因变量解释能力的贡献程度，以此作为变量重要性评估的稳健性检验。本部分将对两个模型分别进行变量重要性评估并分析变量重要性的变化，先是由方程式（4－7）构建的基础面积供给模型，该模型的自变量包括农作物总面积、价格预期，以及预期温度及降水等气候变量，即不包含单产预期的响应模型；第二个模型则是进一步将预期单产变量纳入基准面积供给方程中，以探究气候效应是否受产量预期影响的更复杂的模型，如方程式（4－8）所示，即包含单产预期的面积响应模型。

如表 4－5 所示，农业总面积及预期价格在水稻面积供给方程中表现出较高的重要性。其中就农业总面积变量而言，无论是否考虑水稻预期单产的影响，总面积对水稻面积供给的影响均表现出最重要的作用，且其重要性高于预期价格以及预期气候变量的重要性，反映了水稻面积的变化高度依赖于其拥有的总面积数量。在两个不同的面积供给方程估计中，预期价格是影响面积决策的另一个重要变量，且呈现较高的重要性。同时，水稻预期价格的重要性高于玉米预期价格，这与本书研究的预期结果一致，因为本研究关注的因变量为水稻面积，并且稻谷价格较玉米价格而言一直保持较高水平，使竞争作物价格预期的重要性相对较弱。在考虑水稻单产预期变量后，预期玉米价格的重要性减弱 16.2，相对重要性排名退后一位；水稻价格预期的影响在考虑单产预期之后其重要性绝对数值略微减少 2.8，但其相对重要性有所提升，反映了水稻价格在影响水稻面积变化的因素中占据重要地位。然而水稻预期价格的重要性相对排名仅在 4—5 的范围内变动，这可能是由于气候变化引起更高的利润可变性，进而迫使农户采取面积适应性行为，使预期价格的重要性可能不如水稻生育期内重点月份气候变量对面积决策影响的重要性。

表 4－5　　MARS 模型中各变量的重要性

变量	模型（1）	排序	模型（2）	排序	绝对重要性变动	相对重要性排名变动
总面积	100	1	100	1	0	0
水稻预期单产量	—	—	25	8	+25	+8
水稻预期价格	42.2	5	39.4	4	-2.8	+1
玉米预期价格	27.4	9	11.2	10	-16.2	-1
5 月预期最低温度	37.4	6	0	12	-37.4	-6
6 月预期最低温度	0	12	34.7	6	+34.7	+6
7 月预期最低温度	46.6	4	22	9	-24.6	-5
8 月预期最低温度	26.2	10	0	12	-26.2	-2
9 月预期最低温度	37.4	6	35.6	5	-1.8	+1
5 月预期最高温度	0	12	0	12	0	0
6 月预期最高温度	0	12	32.2	7	+32.2	+5
7 月预期最高温度	37.4	6	0	12	-37.4	-6
8 月预期最高温度	0	12	0	12	0	0
9 月预期最高温度	56.3	3	52.7	3	-3.6	0
5 月预期总降水量	18.8	11	0	12	-18.8	-1
6 月预期总降水量	0	12	0	12	0	0
7 月预期总降水量	0	12	0	12	0	0
8 月预期总降水量	0	12	6.3	11	+6.3	+1
9 月预期总降水量	61.6	2	58.3	2	-3.3	0

注：模型（1）和模型（2）分别表示不含单产预期和含单产预期的模型。

纵观气候变量，温度的重要性高于降水的重要性，尤其是最低温度的重要性在高纬度地区受到更多的关注。在不考虑单产预期的面积供给模型中，除 6 月的最低温度外，其他月份的最低温度均展现出一定程度的重要性；而 5—9 月最高温度的重要性普遍较最低温度的重要性低，甚至 5 月和 8 月的最高温度对面积决策的重要性降为零。这反映了本就较为寒冷的高纬度地区热压力较小，且对于水稻这类喜热作物而言，高纬度地区的水稻种植户更多的关注仍处于低温冷害上。在将预期产量纳入面积供给模型之后，仍保持相同的规律，即最低温度的重要性普遍高于最高温度的重要性，不同的是大多数温度变量的重要性较不含单产预期模型的重要性有所减弱。具体而言，在带有预期单产的模型中，5 月和 8 月的最低温度以及 7 月的最高温度不再具有重要性；且 7 月和 9 月的最低温度以及 9 月最高温度的重要性程度减弱。这意味着温度对水稻面积供给的影响可以通过水稻预期单产来模拟。换句话说，气候条件的作用主要是基于生产者对预期单产的考虑，而最低温度的升高有利于水稻的生长和单产的增加。但温度变量的重要性无法完全通过预期产量来模拟，如 6 月的最低和最高温度在面积决策方面仍然发挥着重要作用。

在面积供给方程中，降水的重要性相对较弱，尤其是 6 月和 7 月的降水，即无论是否将预期单产纳入模型，6 月和 7 月降水的重要性均为零。这两个月份中降水的重要性低，意味着由于水稻生产具有较好的灌溉系统，水稻面积决策者对水稻生长期早期降水变化的关注较少。9 月的降水是继农业总面积之后第二重要的变量，其相对重要性地位不随是否纳入预期单产而变动，并且 9 月最低和最高温度的重要性也较高，相对重要性位置分别为第 6 和第 3，说明水稻乳熟—成熟期的气候变量对面积决策至关重要。此外，模型重要评估结果显示，5 月和 9 月的降水变量在不考虑预期单产的模型中较为重要，但在纳入预期单产变量后降水在水稻面积决策中重要性的绝对数值均有所下降，分别下降 18. 8 和 3. 3。这支持了降水对水稻面积变动的部分影响可以被预期单产变量所模拟的结论，这与温度变量重要性所反映的结果一致，即预期单产变量在气候对水稻面积的作用中具有中介效应。

利用 RSS 方法进行变量重要性评估的稳健性检验结果如表 4 6 所示。其结果与 GCV 方法所获得的变量重要性评估结果基本一致。就重要性的绝对数值而言，RSS 与 GCV 的结果略有差异，差异范围控制在 0—2.9，总体差异较小。在相对重要性方面，无论是否纳入预期单产变量，RSS 与 GCV 所计算的重要性相对排序均完全一致。并且利用 RSS 方法进行的稳健性检验结果支持 GCV 方法下所观测的所有结论。

表 4－6　　各变量重要性的稳健性检验结果

变量	模型（1）	排序	模型（2）	排序	绝对重要性变动	相对重要性排名变动
总面积	100	1	100	1	0	0
水稻预期单产量	—	—	27.6	8	+27.6	+8
水稻预期价格	43.3	5	41.7	4	－1.6	+1
玉米预期价格	28.2	9	14.1	10	－14.1	－1
5 月预期最低温度	38	6	0	12	－38	－6
6 月预期最低温度	0	12	36.9	6	+36.9	+6
7 月预期最低温度	47.5	4	24.5	9	－23.0	－5
8 月预期最低温度	27.1	10	0	12	－27.1	－2
9 月预期最低温度	38	6	38	5	0	+1
5 月预期最高温度	0	12	0	12	0	0
6 月预期最高温度	0	12	34.4	7	+34.4	+5
7 月预期最高温度	38	6	0	12	－38	－6
8 月预期最高温度	0	12	0	12	0	0
9 月预期最高温度	57.2	3	54.4	3	－2.8	0
5 月预期总降水量	20	11	0	12	－20	－1
6 月预期总降水量	0	12	0	12	0	0
7 月预期总降水量	0	12	0	12	0	0
8 月预期总降水量	0	12	8.9	11	+8.9	+1
9 月预期总降水量	62.5	2	59.9	2	－2.6	0

注：模型（1）和模型（2）分别表示不含单产预期和含单产预期的模型。

4.3.3　基函数与参数结果

表 4 -7 汇报了利用 MARS 机器学习模型获得的水稻面积对农业总面积、预期经济及气候变量响应的估计结果。通过十折交叉验证方法选择最佳交互阶数，研究结果表明，在不考虑单产预期的模型中最佳交互阶数为三，但在纳入预期单产变量后，最佳交互阶数降为二。估计结果发现，农业总面积在水稻生产面积中起着重要作用，且具有非线性影响。如在不考虑预期单产的模型中存在基函数 h(TA - 834.59) 和 h(834.59 - TA)，其系数分别为 0.2560 和 - 0.0952，表明农业总面积至少存在转折点为 834.59 千公顷的二阶非线性效应，即当农业总面积大于 834.59 千公顷时，农业总面积对水稻面积的影响系数为 0.2560，而在总面积小于 834.59 千公顷时，其影响为 0.0952；且在纳入预期单产变量的模型中显示了相同的节点，表明农业总面积对水稻面积的正面影响存在斜率的变化，面积大的时候影响更大。这与传统研究的结论略有不同，大多数研究仅发现了总播种面积对作物面积的正向线性效应（Coyle，1993），但忽略了正向效应的斜率变化。

表 4 -7　　MARS 模型估计的基函数及其系数结果

模型（1）		模型（2）	
基函数	系数	基函数	系数
h(TA - 834.59)	0.2560	h(TA - 834.59)	0.5816
h(834.59 - TA)	- 0.0952	h(834.59 - TA)	- 0.0623
h(MINT5 - 6.38)	- 14.0353	h(8.83 - RY)	- 5.7688
h(6.38 - MINT5)	- 54.2844	h(CP - 2.05)	- 44.7141
h(RP - 1.72) × h(TA - 834.59)	0.0820	h(MAXT9 - 20.41)	- 18.4743
h(CP - 1.31) × h(MAXT9 - 22.02) × h(TA - 834.59)	- 0.5338	h(8.83 - RY) × h(17.34 - MINT7)	- 13.2724
h(MINT5 - 6.38) × h(9.24 - MINT9)	20.3061	h(RY - 7.34) × h(TA - 834.59)	0.4127
h(MINT5 - 6.38) × h(915.06 - TA)	0.0130	h(RY - 7.58) × h(TA - 834.59)	- 0.4574
h(6.48 - MINT5) × h(834.59 - TA)	0.0920	h(RP - 1.72) × h(TA - 834.59)	0.0768

续表

模型（1）		模型（2）	
基函数	系数	基函数	系数
h(MINT5 - 6.38) × h(TP5 - 53.63) × h(TA - 915.06)	0.0020	h(2.05 - CP) × h(MAXT9 - 20.47)	12.9480
h(MINT5 - 6.38) × h(9.24 - MINT9) × h(52.81 - TP5)	-0.8547	h(2.05 - CP) × h(16.42 - MINT6)	9.8599
h(MINT7 - 17.86) × h(TP9 - 43.03) × h(TA - 834.59)	-0.0318	h(2.05 - CP) × h(145.85 - TP8)	-0.1850
h(17.86 - MINT7) × h(TP9 - 43.03) × h(TA - 834.59)	-0.0106	h(MINT6 - 14.96) × h(TA - 834.59)	-0.0486
h(MINT7 - 18.60) × h(TP9 - 43.03) × h(TA - 834.59)	0.0258	h(14.96 - MINT6) × h(TA - 834.59)	-0.2574
h(17.02 - MINT8) × h(TP9 - 43.03) × h(TA - 834.59)	-0.0067	h(MINT9 - 16.04) × h(834.59 - TA)	-0.0248
h(MINT9 - 15.45) × h(834.59 - TA)	-0.0201	h(16.04 - MINT9) × h(834.59 - TA)	-0.0097
h(15.45 - MINT9) × h(834.59 - TA)	-0.0131	h(9.57 - MINT9) × h(TA - 834.59)	0.1276
h(MAXT7 - 26.83) × h(22.02 - MAXT9) × h(TA - 834.59)	0.0534	h(24.92 - MAXT6) × h(TA - 834.59)	0.6330
h(22.02 - MAXT9) × h(TA - 834.59)	-0.2035	h(MAXT9 - 22.02) × h(TA - 834.59)	0.1149
h(TP5 - 71.67) × h(TA - 834.59)	-0.0091	h(22.02 - MAXT9) × h(TA - 834.59)	-0.3367
h(TP9 - 43.03) × h(TA - 834.59)	0.0278	h(MAXT9 - 20.41) × h(TA - 683.77)	-0.1461
h(43.03 - TP9) × h(TA - 834.59)	-0.0089	h(47.71 - TP9) × h(TA - 834.59)	-0.0058

注：模型（1）和模型（2）分别表示不含单产预期和含单产预期的模型；$h(x)=(x-\theta)_+$表示指示函数，当该函数为正数时，等于（$x-\theta$），否则为零。

此外，农业总面积与预期价格和气候变量以二阶、三阶的形式进行交互，农业总面积具有非线性影响和较强的交互作用，尤其是当总面积大于834.59千公顷时。这表明水稻面积受到农业总播种面积的限制，这将使生产者在进行面积决策时需要综合考虑作物总面积、气候和价格因素。另外，当农业总面积低于834.59千公顷时，没有发现其交互作用的存在，说明农业总面积相对较小时，较少考虑气候的影响，因为有限的土地面积禀赋难以对水稻生产面积进行大规模调整，并且小规模农户也倾向于生产自用或者在每个生长季节使作物种类多样化以分散风险。

预期价格和气候因素在未考虑单产预期的水稻供给方程中也显示出较强的交互作用。首先，不同生育阶段内温度的协变性会影响种植面积，如基函数 h(MINT5 - 6.38) × h(9.24 - MINT9) 显示了 5 月和 9 月最低温度之间的交互效应关系。其次，温度与降水之间的交互效应以动态形式显著存在，意味着上个月的温度或降水可能会影响下个月的温度和降水变化，这可能有助于农户形成对水稻单产的预期。最后，气候和价格交互作用对水稻面积的影响反映了作物生产收入的两个来源：单产和价格。因为农户决策作物面积时会同时考虑产量和价格，而产量极度依赖于气候条件，并最终形成对收入的预期（Weersink 等，2010），该结果支持了 Mehdi 等（2018）的研究，即土地利用变化的各驱动因素之间存在交互关系。

然而，将预期单产变量添加至水稻供给模型之后交互效应开始减弱。预期价格、气候以及农业总面积变量之间的三阶交互转为二阶交互，主要为农业总面积与预期价格、农业总面积与预期气候、预期单产与气候、预期价格与气候等变量的二阶交互；且气候变量间的动态交互项的项数急剧下降，这意味着，在未考虑单产预期的水稻供给方程中气候变量间交互作用的主要功能是被生产者用作预测农作物的单产量，体现了预期单产变量的中介效应。

4.3.4　基于变量分位数点的边际效应估计

利用 MARS 模型获得的基函数及系数结果，进一步计算了每个变量在 5%、25%、50%、75% 和 95% 分位数处的边际效应。结果如表 4 - 8 所示，在未考虑单产预期的水稻供给方程中，农业总面积和水稻预期价格均显示出正向效应。在中、低分位数上（5%、25% 和 50%），农业总面积边际效应的估计系数为 0.09，且在较高的分位数上观测到更高的边际效应，即在 75% 和 95% 分位数时，其边际效应为 0.10。说明总面积越大，水稻种植面积的份额就越高，拥有总土地面积较小的小农户平均将土地总面积的 9% 用于种植水稻，而大农户则会分配较大的土地份额用于水稻生产，平均为总土地面积的10%。因此，总面积禀赋对水稻面积的扩大起到一定的限制作用。尽管 Benhin（2008）认为大多数小农户对气候的敏感性要强于应对气候变化能力强的大农户，但大农户也具有更强的能力和资本来调整其土地分配并转换作物种植，尤其是当他们发现在气候变暖的趋势下，高纬度地区进行水稻生产的利润更高时。正如 Haile 等（2016）所指出的，水稻生产所需的资本要素含量比玉米和大豆高，因而对于小规模农户而言，较高的作物转化成本和资本投入会减弱水稻面积扩大的速度。

表 4－8　不同分位数下各变量的边际效应

变量	模型（1）					模型（2）				
	5%	25%	50%	75%	95%	5%	25%	50%	75%	95%
总面积	0.09	0.09	0.10	0.10	0.10	0.11	0.11	0.18	0.18	0.18
水稻预期价格	0.00	0.00	9.80	9.80	9.80	0.00	0.00	9.17	9.17	9.17
玉米预期价格	0.00	0.00	－9.18	－9.18	－9.18	0.00	0.00	－9.77	－9.77	－9.77
水稻预期单产量	—	—	—	—	—	7.31	7.31	7.31	－5.33	－5.33
5月预期最低温度	17.27	17.27	－1.01	－1.01	－1.01	—	—	—	—	—
6月预期最低温度	—	—	—	—	—	22.84	22.84	22.84	－5.80	－5.80
7月预期最低温度	12.49	12.49	－9.98	－7.09	－7.09	21.53	21.53	0.00	0.00	0.00
8月预期最低温度	7.89	7.89	7.89	0.00	0.00	—	—	—	—	—
9月预期最低温度	－44.46	－44.46	5.25	5.25	－8.09	－11.33	－11.33	3.91	3.91	－9.97
5月预期最高温度	—	—	—	—	—	—	—	—	—	—
6月预期最高温度	—	—	—	—	—	－75.58	－75.58	0.00	0.00	0.00
7月预期最高温度	0.00	0.00	4.51	4.51	4.51	—	—	—	—	—
8月预期最高温度	—	—	—	—	—	—	—	—	—	—
9月预期最高温度	16.61	16.61	16.61	－15.95	－15.95	40.20	40.20	9.77	－16.72	－16.72
5月预期总降水量	0.23	0.23	－0.45	－0.45	－0.45	—	—	—	—	—
6月预期总降水量	—	—	—	—	—	—	—	—	—	—
7月预期总降水量	—	—	—	—	—	—	—	—	—	—
8月预期总降水量	—	—	—	—	—	0.15	0.15	0.00	0.00	0.00
9月预期总降水量	1.07	1.01	0.06	0.06	0.06	0.70	0.70	0.00	0.00	0.00

注：模型（1）和模型（2）分别表示不含单产预期和含单产预期的模型。

在预期价格的边际效应估计结果中发现，当预期价格较低时，其对水稻面积决策的影响为零，当预期价格超过一定水平后才会对水稻面积产生影响。在两个模型中，水稻预期价格和玉米预期价格均表现出相同的规律。以未考虑单产预期的水稻供给方程为例，当水稻价格较低时，其对水稻面积决策的影响为零，但对于50%或更高分位数（75%，95%）的影响为9.80；水稻竞争作物玉米的预期价格在低分位数（5%、25%）上的影响为零，但玉米预期价格继续走高后，其影响为-9.18。这意味着仅当预期价格超过一定水平时，预期价格才会对农户的面积决策产生影响。原有的研究主要指出了价格的线性效应及其对农作物面积的正向效应（Weersink 等，2010），但由于在新土地上引入水稻种植需要大量的调整成本，如特定的机械投入、土地灌溉等（Nerlove 等，1956；Haile 等，2016），生产者需要确定预期价格上涨所带来的收入是否能够弥补其调整成本，因此会出现预期价格作用的临界点。

在气候变量中，首先水稻生育期内月最低温度起着相对重要的作用；其次是最高温度和降水量，且月份之间的影响存在异质性。5 月、7 月和 8 月的最低温度，以及 9 月的最高温度处于低分位数时，将对水稻面积的增加产生积极的正面作用，但是随着最低温度的持续升高，将不会产生影响甚至会产生负面影响。以 5 月的最低温度为例，在 5% 和 25% 的分位数下，最低温度影响的边际效应为 17.27，而在 50% 及其以上的分位数下变为负向影响 -1.01。此外，7 月的最高温度和 9 月的最低温度的结果类似，均在中高分位数 50% 和 75% 分位数处的影响为正。因此，水稻生育期内最低温度和最高温度的影响可能有所不同，且各月份之间的影响存在一定的异质性。

预期单产纳入模型后，除 8 月的降水量外，其他月份降水量的影响将减弱或消失。如 9 月降水的影响减弱，而 5 月降水的影响消失。这与 Weersink 等（2010）的研究发现一致，作物收益是影响作物面积的关键因素，并且它可以分解为价格和单产两个部分，其中气候变量对面积的影响可以通过其对单产的影响来衡量。这说明在气候变化对水稻面积的影响中预期单产具有一定的中介作用。但 6 月、7 月和 9 月的最低温度仍然对水稻面积有较强的影响，表明气候变化对水稻面积的影响无法被预期单产完全模拟，因为生产者在决定水稻面积时，高纬度地区的最低温度（如极寒温度）可能会被赋予较高的权重。

随着分位数的增加，预期单产对水稻面积的影响呈现倒“V”形。在中低分位数时（5%、25%及50%），预期单产对水稻面积的影响为正，系数为7.31，反映了利润的正向驱动效应。但在较高分位数条件下（75%、95%），预期单产的影响将转为负数，系数为－5.33。Miao等（2016）、Feng和Babcock（2010）给出的一种解释是当生产者的预期单产较高时，他们将放弃不适合水稻生产且需要更多营养投入的低质土地。

4.4 本章小结

本章主要探究了气候变化和价格预期对水稻生产面积的影响，并引入预期单产分析了气候变化对水稻面积供给的影响机制。具体而言，本章先基于预期理论构建价格预期模型，并利用卡尔曼滤波法对市场上的新信息进行有用性检验，获得水稻和玉米的预期价格。在此基础上，扩展经典的面积供给模型，纳入气候变化和价格预期变量以研究气候变化和价格预期对水稻生产面积的复杂非线性和动态交互影响；同时进一步将预期单产变量引入模型中，以探讨预期产量对面积决策的影响及其机制；并采用机器学习算法，即多元自适应回归样条方法MARS，进行水稻面积供给方程的估计。

研究发现稻谷最低收购价格的上涨对积极的价格预期形成具有显著正向影响。稻谷最低收购价政策于2004年建立后，最低收购价格可以为生产者形成水稻价格预期提供新的有用信息，尤其是实际价格与稻谷最低收购价格之间的价格差值，并且稻谷最低收购价格越高时，该价格差值会越小。在稻谷最低收购价格发布之前，水稻预期价格相对较平稳；在收购价政策确立后，预期价格随着稻谷最低收购价变化经历了从上升再到下降的过程。

在水稻面积供给方程中，农作物总播种面积与气候变量和价格预期间均存在显著的交互作用，尤其是当农业总面积大于844.7千公顷时。只有在较大的耕地面积下才能观察到其与气候变量的交互效应，强调了耕地总面积的限制会改变农户通过面积调整来应对气候变化的能力，因有限的农业总面积将导致生产者扩大水稻面积的意愿降低以保持作物多样性并避免调整成本。此外，水稻预期价格与气候变量的交互项链函数的显著存在，意味着生产者在作出水稻面积决策时会考虑价格预期和受气候变化影响的单产变量，以形成对收入的预期。

气候变化、价格预期和农作物总播种面积对水稻面积都存在非线性影响，且在低分位数和高分位数处对水稻面积的影响存在异质性。基函数和估计系数的结果表明，不同生育阶段内温度的协变性会影响水稻种植面积，并且在水稻面积响应估计中温度与降水之间的交互效应以动态形式显著存在；水稻预期价格较低时，预期价格对水稻面积的影响为零，直到水稻预期价格达到 50% 或更高的分位数时，才会产生积极的影响；玉米预期价格也呈现相同的影响，仅在玉米价格高于 50% 分位数时才产生负向效应。这与经济学理论及研究预期一致，较高的水稻价格预期才更容易诱使农户倾向于种植水稻，特别是当价格引起的预期收益变化高于其调整成本时；农业总面积对水稻面积具有正向非线性效应，其处于较高分位数时边际效应也会较高。

最后，研究发现预期单产在气候变化对水稻面积影响中存在中介效应。农业总面积与气候和价格预期具有三阶交互形式，将预期单产变量添加到模型中后，交互作用阶数降低为二阶，气候变量间交互作用的基函数减少。此外，在不考虑水稻预期单产的情况下，除 6 月外，5 月至 9 月的月温度均起着重要作用，其间的降水量也起到一定的影响。但将预期产量变量纳入模型之后，大多数气候变量的重要性被削弱，并且气候变量的边际效应略微减弱甚至直接消失，实证检验了气候变量会部分通过影响生产者的预期单产而影响其生产面积决策，支持预期单产存在一定的中介效应。

第 5 章

气候变化、价格预期对水稻单产的影响

确保粮食安全，不仅需要稳定粮食种植面积，更需要提高、稳定粮食单产量。在稳定我国水稻产量的两个关键因素中，水稻种植面积可以从扩展边际推动水稻总产量的提升，但由于有限的耕地面积，单一拓展水稻生产面积的空间将越来越狭窄，因而稳定、提高水稻单产水平在未来具有不可或缺的重要作用。但受气候变化影响，温度的升高和降水的异常等导致部分低纬度地区，包括我国南方地区水稻种植区的水稻单产量的增长逐渐呈停滞，甚至有下降趋势（Shrestha 等，2016；Wei 等，2017）。

但幸运的是，全球变暖导致的较高温度也可以使高纬度地区大规模生产喜热作物成为可能（Du 等，2017）。高纬度地区冬季寒冷漫长，夏季凉爽潮湿。但全球变暖趋势下我国高纬度地区水稻生育期内的平均有效累积积温升高，加上生产技术的进步，以前较少种植水稻的地区开始大规模生产喜温作物水稻。国家统计局数据显示，1980—2022 年高纬度地区水稻平均产量增长了 805.20%，其中 73.5% 的地区增速超过 15%，且产量增长呈自南向北蔓延的趋势，高纬度地区水稻生产在我国稻谷供给中发挥着越来越重要的作用。那么，这与气候变化是否存在显著关联？未来中长期气候变化下高纬度地区水稻单产量的走势如何？回答该问题对稳定我国未来粮食供应，挖掘气候变化下农业转型适应的方向具有重要意义。

关于气候变化对谷物产量的影响已有丰富的研究基础。其中，一些研究使用田间实验、生物物理模拟模型来估计气候要素对作物产量的影响（Long 等，2006）。该类模型可以将农艺、土壤科学和农业气象等知识整合起来，用数学公式描述作物生理生态过程（王品等，2014），其局限则是难以刻画气候变化的非线性影响。而随着资源经济学模型和统计数据的完善，现有研究主要使用面板数据模型模拟农作物产量对温度和降水等气候因素的非线性响应（刘天军等，2012；Haile 等，2016）。例如，Schlenker 和 Roberts（2009）估算发现当平均温度在 29℃ 时，玉米产量将随温度的增加而增加；但一旦温度超过 29℃，温度增加将会损害谷物产量，并且温度越高其下降的速度越快；Lu 等（2018）在研究气候变量对北美洲作物的影响时，分别引入生育期总积温及其平方项分析积累热量对作物单产量的影响，同样发现了积温与作物产量的非线性关系。在国内的研究中，解伟等（2019）通过文献计量分析，指出我国粮食作物的单产水平主要受气候变化、种植作物种类及种植区域的影响，其中温度和降水分别呈现负向和正向影响。部分研究开始强调在气候模型中增加经济因素（汪阳洁等，2015；Miao等，2016）。Miao等（2016）基于美国通过对玉米生产数据研究发现，如果忽略预期价格因素，可能会导致过高估计气候变化的不利影响。

在估计方法上，常使用带有面板数据的回归模型实证分析作物产量对气候变量的响应。第一种经典模型是最小二乘虚拟变量或固定效应模型，该模型考虑了个体和时间的异质性。Chen等（2016）指出由于加总层面的产量估计模型中存在较强的地区异质性，因而需要通过增加地区虚拟变量控制个体固定差异。第二种更广泛使用的模型是随机生产函数模型。与固定效应模型相比，随机生产函数更好地捕捉了在回归模型中表现为异方差的生产不确定性（Just和Pope，1979；Weersink等，2010）。因此，在农业生产的研究中有必要对异方差进行检验。此外，基于空间相关性，部分研究还使用空间误差模型对误差项的空间自相关进行建模（Miao等，2016；Chen等，2016）。但较少有研究围绕模型中可能存在的异方差及空间相关性同时进行检验，并探究模型中异方差的来源，忽略此问题可能会导致估计结果有偏且不一致（LeSage，1997）。

因此，本章的研究目标有三个：一是基于水稻单产模型构建的理论分析，研究高纬度地区水稻单产量对气候变化和价格预期的总响应效应及其效应分解；二是在计量模型中探究异方差来源，同时采用两种不同的Breusch－Pagan方法分别检验了模型中可能存在的异方差和空间相关，并最终采用广义空间模型同时解决异方差和空间相关问题；三是预测未来排放和全球变暖“低”“中”“中高”和“高”速率气候变化情景下水稻单产量的变化，以及各类气候变量在短期、中期和长期的贡献率。

5.1 理论分析与模型构建

5.1.1 水稻单产模型构建的理论分析

根据 Choi 和 Helmberger（1993）的研究，假设代表性农户在生产过程中寻求预期利润最大化：

$$E_t(\pi_{t+1}) = E_t(P_{t+1})E_t(Y_{t+1} | A_t, F_t, W_{t+1})A_t - R_tA_t - V_tF_tA_t - TFC \quad (5-1)$$

其中，E 表示预期算值；下标 t 表示时期 t。π 为利润；P 表示农作物价格。Y 为农作物单产量；A、F 和 W 分别表示农作物种植面积、每公顷化肥施用量和生产条件，其中生产条件包括气候因素、技术变化等。R 是每公顷土地除化肥以外的成本投入；V 为化肥价格；TFC 表示农作物生产的总固定成本。由式 $E_t(Y_{t+1} | A_t, F_t, W_{t+1})$ 可知，作物预期单产量取决于作物种植面积、化肥施用水平及包括气候在内的各类生产条件。假设单产 Y 随种植面积 A 的增加而减少，但随化肥施用量 F 的增加而增加。在生产函数严格凹性的假设下，根据一阶导函数分别求解预期利润最优化下农户对面积 A 和化肥施用量 F 的需求函数：

$$A_t = a[R_t, V_t, E(P_{t+1}), E(W_{t+1})] \quad (5-2)$$

$$F_t = f[R_t, V_t, E(P_{t+1}), E(W_{t+1})] \quad (5-3)$$

在最优条件下，土地的预期边际产品价值等于农作物每公顷的生产成本，包括化肥、固定成本等，并且化肥价格等于其预期边际产品价值。作物单产由下式决定：

$$Y_{t+1} = y[A_t, F_t, W_{t+1}] = y[R_t, V_t, F_t, E(P_{t+1}), E(W_{t+1})] \quad (5-4)$$

将等式（5-2）和式（5-3）代入式（5-4），可以发现作物单产量 Y_{t+1} 将表示为由气候变量、作物预期价格和生产投入价格变量组成的函数。此时，单产预期方程中 $E_t(Y_{t+1} | A_t, F_t, W_{t+1})$ 的作物种植面积变量可以由

气候、作物预期价格、生产投入价格变量表示。因此，作物单产模型，即第 t 年地区 i 农作物单产量，可被视为气候、作物预期价格等经济要素、技术的函数，其中技术由时间趋势及其平方项代表。并且在我国的农业生产环境中绝大多数农户经营的是小农场，田野管理及土壤有机物含量等在同一个时间区间内具有同质性，而在区域之间则存在较大差异，因而通过设置地区固定效应来控制地区异质性。

由微观经济学基本原理可知，当投入品为正常商品时，作物预期价格对生产投入产生正向影响，即预期产出价格越高投入水平也越高，因而表现为向上倾斜的函数图像。并且 Feng 和 Babcock（2010）研究指出在其他条件不变的情况下，作物预期价格的上涨可能会使农户增加生产要素投入并采用生产效率更高的生产管理实践，或者在较高作物预期价格的激励下，农户根据利润率高低恰好选择了更适于当地生长环境的作物进行种植，从而实现该农作物单产量的增加。此外，农作物的生产离不开适宜的水分和温度，因此作为农业生产的直接投入，纳入降水和温度等气候变量是必要的。如 McCarl 等（2008）不仅发现作物单产会受到温度变化的影响，还提出了对高强度降水的担忧，气候条件的较大变化往往会降低平均作物单产并增加单产的波动。

5.1.2 空间计量模型设定与检验

5.1.2.1 计量模型设定

单产模型的一般函数形式是将区域 i 第 t 年的作物产量 $Y_{i,t}$ 对气候及经济变量 $X_{i,t}$ 进行回归：

$$Y_{i,t}=f(X_{i,t},\beta)+u_{i,t} \tag{5-5}$$

为解决异方差问题，以往关于气候变化的文献主要采用三种方法来处理扰动项 $u_{i,t}$。首先，误差项可以由回归因子预测得到：Just 和 Pope（1979）基于随机生产函数模型将生产函数分解为水平和波动两个层面，利用生产随机性来解释模型中的异方差，此时误差项 $u_{i,t}$ 可以假设由下式构成：

$$u_{i,t} = h(X_{i,t}, \alpha)^{0.5} e_{i,t} \tag{5-6}$$

在 Just - Pope 随机生产函数中，$f(X_{i,t}, \beta)$ 是均值方程，通过参数 β 将一系列自变量 $X_{i,t}$ 与单产量 $Y_{i,t}$ 联系起来以分析各变量对稻谷单产水平的影响。$\mu_{i,t}$ 是带有异方差的扰动项，其均值为 0。$h(X_{i,t}, \alpha)^{0.5}$ 为方差方程，包含自变量 $X_{i,t}$ 且以 α 系数连接 $X_{i,t}$ 与 $Y_{i,t}$ 的标准差，属于单产组成的随机性部分，用来刻画生产风险。$e_{i,t}$ 则是均值为 0、方差为 σ^2 的随机误差。$h(X_{i,t}, \alpha)^{0.5}$ 的估计通常采用三步广义可行最小二乘法（FGLS）进行：第一步通过 $Y_{i,t}$ 对 $f(X_{i,t}, \beta)$ 进行回归获得 $u_{i,t}$ 的一致估计量后，将该残差平方后取对数；第二步将平方后取对数的残差项 $\ln(\hat{\mu}^2)$ 对自变量 $X_{i,t}$ 回归，以获得随机生产函数的方差方程；第三步，将第二步中所获得的预测误差项 $h(X_{i,t}, \hat{\alpha})^{0.5}$ 作为 FGLS 估计的权重，用来获取新的均值方程。

其次，另一种构造扰动项的方法是考虑序列相关的存在，如下式所示：

$$u_{i,t} = \rho u_{i,t-1} + e_{i,t} \tag{5-7}$$

其中，ρ 为自相关系数，其系数符号表示序列相关的方向，系数大小则意味着相关强度。但本书不考虑这种方法，主要有三个原因：一是 Wooldridge（2010）指出模型中观测到的序列相关性可以部分地由个体固定效应主导，而本书在模型中所纳入的固定效应可以在一定程度上控制序列相关；二是本研究所采用数据为大 N 小 T 型数据类型，即横截面维度相对于时间序列维度而言更长，这使空间相关问题较时间相关问题而言更为突出；三是本书选择的广义空间模型估计得到的残差满足独立同分布，并且实证结果发现一阶序列相关系数值为 0.07，可以忽略不计，且在运行模型后拒绝了存在显著的序列相关。

此外，误差项也会存在空间相关，跨空间出现异方差。此时需要引入空间面板和空间计量经济学的概念。空间面板通常是指包含对多个空间单位（县域、城市、辖区、省、国家等）的时间序列观测数据。针对空间面板数据回归模型中可能存在的空间自相关和异质性问题，空间计量经济学应运而生。在农业生产领域中，邻近稻谷种植区域可能具有相似的要素投入、生产环境和种植管理方法，如气候条件、价格等，这些因素在空间上存在相关性但却不易观测并引起注意（Miao 等，2016；Chen 等，2016）。忽略该问题将导致误差项存在空间相关性，使模型结果可能会产生有偏和不一致的估计（LeSage，1997），并导致标准误差的低估（Schlenker 等，2006）。误差项的空间相关可以利用空间面板计量经济学中的空间自回归过程进行建模：

$$u_{i,t} = \theta W u_{i,t} + e_{i,t} \tag{5-8}$$

其中，W 为不随时间变化的 $N \times N$ 空间权重矩阵；N 为研究区域数量。$e_{i,t}$表示独立同分布的误差项。

技术扩散的存在也会导致稻谷单产量存在空间连接过程（Kostov，2010；Yu 等，2022）。农户对邻近地区观察、比较和学习的能力使水稻单产的空间相关性进一步增强。因此，进一步将空间权重矩阵应用于因变量以表示邻近地区间的技术扩散效应。针对空间滞后的拉格朗日乘数检验显著拒绝原假设，也证明了考虑因变量空间自相关的合理性。因此，构建单产模型如下：

$$Y_{i,t} = \rho W_1 Y_{i,t} + \beta_0 + P_{i,t}\beta_1 + S_{i,t}\beta_2 + Z_{i,t}\beta_3 + \Gamma_{i,t}\beta_4 + \lambda_i + \theta W_2 u_{i,t} + e_{i,t} \tag{5-9}$$

其中，$Y_{i,t}$、$P_{i,t}$和 $S_{i,t}$变量均采用对数形式计算以直接衡量其弹性大小。$Y_{i,t}$是 i 地区于第 t 年时的水稻单产量；$P_{i,t}$是预期产出价格向量；$S_{i,t}$表示化肥施用强度，由施肥量计算。$Z_{i,t}$为包含各类气候变量的向量。时间趋势向量 Γ 包括时间趋势的线性和二次项形式，以捕获技术和农艺实践因素的影响。W_1 和 W_2 则是不随时间变化的 $N \times N$ 空间权重矩阵。λ_i 表示地区固定效应；$u_{i,t}$为方程的扰动项；$e_{i,t}$则是独立同分布的误差项。该空间模型中存在两类效应：一是直接效应，认为特定地区中某个解释变量的变化会影响该地区自身因变量的改变，由 $(I-\rho W_1)^{-1}\beta_k$ 对角线元素的均值表示；二是间接效应，表示所存在的空间溢出效应，即特定地区某个解释变量的变化会影响其他地区因变量，由 $(I-\rho W_1)^{-1}\beta_k$ 非对角线元素列和的均值来表示，其中 β_k 表示第 k 个解释变量的系数。

采用 K 值最邻近空间矩阵法（K－Nearest Neighbors）来构建水稻单产

模型中所需的空间权重矩阵 W：

$$W=\begin{bmatrix} w_{11} & w_{12} & \cdots & w_{1n} \\ w_{21} & w_{22} & \cdots & w_{2n} \\ \vdots & \vdots & \vdots & \vdots \\ w_{n1} & w_{n2} & \cdots & w_{nn} \end{bmatrix} \tag{5-10}$$

需分别构建 W_1 和 W_2 两个空间权重矩阵。由于 W_2 作用于误差项以表示邻近稻谷种植区域内难以观测到的误差项空间相关，在此空间权重矩阵的计算中定义其相邻地区个数为 4 个，即挑选出地理距离最近的 4 个地区为自己的邻居。W_1 作用于因变量以表示水稻种植中存在的技术扩散效应。由于我国水稻种植呈现由南向北扩张发展的趋势（杨万江和陈文佳，2011），北方地区的水稻产量最初低于南方，但后期逐渐接近南方地区的产量，从某种意义上说，它遵循由南至北的路线，因此单产的技术扩散效应不包括由北向南的技术扩散，故在空间权重矩阵 W_1 的计算中将其相邻地区个数定义为 3 个。此外，本书还通过选择 4 个最近的地区来构建 W_1 以检查结果的稳健性。稳健性结果显示在附录的表 A1 中，其空间相关性测试和模型结果均表明，估计结果对所选择的 K 值最邻近空间矩阵法的邻近地区个数不敏感。矩阵中元素取值包括 0 和 1，根据地域相邻标准，当区域 i 与区域 j 相邻时取值为 1，反之取值为 0。构建 0—1 空间权重矩阵后对其进行标准化处理，得到最终的 w_{ij}。

5.1.2.2　模型检验方法

为增加模型的可靠性，采用空间自相关的全域模型检验和拉格朗日乘子检验法对空间模型的选择给出参考。全局模型检验又称 Moran's I 检验，用于评价整个高纬度地区内所有空间地域的平均相关性及其显著性（Moran，1950）。该统计量构建如下：

$$I=\frac{n\sum_{i=1}^{n}\sum_{j=1}^{n}w_{ij}(y_i-\bar{y})(y_j-\bar{y})}{\left(\sum_{i=1}^{n}\sum_{j=1}^{n}w_{ij}\right)\sum_{i=1}^{n}(y_i-\bar{y})^2} \tag{5-11}$$

其中，$\bar{y}=\frac{1}{n}\sum_{i=1}^{n}y_i$；$y_i$ 为区域 i 水稻单产量的观测值；n 为区域数量；

w_{ij}为空间权重矩阵中的元素。该指数的取值范围为［-1，1］：数值的正负分别表示区域间的空间正相关和负相关，指数绝对值越靠近于1表示相关程度越高；0则表示区域间不存在空间自相关，这也是该统计检验量的原假设。对 Moran's I 的显著性判断通常基于变量服从正态分布的假设，故构建服从于正态分布的 Z 统计量用来作为是否拒绝原假设的依据，该统计量标准化后得到 Z 值，表示为：$Z_I = \frac{I - E(I)}{\sqrt{Var(I)}}$。

运用拉格朗日乘子检验法检验空间交互效应以选择更为合适的空间模型，即针对空间滞后的被解释变量以及误差项空间自相关进行检验，其原假设分别为：不存在被解释变量的空间滞后、不存在误差项的空间自相关（Anselin，1988），具体如下：

$$LM\ spatial\ lag = \frac{[e^T(I_T \otimes W)Y/\hat{\sigma}^2]^2}{J} \tag{5-12}$$

$$LM\ spatial\ error = \frac{[e^T(I_T \otimes W)e/\hat{\sigma}^2]^2}{T \times T_W} \tag{5-13}$$

其中，e 表示本研究中具有个体固定效应面板模型的残差向量。J 和 T_W 分别定义如下：

$$J = \frac{1}{\hat{\sigma}^2}[((I_T \otimes W)X\hat{\beta})^T(I_{NT} - X(X^TX)^{-1}X^T)(I_T \otimes W)X\hat{\beta} + TT_W\hat{\sigma}^2] \tag{5-14}$$

$$T_W = tr(WW + W^TW) \tag{5-15}$$

本章还采用两个不同的 Breusch - Pagan 检验（BP）来区分经典的异方差和空间相关。从计量经济学角度来看，需要通过统计检验来讨论 Just - Pope 模型对空间面板数据的适用性，以及空间面板模型解决经典异方差问题的能力。第一个 BP 检验由 Breusch 和 Pagan（1979）提出，用来检验经典异方差问题是否存在，其原假设为：残差不依赖于自变量。统计量计算式表示为：

$$CR_1 = NTR^2 \sim \chi^2(K-1) \tag{5-16}$$

其中，N 是面板数量；T 为每个面板的时间序列样本量。K 表示解释变量 $X_{i,t}$的列数，R^2 则是来自 Just - Pope 模型第二阶段回归中的 R 平方值。

另一个 BP 检验由 Breusch 和 Pagan（1980）提出，用来探究模型中空间相关的存在性，其原假设为：不存在空间相关性。该统计量可以由下式计算得到：

$$CR_2 = T\sum_{i=1}^{N}\sum_{j\neq i+1}^{N} r_{ij}^2 \sim \chi^2\left(\frac{1}{2}N(N-1)\right) \qquad (5-17)$$

其中，r_{ij}^2 是数据中第 i 和第 j 个空间面板之间相关系数的平方值（Beenstock 和 Felsenstein，2019）；N 为面板个数。

在本研究中，将探讨利用 FGLS 方法估计的 Just - Pope 模型对具有空间相关特征面板的适用性，以及空间面板模型解决异方差的能力。因此，首先将文献中经常使用的最小二乘虚拟变量（LSDV）模型中 CR_1 统计量结果与空间面板模型（SEM 和 SAC）的结果进行比较，以探讨模型中经典异方差问题是否得到解决；其次，提取 LSDV、Just - Pope、SEM 和 SAC 模型的残差计算方程式（5 - 17）中的 r_{ij}^2 获得 CR_2 统计量后进行比较，判断模型中空间相关问题是否仍然存在。

5.1.3　核心变量说明

在估计气候对作物产量的影响时，降水和温度的非线性影响得到广泛关注与认可。引入月总度降水量的平方项来捕获降水量对水稻生长的非线性效应。Cabas 等（2010）和 Cohn 等（2016）在研究温度对作物单产影响时主要采用特定时期的平均温度，但 Schlenker 和 Roberts（2009）指出，由于温度非线性效应的存在会使仅使用平均温度会掩盖极端温度对单产的负面影响。因此，本研究采用 Schlenker 和 Roberts（2009）的方法引入作物累积热量概念将环境温度与作物生长所需热量相结合，进而突破这一限制。

积温的计算主要根据 Baskerville 和 Emin（1969）提出的正弦曲线拟合方法，在有效积温范围内，以日度最大和最小温度为振幅，计算正弦曲线下的面积得到水稻生长期内每日的生长度日（Growing Degree Days，GDD），并进一步根据不同月份对日 GDD 进行加总以得到每月的总 GDD。大多数研究使用作物生长期内总生长度日来反映累积热量的影响（Lu 等，

2018；Miao 等，2016），但无法知晓作物在不同成长阶段内的热效应差异。为使研究变量更为全面并保持和以往文献一致，在模型中使用月累积生长度日变量，如 6 月的累积 GDD 将包括 5 月和 6 月的总 GDD，9 月的累积 GDD 则由本月的总 GDD 及 8 月的累积 GDD 构成，即整个水稻生育期内的总积温。其中，有效积温区间范围的选择标准，主要基于 Wang 等（2014）和 Zhang 等（2016）的研究，将 10℃—35℃作为有效积温的范围。将 0℃以下的 GDD 定义为冻冰度日（Freezing Degree Days，FDD），以反映整个生长季低温对水稻产量的影响（Fronzek 等，2006）。由于高纬度地区温度较低，高温天气较少，极端气候对农作物的负面影响多为冷害。因此，构建的模型内暂不包括高温度日。此外，由于积温仅关注 10℃—35℃内的热量积累，故进一步采用月度温度离差反映月度极端温度的影响，借鉴 Miao 等（2016）的研究，将月度温度离差由每月最高温度和每月最低温度的差额表示，并在水稻生长期内分月份纳入模型。日照时数是 5—9 月内水稻接受光照的时长。日照时数、月平均、最低和最高温度以及月总降水量均由日度历史气候数据计算得到。

因此，$Z_{i,t}$包含的各类气候变量，主要包括各月总降水量及其平方项、GDD、FDD、温度离差和日照时数变量。日照时数和 FDD 以水稻生育期内的总累积数值计算，其他气候变量则跨越水稻生长季的 5—9 月并以月度的形式纳入模型，以考察气候变量的时间和季节变化对水稻单产的潜在影响。此外，模型的因变量为水稻单产量 $Y_{i,t}$，由各地水稻总产量除以相应的水稻面积得出。解释变量中预期产出价格向量 $P_{i,t}$包括水稻预期价格和玉米预期价格，由第 4 章预期方程估计得到。$S_{i,t}$为化肥施用强度，由每公顷的化肥施用量表示，即总化肥施用量除以总播种面积。由于我国农户的化肥施用行为更多的是基于经验性的生产习惯而非化肥价格（史清华，2009；高晶晶等，2019），因此，在我国直接影响作物产量变化的是化肥施用强度而非化肥价格。以上水稻生产的数据来源以及日度历史气候数据均与第 4 章一致。

表 5 - 1 显示了本章节所使用变量的汇总统计数据。高纬度地区平均水稻单产量为 7.23 吨/公顷，最低为 1.16 吨/公顷，最高能高达 12.10 吨/公顷，

远高于全国平均水平 7.30 吨/公顷。化肥施用强度为平均每公顷约 0.67 吨，最高达到每公顷 1.688 吨，其标准差较高，为 0.34，说明各地化肥施用强度差异较大。水稻生育期内 7 月和 8 月的降水量较多，5 月和 9 月的降水量则相对较少。具体而言，5—9 月平均总降水量分别为 57.84mm、90.43mm、149.59mm、143.69mm 和 50.55mm，最低为 0，即该月无降水现象发生，而最高降水量发生在 7 月为 666.40mm。水稻在 5—9 月生长发育期内接收的光照时数平均为 47.25 天，即 1134.05 小时，约占水稻生育总时长的 30.88%。水稻生育期内平均总积温为 1423.26℃，最高达 2034.05℃，但最低仅有 628.80℃。将月累积 GDD 分解为各月的 GDD，5—9 月内的 GDD 总量分别为 137.06℃、314.77℃、421.22℃、384.83℃和 165.38℃。7 月和 8 月的积热较高，而 5 月和 9 月的积热较低，与温度分布一致。FDD 值平均为 6.73，最高为 95.90，反映在冷害灾害上高纬度水稻种植区存在地区异质性。平均温度离差约在 10℃，5—9 月的温差值分别为 11.961℃、10.50℃、8.78℃、9.32℃和 11.75℃，与积温变量相反，温度离差值在 7 月和 8 月较低，而在 5 月和 9 月则相对较高。

表 5 - 1　　水稻单产分析的数据集描述性统计

变量	均值	标准差	最小值	最大值
水稻单产（吨/公顷）	7.23	1.52	1.16	12.10
水稻预期价格（元/千克）	1.92	0.85	0.91	3.39
玉米预期价格（元/千克）	1.27	0.62	0.54	2.48
化肥施用强度（吨/公顷）	0.67	0.34	0.15	1.69
5 月总降水量（mm）	57.84	37.89	0.00	226.80
6 月总降水量（mm）	90.43	48.32	3.00	283.30
7 月总降水量（mm）	149.59	82.89	8.10	666.40
8 月总降水量（mm）	143.69	84.23	5.00	530.80
9 月总降水量（mm）	50.55	35.78	0.00	247.60
日照时数（天）	47.25	5.59	29.52	64.37
5 月累积 GDD（℃）	137.06	71.78	4.65	342.75
6 月累积 GDD（℃）	451.83	122.32	126.35	753.85

续表

变量	均值	标准差	最小值	最大值
7 月累积 GDD（℃）	873.05	160.09	434.70	1232.35
8 月累积 GDD（℃）	1257.88	212.82	607.75	1726.25
9 月累积 GDD（℃）	1423.26	285.73	628.80	2034.05
FDD（℃）	6.73	12.05	0.00	95.90
5 月温度离差（℃）	11.96	1.93	7.08	18.28
6 月温度离差（℃）	10.50	2.00	5.61	18.89
7 月温度离差（℃）	8.78	1.67	4.38	15.27
8 月温度离差（℃）	9.32	1.57	4.82	13.86
9 月温度离差（℃）	11.75	2.02	5.59	17.04

5.2 水稻单产模型估计与结果分析

5.2.1 变量空间自相关及空间异方差检验

运用 Moran's I 检验和拉格朗日乘子（LM）检验判断空间自相关的存在性并选择合适的空间模型。如表 5－2 所示，最近一年的水稻单产量 Moran's I 统计值为 0.55，且在 1% 的水平下显著，说明因变量总体上具有空间正相关。LM 空间滞后检验及其误差检验的统计值分别为 104.31 和 105.14，并且均在 1% 的水平下显著拒绝原假设，反映了空间模型中纳入被解释变量空间滞后以及考虑误差项空间相关的必要性，支持 SAC 空间模型的设定。其中，误差项的空间相关性来自邻近地区水稻生产实践或生产特征的相似性，这一点许多学者也进行了证明（Miao 等，2016；Chen 等，2016）。Lin（1991）研究发现先进的种植方法或技术可以流入技术匮乏的地区，从而增加邻近地区的单产量，意味着技术扩散可以使单产量具有空间相关性。

表 5-2　　空间模型检验

检验	LM 统计量	P 值	Moran 统计量	P 值
Moran's I 检验	—	—	0.55	0.00
LM 空间滞后检验	104.31	0.00	—	—
LM 空间误差检验	105.14	0.00	—	—

进一步对 LSDV、Just - Pope、SEM 和 SAC 模型分别进行 BP 异方差检验以及 BP 空间相关检验，结果如表 5-3 所示。在 LSDV 模型中，BP 异方差检验和 BP 空间相关检验的卡方统计值分别为 376.560 和 1182.606，并且在 1% 水平下显著，表明了数据中存在异方差问题，且 CR_1 检验表明异方差与回归值相关，而 CR_2 则体现异方差的存在来源于空间相关。Just 和 Pope（1979）提出随机生产函数以通过 FGLS 方法消除与解释变量相关的经典异方差问题，但其 BP 空间相关检验下 CR_2 的统计值在 0 的水平下显著，说明根据 Just 和 Pope（1979）考虑的异方差类型对模型进行校正后，空间相关性仍然存在。

表 5-3　　异方差和空间相关的 Breusch - Pagan 卡方检验

模型	CR_1 (heteroscedasticity)		CR_2 (spatial correlation)	
	χ^2 统计量	P 值	χ^2 统计量	P 值
LSDV	376.560	0.000	1182.606	0.000
Just - Pope	—	—	1071.332	0.000
SEM	0.672	1.000	683.763	0.000
SAC	5.258	0.999	547.924	0.646

在空间模型中，若仅考虑误差项的空间相关时，即 SEM 模型，其经典类型异方差的 CR_1 统计值不再显著，但 CR_2 统计值显著，意味着经典异方差问题可以得到解决，但空间相关问题依然存在；但在此基础上进一步纳入被解释变量的空间滞后项，CR_1 和 CR_2 的卡方统计值分别为 5.258 和 547.924，均不显著，故接受原假设，此时经典异方差和空间相关问题都得以解决。因此，如果考虑数据的空间性质，空间相关性是一个更关键的异方差来源。尽管空间误差模型可以解决因自变量与误差项相关而引起的经典异方差问题，但该模型并没有完全解决因可能的技术扩散效应导致因

变量存在空间依赖性而引起的异方差，尽管部分异方差源自误差项的空间自相关（Beenstock 和 Felsenstein，2019）。

5.2.2 水稻单产模型基准结果分析

水稻单产模型的估计结果如表 5－4 至表 5－6 所示，主要包括 LSDV、Just－Pope 随机生产函数模型以及 SEM 和 SAC 两种不同的空间模型。总体而言，估计系数方向在四个估计模型中整体较为稳健。

如表 5－4 所示，空间误差参数和空间自回归参数在 SAC 模型中均显著为正，与预期一致，影响系数分别为 0.201 和 0.290。显著的正向空间自回归效应表明相邻区域的单产量对本地区的单产存在正向影响，显著支持了本书关于水稻生产中存在技术扩散效应的假设。因此与 Miao 等（2016）和 Chen 等（2016）的研究相比，本书发现空间自回归效应具有显著的积极影响，且在高纬度研究区域中不容忽视。

表 5－4　经济和农艺因素对水稻单产影响的估计结果

变量	LSDV 模型	Just－Pope 模型	SEM 模型	SAC 模型
水稻预期价格	0.294***	0.247***	0.271***	0.194***
	(0.064)	(0.053)	(0.094)	(0.073)
玉米预期价格	－0.140***	－0.092**	－0.135*	－0.097*
	(0.052)	(0.040)	(0.075)	(0.056)
化肥施用强度	0.105**	0.107***	0.149***	0.126***
	(0.046)	(0.038)	(0.044)	(0.043)
时间趋势	0.014***	0.014***	0.016***	0.011**
	(0.004)	(0.003)	(0.006)	(0.005)
时间趋势平方	－0.001***	－0.001***	－0.001***	－4.048E－04***
	(1.384E－04)	(1.123E－04)	(1.956E－04)	(1.565E－04)
空间误差系数	—	—	0.415***	0.201**
			(0.038)	(0.090)
空间自回归系数	—	—	—	0.290***
				(0.091)

注：括号内为标准差；*、** 和 *** 分别表示在 10%、5% 和 1% 的水平下显著；为方便阅读，将模型基准回归结果拆分为表 5－4 至表 5－6 分别展现。

水稻单产量对水稻价格预期呈正向响应，而对玉米价格预期呈负向响应，且这两种效应在四类模型中均表现显著。玉米是水稻的竞争作物，玉米在 5—10 月期间种植，而水稻生长期则为 5—9 月。同时种植水稻和玉米两种作物，势必会影响和分散农户的种植管理时间和精力。如表 5 - 5 所示，水稻和玉米对水稻单产量的预期价格弹性分别为 0. 194 和 - 0. 097。纳入空间滞后效应后，水稻预期价格效应略有减小，但仍在 1% 的水平下显著，表明空间相关性的存在部分是由水稻预期价格的相关引起。

在水稻生长发育的整个季节，水稻返青—灌浆期中的 7 月和 8 月的降水量对水稻单产至关重要。7 月和 8 月是水稻的孕穗期，属于水稻生长过程中生理需水量最高、抗旱性最弱的时期（Ye 等，2015）。此时缺水会导致穗粒数减少，直接影响产量。对于 5 月、7 月和 8 月的降水变量，其二次项系数为负数。这意味着水稻单产与降水之间存在倒“U”形关系，在降水达到阈值水平之前增加降水有利于水稻产量，一旦降水超过拐点值，降水增加可能导致涝灾并产生病虫害，造成单产量下滑。但其中 5 月水稻育秧—移栽期的降水对水稻产量的影响最小且不显著，主要是由于该生育时段对降水需求较低，且土壤已经积累了移栽前的水分，降低了水稻对降水的需求。此外，6 月和 9 月是降水效应呈“U”形的月份，降水量较低会降低产量，而较高的降水量会增加产量。在当前的样本范围内，降水对 6 月和 9 月水稻产量的影响基本为负，尽管这一结果并不显著。降水对水稻单产水平的影响因月而异，主要是由于降水所起的作用与作物生长发育的物候期及其所需热量有关。

表 5 - 5　　降水类因素对水稻单产影响的估计结果

变量	LSDV 模型	Just - Pope 模型	SEM 模型	SAC 模型
5 月总降水量	- 0. 187	0. 020	0. 151	- 0. 066
	(0. 505)	(0. 383)	(0. 529)	(0. 484)
6 月总降水量	- 0. 669 *	- 0. 467	- 0. 495	- 0. 557
	(0. 408)	(0. 315)	(0. 396)	(0. 380)
7 月总降水量	0. 847 ***	0. 635 ***	0. 786 ***	0. 787 ***
	(0. 203)	(0. 170)	(0. 190)	(0. 186)

续表

变量	LSDV 模型	Just - Pope 模型	SEM 模型	SAC 模型
8 月总降水量	0.390 *	0.363 **	0.402 *	0.420 **
	(0.238)	(0.178)	(0.230)	(0.221)
9 月总降水量	-0.401	-0.500	-0.279	-0.240
	(0.451)	(0.348)	(0.445)	(0.423)
5 月总降水量平方	-2.014	-2.233	-2.809	-1.519
	(2.783)	(2.125)	(2.929)	(2.673)
6 月总降水量平方	1.786	1.252	1.519	1.601
	(1.654)	(1.280)	(1.567)	(1.524)
7 月总降水量平方	-1.898 ***	-1.500 ***	-1.688 ***	-1.666 ***
	(0.434)	(0.388)	(0.398)	(0.395)
8 月总降水量平方	-1.260 **	-1.177 ***	-1.179 **	-1.229 ***
	(0.536)	(0.412)	(0.513)	(0.496)
9 月总降水量平方	3.072	3.452 *	2.521	2.403
	(2.469)	(1.984)	(2.387)	(2.297)

注：括号内为标准差；*、** 和 *** 分别表示在 10%、5% 和 1% 的水平下显著。

如表 5-6 所示，各模型均发现 6 月和 9 月的累积 GDD 影响显著且为正向效应，这与 Lu 等（2018）和 Miao 等（2016）的研究结论部分一致。Lu 等（2018）和 Miao 等（2016）研究均聚焦于作物生长期内的总积温对单产的影响并实证检验了其正向效应的存在，其中作物生长期内的总 GDD，即等于 9 月的累积 GDD 数值，但对于分月份的累积 GDD 在以往的研究中却鲜有讨论，这会导致无法更深层次估计出作物在不同生育阶段内的热效应差异。因此，除生育期内总 GDD 外，研究进一步发现了月累积 GDD 对水稻单产量具有显著的效应，如 6 月的累积 GDD 对单产具有显著的正向效应，在 SAC 模型中影响系数为 0.528。此外，LSDV 和 Just - Pope 随机生产函数模型还发现 7 月和 8 月的积热效应十分显著，其中 7 月为正向影响，而 8 月为负向影响。四个模型一直未发现 5 月的累积 GDD 对单产具有显著影响，可能的原因在于 5 月为水稻育秧—移栽期，大部分时间水稻在大棚苗床上培育还未进入稻田种植，使 5 月水稻对外部光热条件的要求较低。并且累积日照时数并未发现对水稻单产表现出显著的正向影响，这与水稻为短日照作物有关（田伟和柳思维，2012）。研究还发现，作为度量低温冷害的 FDD 变量对水稻单产存在负面作用，但仅在随机生产模型中表现显著。

表 5-6　温度类因素对水稻单产影响的估计结果

变量	LSDV 模型	Just-Pope 模型	SEM 模型	SAC 模型
5 月累积 GDD	-0.033	0.112	-0.317	-0.153
	(0.284)	(0.219)	(0.331)	(0.282)
6 月累积 GDD	0.746**	0.701***	0.531	0.528*
	(0.300)	(0.235)	(0.359)	(0.303)
7 月累积 GDD	0.717**	0.575**	0.763*	0.501
	(0.370)	(0.292)	(0.431)	(0.368)
8 月累积 GDD	-0.535*	-0.585**	-0.513	-0.388
	(0.321)	(0.256)	(0.402)	(0.327)
9 月累积 GDD	0.516**	0.493***	0.570**	0.415*
	(0.230)	(0.182)	(0.272)	(0.233)
5 月温度离差	-0.024***	-0.015***	-0.019***	-0.018***
	(0.007)	(0.005)	(0.007)	(0.007)
6 月温度离差	-0.004	0.003	-0.007	-0.006
	(0.006)	(0.005)	(0.007)	(0.006)
7 月温度离差	0.017**	0.011**	0.021**	0.016**
	(0.008)	(0.006)	(0.009)	(0.008)
8 月温度离差	0.023***	0.016***	0.022***	0.018***
	(0.007)	(0.006)	(0.009)	(0.007)
9 月温度离差	0.016**	0.013**	0.018**	0.015**
	(0.007)	(0.006)	(0.008)	(0.007)
FDD	-1.893	-2.245*	-1.634	-1.429
	(1.467)	(1.271)	(1.485)	(1.384)
日照时数	0.002	3.543E-04	0.002	0.002
	(0.002)	(0.001)	(0.001)	(0.001)

注：括号内为标准差；*、** 和 *** 分别表示在 10%、5% 和 1% 的水平下显著。

7—9 月的月度温度离差有利于水稻单产，而 5 月和 6 月的温度离差则发现具有负面效应。月度温度离差反映月度极端温度的影响。其中，7—9

月的月度温度离差呈显著的正向影响，在夏季较大的温度偏差反映了温度变暖的趋势，有利于喜热作物的生长。而 5 月和 6 月较大温度离差则表明夜间温度比往常更冷，可能会对作物造成霜害，因而在水稻种植初期温度离差呈负向影响，但并不显著。McCarl 等（2008）发现生长季节温度离差对作物产量有害。与该研究相比，本书进一步发现温度离差的时间也很重要，这与 Miao 等（2016）的研究发现一致。但 Miao 等（2016）认为由于过热因素的存在，种植前期的温度离差越大，单产越高；而种植后期较大的温度离差则对单产产生负面作用。可能的原因在于高纬度研究区域相对寒冷，冷害比热害破坏更为突出。这表明 5 月和 6 月温度离差的负面影响以及水稻生长后期 7—9 月积极影响的异质性是源于温度的差异，即 5 月和 6 月较大温度离差反映了较低的温度，而 7 月、8 月和 9 月较大的温度离差则表明当前天气比往常更为温暖。

5.2.3 单产响应的直接与间接效应分解

表 5-7 汇总了各变量对当地的直接影响、对邻近地区的间接影响及其总效应。变量直接效应的显著性与上表汇报的模型估计结果基本一致，但相应的间接效应显著性有所减弱。水稻预期价格直接效应为 0.199，对应的间接效应为 0.075，且均表现显著，反映了水稻预期价格在空间上存在一定的相关性。并且化肥施用强度具有较强的正向溢出效应，约占总效应的 28%，这也部分证实了邻近地区间存在技术扩散效应的事实。因为化肥施用存在显著的间接效应可能的原因是，新施肥技术带来的单产增加效应较容易被邻近地区推广到当地生产实践，进而推动当地水稻单产量的进步。

气候变量对水稻单产量的影响大部分来源于直接效应，这与预期是一致的。降水变量的间接影响较为微弱，除 7 月和 8 月外降水的间接效应均不显著。月累积 GDD 变量没有发现对高纬度地区水稻单产产生显著的间接效应。气候变量尤其是 GDD 之所以不能产生显著的间接影响，是因为即使 GDD 对产量的影响可以被邻近地区的农户所识别，但他们也难以对其作出任何改变。然而，部分月份的降水量对产量有显著的间接影响，反映了农户在观测到邻近地区的降水变化后能较为容易地调整其灌溉系统，这也属于另一种技术传播。

表 5－7　　　　直接效应与间接效应估计结果

变量	直接效应	间接效应	总效应
水稻预期价格	0.199*** (0.076)	0.075* (0.047)	0.274*** (0.112)
玉米预期价格	－0.099* (0.060)	－0.037 (0.032)	－0.137* (0.087)
化肥施用强度	0.129*** (0.039)	0.049** (0.024)	0.178*** (0.057)
5 月总降水量	－0.068 (0.528)	－0.026 (0.231)	－0.094 (0.749)
6 月总降水量	－0.570 (0.410)	－0.214 (0.205)	－0.785 (0.589)
7 月总降水量	0.805*** (0.198)	0.302** (0.168)	1.108*** (0.326)
8 月总降水量	0.430** (0.210)	0.161 (0.116)	0.591** (0.307)
9 月总降水量	－0.246 (0.429)	－0.092 (0.190)	－0.338 (0.607)
5 月总降水量平方	－1.555 (2.872)	－0.584 (1.203)	－2.139 (4.016)
6 月总降水量平方	1.639 (1.472)	0.615 (0.759)	2.254 (2.151)
7 月总降水量平方	－1.705*** (0.407)	－0.640* (0.362)	－2.346*** (0.684)
8 月总降水量平方	－1.258*** (0.476)	－0.472* (0.297)	－1.730*** (0.714)
9 月总降水量平方	2.460 (2.288)	0.924 (1.084)	3.383 (3.278)
日照时数	0.002 (0.001)	0.001 (0.001)	0.003 (0.002)
5 月累积 GDD	－0.156 (0.287)	－0.059 (0.128)	－0.215 (0.407)
6 月累积 GDD	0.541* (0.312)	0.203 (0.160)	0.743* (0.448)
7 月累积 GDD	0.513 (0.399)	0.193 (0.195)	0.705 (0.567)
8 月累积 GDD	－0.398 (0.329)	－0.149 (0.158)	－0.547 (0.468)
9 月累积 GDD	0.425** (0.227)	0.160 (0.116)	0.584* (0.322)
FDD	－1.462 (1.328)	－0.549 (0.603)	－2.012 (1.869)
5 月温度离差	－0.018*** (0.007)	－0.007* (0.004)	－0.025** (0.010)
6 月温度离差	－0.006 (0.006)	－0.002 (0.003)	－0.008 (0.008)
7 月温度离差	0.016** (0.008)	0.006 (0.005)	0.022** (0.012)
8 月温度离差	0.019*** (0.007)	0.007* (0.004)	0.025*** (0.010)
9 月温度离差	0.016** (0.007)	0.006* (0.003)	0.021** (0.009)
时间趋势	0.011*** (0.004)	0.004* (0.002)	0.015** (0.006)
时间趋势平方	－4.143E－04*** (1.462E－04)	－1.556E－04* (8.623E－05)	－0.001*** (2.150E－04)

注：括号内为标准差；*、** 和 *** 分别表示在 10%、5% 和 1% 的水平下显著。

进一步根据总效应结果计算出降水和GDD对当地水稻单产影响的月度效应及其累积效应。表5-8分别汇报了降水和生长度日的月度及累积总影响，由于降水量包含二次项非线性影响，进一步基于其样本均值计算降水边际效应。结合降水和积温变量月度总效应的系数方向，估计结果发现6—8月水稻返青—灌浆阶段，高纬度地区存在水热不匹配现象。5月的降水和GDD的影响均为负向且不显著，在9月则均表现为正向效应，且GDD变量的正向效应显著。而除5月和9月外，6—8月水稻核心生长季节内的降水量和GDD两个变量的影响呈相反态势。如7月和8月，降水量为正向影响时，GDD变量则呈负向影响，且降水量的正向效应显著；而在6月，此时降水量为负向影响而GDD变量则表现为正向影响，且GDD的正向效应表现显著。这表明在水稻生长发育过程中，降水和积温之间存在季节性失衡。如8月的降水对水稻单产虽存在正面影响，但8月的GDD对单产的影响为负向效应。这意味着8月的温度相对于水稻生长需要的热量来说过高，尽管高纬度地区8月的实际温度可能并没有那么高，但是降水量匮乏的情况下将更容易使水稻的生长环境变得较为干旱，致使GDD的影响为负向。但此时降水呈现正向效应，说明GDD的增加并不一定对农作物的生长产生积极影响，还需要降水的配合。GDD和降水对水稻生长的影响均十分重要且不可或缺，只有当水热两种效应共同达到最佳平衡点时，才能对水稻单产量产生积极影响。

表5-8　　降水和GDD的月度总效应及其累积总效应

月份	月度总效应		累积总效应	
	降水	GDD	降水	GDD
5月	-0.341	-0.215	-0.341	-0.215
6月	-0.377	0.959*	-0.718	0.743*
7月	0.406***	-0.038	-0.312***	0.705
8月	0.094**	-1.252	-0.218**	-0.547
9月	0.004	1.131**	-0.214	0.584**

注：*、** 和 *** 分别表示在10%、5%和1%的水平下显著。

5.3　未来气候变化对水稻单产影响的预测

5.3.1　不同气候变化情景下的气候条件

进一步量化未来气候变化对高纬度地区水稻单产的影响。首先需要对未来气候进行预测。对此，从世界气候研究计划的第六阶段，即第六次国际耦合模式比较计划 CMIP6（Coupled Model Intercomparison Project）中收集了在未来不同气候情景下对温度和降水的预测。该项目涵盖基本日度气候变量信息数据，包括日平均温度、日最高温度、日最低温度和日累积降水量。并存在八条减缓路径来代表不同的全球变暖情景，包括 SSP1 - 1.9、SSP1 - 2.6、SSP2 - 4.5、SSP3 - 7.0、SSP4 - 3.4、SSP4 - 6.0、SSP5 - 3.4OS 和 SSP5 - 8.5，其中 SSP1 - 2.6、SSP2 - 4.5、SSP4 - 6.0 和 SSP5 - 8.5 分别是 CMIP5 中 RCP2.6、RCP4.5、RCP6.0 和 RCP8.5 的升级预测版本，SSP1 - 1.9、SSP3 - 7.0、SSP4 - 3.4 和 SSP5 - 3.4OS 则是新的气候变化情景。以上情景均是共享社会经济路径（Shared Socioeconomic Pathways，SSP）和典型浓度路径（Representative Concentration Pathways，RCP）强迫情景组合（O'Neill 等，2017），如 SSP1 - 2.6 指的是 SSP1 和 RCP2.6 场景的组合。共享社会经济路径 SSP1、SSP2、SSP3、SSP4 和 SSP5 分别代表持续发展路径、中间路径、区域竞争路径、不均衡路径以及传统化石燃料为主的路径。故 SSP1 - 2.6 代表未来强迫路径范围的低端（Range of Future Forcing Pathways），具有低社会脆弱性和低挑战性，预测到 2100 年 SSP1 - 2.6 将产生相对于工业化前温度小于 2℃ 的升温。SSP2 - 4.5、SSP3 - 7.0 和 SSP5 - 8.5 则分别是未来强迫路径范围的中端、中高端和高端（Su 等，2021）。为了与之前的研究保持一致并使其具有可比性，故基于 CMIP6 的 BCC - CSM2 - MR 气候模型选择了 SSP1 - 2.6、SSP2 - 4.5、SSP3 - 7.0 以及 SSP5 - 8.5，以分别代表未来排放和全球变暖“低”“中”“中高”和

“高”速率的情景。其中，SSP2 - 4.5 和 SSP3 - 7.0 所表示的中速率以及中高速率变化情景的相关预测结果将放在附录的表 A2 至表 A4 中，正文中将仅汇报 SSP1 - 2.6 低速率和 SSP5 - 8.5 高速率气候变化情景下的预测结果。此外，将 2041—2060 年、2061—2080 年和 2081—2100 年分别定义为短期、中期和长期。

表 5 - 9 列出了短期、中期和长期的未来排放和全球变暖的“低”速率和“高”速率情景下的汇总统计数据。与历史数据相比，未来情景中水稻生育期内的降水量均有所增加。在 2041—2060 年短期内 6 月和 7 月的降水量相对较多，而非历史数据中所展现的 7 月和 8 月，但在中长期降水量较多的月份则重回至 7 月和 8 月。结果表明在“高”变暖速率的情景下，降水会相较于“低”速率情景而言稍多，且随着时间的推移，两种气候变化情景下的降水量总体上表现出增加的趋势。GDD 和 FDD 变量与温度相关，因此在温度上升速率最快的 SSP5 - 8.5 气候变化情景下，GDD 数值均比 SSP1 - 2.6 情景下高，而 FDD 数值则相对较小。并且从短期到长期，随着时间的推移，GDD 数值逐渐增加，FDD 逐渐减小；与历史值相比，累积的 GDD 和 FDD 的平均数值变小，表明两种气候情景都偏暖，这一发现与 Miao 等（2016）的估计结果一致。此外，未来 7 月和 8 月的温度离差较历史气候相比有所扩大，未来 5 月和 9 月的温度离差则呈现缩小的趋势，而未来 6 月的温度离差则与历史数据基本持平，即未来水稻生长中期的温度离差将增加，而水稻生长的前期和后期温度离差则缩小。

表 5 - 9　　不同气候情景下各气候变量预测的汇总统计

变量	2041—2060 年		2061—2080 年		2081—2100 年	
	SSP1 - 2.6	SSP5 - 8.5	SSP1 - 2.6	SSP5 - 8.5	SSP1 - 2.6	SSP5 - 8.5
5 月总降水量	84.06 (39.50)	83.65 (38.07)	77.35 (38.25)	76.27 (40.05)	80.79 (48.32)	99.64 (51.63)
6 月总降水量	109.98 (52.02)	112.54 (49.37)	101.28 (45.53)	112.18 (58.21)	105.60 (50.08)	118.75 (72.99)
7 月总降水量	124.23 (75.17)	151.93 (91.68)	151.99 (95.07)	164.10 (93.35)	154.11 (77.48)	168.86 (91.61)

续表

变量	2041—2060 年		2061—2080 年		2081—2100 年	
	SSP1 - 2.6	SSP5 - 8.5	SSP1 - 2.6	SSP5 - 8.5	SSP1 - 2.6	SSP5 - 8.5
8 月总降水量	96.30 (53.66)	107.44 (69.28)	113.48 (63.44)	144.34 (94.64)	116.11 (64.91)	176.57 (124.69)
9 月总降水量	53.42 (34.29)	54.52 (39.26)	44.43 (25.59)	62.19 (47.97)	54.13 (35.39)	57.98 (49.15)
5 月累积 GDD	93.90 (70.06)	107.40 (60.86)	99.01 (58.47)	150.22 (67.356)	92.76 (64.64)	156.41 (72.60)
6 月累积 GDD	326.91 (117.72)	369.61 (95.60)	328.90 (106.86)	416.43 (100.19)	333.60 (107.47)	434.60 (91.94)
7 月累积 GDD	641.20 (131.99)	688.10 (104.15)	644.60 (123.23)	716.44 (106.65)	651.90 (125.15)	713.90 (123.67)
8 月累积 GDD	932.30 (167.23)	1000.70 (125.93)	936.40 (158.29)	1037.95 (128.55)	940.40 (157.03)	1024.40 (169.20)
9 月累积 GDD	1059.90 (220.39)	1178.40 (177.18)	1070.00 (206.03)	1249.72 (168.20)	1083.40 (210.70)	1258.90 (207.77)
5 月温度离差	9.28 (2.42)	9.24 (2.33)	9.42 (2.36)	10.06 (2.50)	9.33 (2.39)	9.97 (2.53)
6 月温度离差	10.09 (2.52)	9.93 (2.57)	9.87 (2.62)	10.67 (2.71)	10.15 (2.58)	11.00 (2.88)
7 月温度离差	10.63 (2.75)	10.26 (2.74)	10.15 (2.65)	10.40 (2.90)	9.85 (2.64)	10.48 (2.90)
8 月温度离差	11.00 (2.76)	10.78 (2.81)	11.19 (2.88)	10.19 (2.73)	10.79 (2.71)	10.20 (2.688)
9 月温度离差	10.51 (2.73)	10.35 (2.59)	10.80 (2.74)	10.44 (2.66)	10.67 (2.80)	10.62 (2.72)
FDD	11.10 (20.01)	4.55 (9.55)	8.36 (15.61)	1.53 (6.61)	10.04 (19.65)	1.28 (5.43)

注：括号内为标准差。

5.3.2　不同气候变化情景下各气候变量影响的预测及分解

通过使用上述预测的气候变量数据集和估计模型，进一步预测了短期、中期和长期未来各类气候变化情景下水稻单产量相对于样本平均值的百分比变化。表 5 - 10 和表 5 - 11 分别显示了我国高纬度地区不同气候情景下各气候变量对水稻单产量影响的汇总结果和分月份的结果。本书主要列出低排放变暖模式（SSP1 - 2.6）和高排放变暖模式（SSP5 - 8.5）在短期、中期、长期气候情景下气候变量对水稻单产的影响。

平均而言，在低排放模式下，气候变化对我国高纬度地区水稻单产量的影响呈“负向 - 正向 - 负向”的过程，而在高排放模式下则呈“正向 - 负向”的过程，由于水稻是喜温作物，短期气候变化对我国高纬度地区水稻单产并不会产生不利影响，反而会有利于产量增加，但随着气候变化的持续，在长期情景下，气候变化依然会不利于水稻生产。如在 SSP5 - 8.5 模式下，短期和中期均有利于水稻增产，平均增产幅度为 1.769% 和 0.095%，而在长期则转为不利影响，减产幅度为 - 1.038%。此外，在中、中高端排放和气候变暖速率下，水稻单产量将有所增加。这表明在面临持续升温的情况下高纬度地区可能成为具有水稻种植潜力的地区。然而，在长期阶段或全球变暖“高”速率的模式下，仍会产生负面影响，这进一步验证了 Xie 等（2020）的研究结论。

表 5 - 10　　未来气候变化对水稻单产量影响的总预测效应

变量	SSP1 - 2.6			SSP5 - 8.5		
	短期	中期	长期	短期	中期	长期
平均	-0.684%	0.557%	-0.035%	1.769%	0.095%	-1.038%
	(0.047)	(0.053)	(0.049)	(0.050)	(0.048)	(0.048)
GDD	-6.534%	-6.310%	-5.722%	-4.504%	-4.656%	-4.868%
	(0.023)	(0.021)	(0.024)	(0.024)	(0.035)	(0.047)
降水	-1.869%	-1.207%	-0.761%	-1.453%	-0.722%	-2.012%
	(0.012)	(0.009)	(0.009)	(0.009)	(0.009)	(0.011)
FDD	-1.294%	-0.912%	-1.147%	-0.377%	0.055%	0.090%
	(0.015)	(0.010)	(0.013)	(0.004)	(0.003)	(0.004)
温度离差	9.821%	9.715%	8.181%	8.635%	5.786%	6.231%
	(0.064)	(0.063)	(0.061)	(0.061)	(0.054)	(0.057)

注：括号内为标准差。

在各气候变量中，温度离差的变化对水稻单产具有较大的正向影响，而 GDD 和降水则对水稻单产呈负向影响。基于各月度积温变量对水稻单产的影响，计算出 GDD 变化对水稻单产的总体平均影响，在短期情景下，GDD 的变化对水稻单产具有较大的不利作用，在两种排放模式下，短期影响分别为 -6.534% 和 -4.504%，此后短期负向影响有所下降，而长期负面影响则进一步增加；同时，降水变化的影响较 GDD 较小，但依旧呈不利影响，且在长期高排放模式下，不利影响最大。与 GDD 和降水不同，温度离差在各情景模式下均对水稻单产具有一定的促进作用，且在短期情景下的影响相对较高。

表 5-11　未来气候变化对水稻单产量影响的月度预测效应

变量	SSP1-2.6			SSP5-8.5		
	短期	中期	长期	短期	中期	长期
5 月总降水量	-0.755% (0.003)	-0.533% (0.002)	-0.769% (0.004)	-0.725% (0.003)	-0.522% (0.003)	-1.452% (0.006)
6 月总降水量	-0.402% (0.003)	-0.313% (0.003)	-0.341% (0.003)	-0.496% (0.002)	-0.337% (0.004)	-0.151% (0.004)
7 月总降水量	-0.631% (0.008)	-0.289% (0.008)	0.274% (0.006)	-0.186% (0.007)	0.079% (0.006)	0.243% (0.006)
8 月总降水量	-0.072% (0.005)	0.065% (0.004)	0.078% (0.004)	-0.119% (0.004)	-0.223% (0.004)	-0.942% (0.010)
9 月总降水量	-0.022% (0.002)	-0.143% (0.002)	-0.002% (0.003)	0.068% (0.003)	0.282% (0.004)	0.289% (0.003)
5 月累积 GDD	0.664% (0.007)	0.586% (0.007)	0.681% (0.007)	0.457% (0.007)	-0.199% (0.007)	-0.294% (0.006)
6 月累积 GDD	6.910% (0.045)	6.801% (0.046)	6.532% (0.045)	4.536% (0.046)	1.978% (0.044)	1.004% (0.043)
7 月累积 GDD	-10.832% (0.049)	-10.682% (0.049)	-10.349% (0.050)	-8.700% (0.053)	-7.371% (0.058)	-7.451% (0.064)
8 月累积 GDD	13.616% (0.056)	13.440% (0.058)	13.262% (0.056)	10.677% (0.062)	9.138% (0.070)	9.809% (0.084)
9 月累积 GDD	-13.844% (0.052)	-13.476% (0.054)	-12.999% (0.053)	-9.465% (0.061)	-6.690% (0.071)	-6.222% (0.085)

续表

变量	SSP1 - 2.6			SSP5 - 8.5		
	短期	中期	长期	短期	中期	长期
5 月温度离差	5.047%	4.792%	4.957%	5.119%	3.585%	3.770%
	(0.045)	(0.045)	(0.044)	(0.044)	(0.046)	(0.048)
6 月温度离差	0.255%	0.382%	0.218%	0.345%	-0.090%	-0.284%
	(0.016)	(0.015)	(0.015)	(0.015)	(0.016)	(0.016)
7 月温度离差	3.054%	2.271%	1.787%	2.446%	2.667%	2.819%
	(0.037)	(0.035)	(0.036)	(0.034)	(0.035)	(0.037)
8 月温度离差	3.171%	3.522%	2.771%	2.749%	1.647%	1.669%
	(0.041)	(0.042)	(0.041)	(0.039)	(0.036)	(0.037)
9 月温度离差	-1.799%	-1.360%	-1.557%	-2.052%	-1.908%	-1.638%
	(0.033)	(0.034)	(0.033)	(0.031)	(0.033)	(0.032)

注：括号内为标准差。

具体到各月来看，降水量的变化对我国水稻单产的影响在不同气候变化情景下主要表现为负向影响。5—7 月的负向影响相对较大，而 8—9 月的负向影响则相对较小。如在 SSP1 - 2.6 短期气候情景下，降水对水稻单产量的影响在前一阶段分别为 -0.755%、-0.402% 和 -0.631%，但在 8 月和 9 月负面影响分别仅有 -0.072% 和 -0.022%。而比较不同排放模式下，5 月和 6 月的负向影响在两种模式下较为一致，而 7 月、9 月的负向影响在低排放模式下更高，8 月的影响在低排放模式下则较低，甚至变为正向影响。表明在水稻种植初期，未来的降水量的变化对水稻生产的影响较大，且在不同排放模式下均差异较小。进而比较短期、中期、长期气候变化对我国水稻单产的影响可知，较短期情景，长期情景下降水对水稻单产量的影响在 5 月、6 月和 8 月更高，如 5 月降水在 SSP5 - 8.5 短期下的负面影响为 -0.725%，而在长期中则下降至 -1.452%，下降幅度为 0.697。此外，降水虽然有负面影响，但这种负面影响在未来可以通过建立和改善排灌系统来改善。

积温变量中 5 月、6 月和 8 月的 GDD 的变化总体对水稻呈有利影响，而 7 月和 9 月则呈不利影响，且 7—9 月的影响较大。如在短期不同排放模式情景下，7 月 GDD 的负向影响分别为 -10.832% 和 -8.700%，在 9 月

GDD 的负向影响则分别为 - 13.844% 和 - 9.465%；与之相反，8 月的 GDD 的变化转为正向影响，分别为 13.616% 和 10.677%，表明全球气候变暖的大背景下，高纬度地区积温对水稻单产量的影响具有较强的季节性特征，尤其是在积温最高的 7 月，温度的上升将不利于水稻单产量的增加。与高排放模式比较而言，低排放模式下积温对水稻单产量的影响更大。而与短期气候情景下相比，积温在长期气候情景下的影响则有所变弱。

5.4　本章小结

本章探究了高纬度地区水稻单产的气候和经济决定因素，并在未来气候变化情景下对水稻单产变化进行预测。将价格预期、月累积生长度日、冻冰度日、月降水量及其平方项等变量纳入水稻单产模型。采用最小二乘虚拟变量法、Just - Pope 随机生产函数、空间误差模型以及广义空间模型进行估计，同时利用两种 Breusch - Pagan 方法检验了模型中可能存在的异方差和空间相关性，比较各模型在解决异方差和空间相关问题上的适用性并判断异方差的主要来源，最终采用广义空间模型来同时解决异方差和空间相关问题。基于气候变化专门委员会（IPCC）的最新气候预测模型，进一步预测未来排放和全球变暖“低”“中”“中高”和“高”速率的气候变化情景下水稻单产量的变化，以及各类气候变量在短期、中期和长期的贡献率。

Moran’s I 检验和拉格朗日乘子检验结果表明空间自相关的存在，以及空间模型中纳入被解释变量空间滞后和考虑误差项空间相关的必要性，均支持 SAC 空间模型的设定。进一步对三个典型模型—LSDV、Just - Pope 和 SEM—以及本书最终采用的 SAC 模型进行两种 Breusch - Pagan 检验时，发现当考虑数据的空间性质后，空间相关性是比 Just - Pope 随机生产函数所阐述的经典异方差更关键的异方差来源。并且仅允许误差项空间自相关不能完全解决空间相关性问题，因为邻近地区可能的技术扩散效应也会使因变量产生空间依赖。

气候变化和价格预期对水稻单产存在显著影响。降水对水稻单产量的影响呈非线性关系，并且返青—灌浆期降水量的影响对水稻单产相对重要。降水变量的影响强度因水稻生育时段而异，主要与水稻生长发育的物候期及其所需热量有关。对于月度累积 GDD 变量，不仅得到了与之前研究（如 Lu 等，2018；Miao 等，2016）相同的结论，即作物生长季节的 GDD 总量具有积极影响，还发现了月度累积 GDD 的重要性，尤其是 6 月累积 GDD 对单产也具有正向影响。累积日照时数和 FDD 变量对水稻单产分别存在正向和负向作用，但其显著性较弱。月度温度离差对水稻产量的负面影响发生在水稻生长季节的早期 5 月和 6 月，而正面影响发生则在 7 月、8 月和 9 月。此外，水稻价格预期对水稻单产表现为正向影响，而竞争作物玉米的价格预期则呈负向影响，其预期价格弹性分别为 0.194 和 -0.097，同时研究发现空间相关性部分是由水稻预期价格相关引起。

根据 SAC 模型计算各变量的直接和间接效应，发现化肥和水稻价格预期具有较强的正向溢出效应，反映空间相关的存在性事实。但气候变量间接效应则较微弱，绝大部分影响均来源直接效应。基于样本平均值计算降水和 GDD 对当地水稻单产量边际影响的月度效应及累积效应，发现降水对单产的影响与 GDD 相关。6—8 月水稻返青—灌浆期的核心生长季节内均存在降水和 GDD 总效应系数相反的现象，估计结果说明高纬度地区存在水热不匹配问题。GDD 和降水对水稻生长的影响不可或缺，只有当水热两种效应共同达到最佳平衡点时，才能对水稻单产量发挥有效的积极作用。

预测结果显示在低变暖速率情景下，气候变化对水稻单产量的影响呈“负向 - 正向 - 负向”的过程，而在高变暖速率情景下则呈“正向 - 负向”的过程，其数值变化范围处于 -1.038%—2.695%。由于水稻是喜温作物，短期气候变化对高纬度地区水稻单产并不会产生不利影响，反而会有利于单产量增加，但随着气候变化的持续，长期情景下气候变化依然会不利于水稻生产。在各气候变量中，温度离差的变化对水稻单产具有较大的正向影响且在短期内影响相对较大。高纬度地区积温对水稻单产量的影响具有较强的季节性特征，5 月、6 月和 8 月的 GDD 变化总体对水稻呈有利影响，而 7 月和 9 月呈相对较大的不利影响，且由于高纬度地区的相对低温特性使积温变量在低排放模式下的负面影响更大，但这种负面影响在长期气候情景下有所减弱。降水变化的影响较 GDD 弱，但依旧呈现不利影响，且在长期高排放模式下不利影响最大。

第 6 章

气候变化、价格预期对水稻生产效率的影响

水稻作为我国最重要的粮食作物之一，稳定粮食供给对国内粮食安全的作用不言而喻。我国“人口基数大，人均耕地面积极低”的国情，使我国的水稻生产不能单靠土地面积扩大所带来的扩展边际的增长，也不能因过度追求单产量而降低要素使用效率，而需要同时通过提高水稻生产效率来实现集约层面的增长。如李谷成（2019）指出，我国农业生产不仅受到人多地少以及自然灾害频发的刚性自然约束，化学肥料以及农药的大量使用也付出了巨大的环境代价。我国农业发展和安全面临许多挑战，新形势下原有的数量型增长难以推动我国粮食生产的可持续发展。而全球气候变化诱致的极端气候频发、平均温度不断上升也对农田生产形成巨大影响（吴绍洪和赵东升，2020）。周曙东和朱红根（2010）发现在未来气候变化条件下，我国南方地区水稻生产稳定性将遭受重创。

大量研究关注了粮食生产效率的变动及其影响因素。在效率的测算上：王明利和吕新业（2006）利用 Malmquist 指数对水稻生产率增长及生产效率变化等进行了测算，发现水稻生产率在 20 世纪 90 年代经历了下降后，在 2000—2003 年间有回升的趋势。张越杰等（2007）采用 HMB 指数和数据包络分析法对吉林省水稻生产效率变动原因进行分析，研究指出该省水稻生产效率亟待通过技术水平和生产规模两方面的改善而提高。刘余等（2018）在全局 DEA 方法下利用江苏省水稻生产效率的测算分析，对水稻种植户的适应规模经验问题进行了探讨。在影响因素分析中：冀县卿等（2019）在研究上海市家庭农场时认为土地面积与水稻生产效率表现为倒“U”形关系；张超正和杨钢桥（2020）也指出土地面积、地块数和耕地质量等是影响武汉市水稻生产效率的重要因素；王克强等（2021）研究发现土地流转信托政策对农业生产效率的提高具有积极作用；姜岩等（2015）发现气候变化对江苏省水稻生产效率影响具有较大的年际差异，并分月份指出了平均温度、光温比和降水对水稻生产效率的促进或抑制作用。

已有研究为本章提供了扎实的基础，但仍有以下四点可以进一步拓展：一是在研究区域上，有关高纬度地区水稻生产效率的研究极少，但高纬度地区水稻产量在我国水稻总产量中的比例越来越高，研究高纬度地区水稻生产效率对于提高我国国内总体水稻生产效率具有重要作用；二是在水稻生产效率的测量上，可以基于气候的要素属性将气候变量同时纳入生产效率分析框架，以反映农业生产对自然要素的依赖性和生产过程的不确定性；三是原有 DEA 模型难以进行动态比较分析；四是在影响因素中，较少考虑经济因素对水稻生产效率的影响。

基于此，本书采用 SBM 超效率模型及 DEA 窗口分析技术测算了我国高纬度地区的水稻生产效率，并且在原有经典投入要素基础上纳入农业生产固有的随机性因素，分别将 GDD、降水、日照等气候投入要素纳入效率测算模型，观测气候变化下各地水稻生产效率相对排序的变化。进而从生产效率地区差异和时序特征两方面分析水稻生产效率的变化。最后，构建实证模型分析气候变化及价格预期对水稻生产效率的影响，并基于不同生产效率模型和生产效率动态变化进行稳健性分析。

6.1 理论、方法与指标度量

6.1.1 气候变化和价格预期对生产效率的影响机理

本书研究所指的生产效率为综合技术效率，即在产量不变的前提下如何改变要素投入，从而实现效率最大化。生产效率变动主要依赖两类因素：一是投入要素本身，如劳动力、机械、化肥和土地投入通常被视为农业生产中的四大经典投入（孔祥智等，2018）。研究者通常基于农业四大投入要素结合 Cobb - Douglas 生产函数或超越对数生产函数，研究生产效率或生产力问题，其隐含的基本假设是农业生产的非随机性，因此在生产者控制所有投入的假定情况下展开效率的测度。二是投入产出关系所依附的生产环境，即农业生产过程的随机性因素。如 Chambers 和 Serra（2019）指出农业生产对自然环境的投入存在不可避免的依赖关系，因此应确保农业生产固有的随机性因素。

与传统投入要素不同，气候因子在农业生产中同时具有两个重要属性，即要素属性和风险属性，因而气候对农业生产效率的影响也包括这两个方面。如 Sabasi 和 Shunway（2018）总结出气候因素可以以两种重要的方式影响生产效率：有利的气候条件可以使已实现的生产前沿向上移动；而不利的气候条件使其向下移动。Chambers 和 Pieralli（2020）提出气候因素是影响农业生产效率的重要因素，并将气候因素纳入效率的计算。

在本研究中，气候变化对农业生产效率的影响也主要源于生产效率变动所依赖的两类因素。一方面，基于要素投入属性，合适的气候如积温、降水可以提供作物生长所必需的光、热、水等元素，因而气候可以成为生产效率变动的投入要素。温度直接控制作物生长发育的时期与持续时间，且温度也同时直接影响干物质积累的有关过程，包括叶面积扩大、光合作用和呼吸作用等（Rötter 和 Van，1999）。降水是作物生长所需水分的重要来源，除此之外，它还通过直接增加水分以及间接增加土壤湿度的方式影响作物的生产持续时间以及光合作用效率（Olesen 和 Bindi，2002）。日照则是作物光周期的必需要素，直接影响其光合作用和生长发育的正常进行。且温度、降水、日照等气候因素也会与其他投入要素产生一定的要素替代关系，从而影响效率。因此，该类气候要素可以与其他投入要素一并纳入要素组合，并基于产出不变的条件找出最优的投入要素组合，进而获得不同组合的生产效率。

另一方面，极端气候条件，如极端温度，作为农业生产的随机性风险因素能够改变其他投入要素的效果，影响农业生产，进而产生效率变动。如极端高温热害、低温冷害、洪涝等极端气候现象可以直接影响作物叶面生长、作物营养吸收、病虫害，甚至作物直接死亡等，使原有投入要素的投入效果发生变化。而为了适应变化，农户会增加生产应对成本和适应成本，提高其他要素投入，从而影响作物的生产效率。

价格预期对农业生产效率影响则主要通过改变农业生产环境，以提高要素投入效果。如 Sheng 等（2020）对中国农业生产率的测算中观察到价格的变化会影响技术创新和作物选择，进而影响农作物生产效率。Wossen 等（2018）进一步指出价格水平及其波动的变化是通过粮食生产者价格预期的形成直接影响粮食供给效率。高鸣和宋洪远（2017）指出农业支持政策可以有效稳定小麦市场价格，让农户在一定程度上摆脱资产贫困约束，从而提高农户种粮积极性，减少小麦生产效率损失。

在生产不确定性框架下，农业生产者根据预期产出价格进行水稻生产种植管理。通常较高的价格预期或是最低收购价格支持政策下较为稳定的价格预期，会帮助农户在生产过程中持较积极的生产态度和生产行为，如分配更好的土地进行水稻种植，提高水稻种植地的灌溉设备，以及提高其他要素投入质量或更现代的生产技术；并且在生产过程和生产管理中，投入更多的时间、精力（同等劳动力投入数量下拥有更高的劳动投入质量）。这些措施会进一步辅助谷物生长，从而对农业生产效率的提高具有正向效应。价格预期较低的农户则恰好相反，尤其是对于小农户而言，农户调整资本投入有限，故而更倾向于规避风险，以实现低风险和低回报的结果，而并非获取风险较高的高回报。因而，较低的预期价格会抑制生产者对作物的资源投入，尤其是具有较高价值的现代农业要素投入，从而导致农业生产效率下降。此外，预期价格较低的农户在面临气候变化及其导致的次生灾害时，会因预期价格难以弥补其生产成本从而导致生产者应对的积极性和信心较低，水稻生产的过程管理水平低下，使作物的生产效率进一步降低。

6.1.2 SBM 超效率模型与 DEA 窗口分析设定

6.1.2.1 SBM 超效率模型

评估效率的两种主要方法包括以非参数方法为特色的数据包络分析（Data Envelopment Analysis，DEA）和以参数分析为基础的随机前沿分析（Stochastic Frontier Analysis，SFA）。较之 SFA 模型，DEA 模型不要求设定无效项分布的假设，也不要求设定投入与产出间具体生产函数方程的先验假设（Błazejczyk - Majka 和 Kala，2015）。DEA 方法是利用线性规划方法构建数据的前沿面，计算决策单元（Decision Making Units，DMU）相对于该前沿面的效率。传统的DEA模型包括CCR模型（Charnes等，1978）和BCC模型（Banker等，1984）：前者基于不变的规模报酬；后者基于可变的规模报酬。传统DEA模型忽略不同生产过程之间的关系，通过考虑投入与产出的比率来评估各DMU的相对效率。

由于CCR和BCC模型等传统模型忽略松弛变量可能会造成效率偏差，基于松弛度量的SMB－DEA模型应运而生。CCR和BCC的测算均考虑径向和角度，其中径向要求投入和产出以相同的比例扩大或缩小，但当投入或产出的松弛非零时，径向DEA的采用可能会高估效率值；角度DEA效率测度方法的重点则在于投入或产出保持不变的假定前提，一旦忽略投入或产出将不可避免地对效率结果的准确性产生一定影响。为解决因忽略松弛变量而造成的效率偏差问题，Tone（2001）提出了一种非径向、非角度的基于松弛的度量方法SBM－DEA效率评估模型，直接将投入/产出松弛纳入目标函数中，衡量决策单元是否相对投入过多或产出太少。Tone（2001）指出当CCR模型的松弛量为零且效率值大于或等于SBM效率值时，SBM－DEA模型在技术上是有效的。假设SBM模型中存在n个DMU，规模报酬不变，投入变量和产出变量的个数分别为m和s，投入矩阵和产出矩阵分别为$X=(x_{ij})\in R^{m\times n}$和$Y=(y_{ij})\in R^{s\times n}$，则其生产可能性集$P$为：

$$P=\{(x,y)\mid x\geqslant X\lambda,y\leqslant Y\lambda,\lambda\geqslant 0\} \tag{6-1}$$

其中，λ是R^n中的非负矩阵，在$\sum_{j=1}^{n}\lambda_j=1$的限制性条件下等价于规模报酬可变的BCC模型。

将某一特定的$DMU(x_0,y_0)$的表达式定义为：

$$x_0=X\lambda+s^-$$
$$y_0=Y\lambda-s^+$$
$$\lambda\geqslant 0,s^-\geqslant 0,s^+\geqslant 0 \tag{6-2}$$

其中，向量$s^-\in R^m$和向量$s^+\in R^s$分别被称作投入松弛和产出松弛，各意味着投入冗余和产出不足。在假设数据集$X>0$以及$\lambda\geqslant 0$的条件下，得到$x_0\geqslant s^-$。利用松弛变量s^-和s^+，定义效率指数ρ如下：

$$0<\rho=\frac{1-\frac{1}{m}\sum_{i=1}^{m}s_i^-/x_{i0}}{1+\frac{1}{s}\sum_{i=1}^{s}s_i^+/y_{i0}}\leqslant 1 \tag{6-3}$$

为估计 DMU(x_0, y_0) 的效率，定义 SBM 模型计算的效率值方程如下：

$$\min \quad \rho = \frac{1 - \frac{1}{m}\sum_{i=1}^{m} s_i^- / x_{i0}}{1 + \frac{1}{s}\sum_{i=1}^{s} s_i^+ / y_{i0}}$$

$$\text{subject to} \quad x_0 = X\lambda + s^-$$

$$y_0 = Y\lambda - s^+$$

$$\lambda \geqslant 0, s^- \geqslant 0, s^+ \geqslant 0 \tag{6-4}$$

进而运用 Charnes - Cooper 变换将 SBM 模型转化为线性规划问题（Charnes 等，1978），即在上述效率方程中引入大于零值的标量 t，将其转化为线性规划方程：

$$\min \quad \tau = t - \frac{1}{m}\sum_{i=1}^{m} \frac{S_i^-}{x_{i0}}$$

$$\text{subject to} \quad 1 = t + \frac{1}{s}\sum_{i=1}^{s} \frac{S_i^+}{y_{i0}}$$

$$tx_0 = X\Lambda + S^-$$

$$ty_0 = Y\Lambda - S^+$$

$$S^-, S^+, \Lambda \geqslant 0$$

$$S^- = ts^-, S^+ = ts^+, \Lambda = t\lambda \tag{6-5}$$

当线性规划方程式（6-5）的最优解为（$\tau^*, t^*, \Lambda^*, S^{-*}, S^{+*}$）时，相应的 SBM 模型最优解如下：

$$\rho^* = \tau^*, \lambda^* = \Lambda^*/t^*, s^{-*} = S^{-*}/t^*, s^{+*} = S^{+*}/t^* \tag{6-6}$$

DMU(x_0, y_0) 有效时其效率值 $\rho^* = 1$，等价于 $s^{-*} = 0$ 和 $s^{+*} = 0$，即不存在投入冗余和产出不足问题。

但当多个 DMU 同时为有效状态时，SBM 模型无法进一步区分多个有效决策单元的效率高低。为了能对多个同时具有最佳效率的决策单元进行排序，Tone（2002）进一步将 SBM 模型发展为 SBM 超效率模型以弥补 SBM 模型的缺陷，即针对 $\rho^* = 1$ 的有效 DMU 进行进一步区分。因此，SBM 超效率模型的假设为 DMU(x_0, y_0) 在 SBM 下是有效的，其效率值为 1。此时，在 SBM 模型基础上识别出有效 DMU(x_0, y_0) 后，新的生产可能

性集将剔除 (x_0, y_0)，其定义如下：

$$P\backslash(x_0, y_0) = \{(\bar{x}, \bar{y}) \mid \bar{x} \geqslant \sum_{j=1,\neq 0}^{n} \lambda_j x_j, \bar{y} \leqslant \sum_{j=1,\neq 0}^{n} \lambda_j x_j, \bar{y} \geqslant 0, \lambda \geqslant 0\} \tag{6-7}$$

并定义其中的一个子集为：

$$\bar{P}\backslash(x_0, y_0) = P\backslash(x_0, y_0) \cap \{\bar{x} \geqslant x_0 \text{ and } \bar{y} \leqslant y_0\} \tag{6-8}$$

当投入与产出均大于0时，$\bar{P}\backslash(x_0, y_0)$ 为非空集合。将 (x_0, y_0) 到 $(\bar{x}, \bar{y}) \in \bar{P}\backslash(x_0, y_0)$ 加权距离表示为：

$$\delta = \frac{\frac{1}{m}\sum_{i=1}^{m} \bar{x}_i / x_{i0}}{\frac{1}{s}\sum_{r=1}^{s} \bar{y}_r / y_{r0}} \tag{6-9}$$

由新的生产可能性集的子集可知，δ 值大于等于1，并且当且仅当 $(x_0, y_0) \in \bar{P}\backslash(x_0, y_0)$ 时 δ 才等于1。该式的分子是 x_0 到 $\bar{x}(\geqslant x_0)$ 的加权距离，表示 x_0 到 $\bar{x}$ 点的平均扩张率；分母则是 y_0 到 $\bar{y}(\leqslant y_0)$ 的加权距离，表示 y_0 到 y 点的平均减少率，当分母越小时，y_0 到 $\bar{y}(\leqslant y_0)$ 的位置就越远。δ 由投入空间距离与产出空间距离的乘积构成。因此，将有效 DMU (x_0, y_0) 的最优目标函数定义为：

$$\delta^* = \min\delta = \frac{\frac{1}{m}\sum_{i=1}^{m} \bar{x}_i / x_{i0}}{\frac{1}{s}\sum_{r=1}^{s} \bar{y}_r / y_{r0}}$$

$$\begin{aligned} \text{subject to} \quad & \bar{x} \geqslant \sum_{j=1,\neq 0}^{n} \lambda_j x_j \\ & \bar{y} \leqslant \sum_{j=1,\neq 0}^{n} \lambda_j y_j \\ & \bar{x} \geqslant x_0 \text{ 和 } \bar{y} \leqslant y_0 \\ & \bar{y} \geqslant 0, \lambda \geqslant 0 \end{aligned} \tag{6-10}$$

进一步地，继续利用 Charnes - Cooper 变换将 SBM 超效率模型转化为线性规划问题（Charnes 等，1978）：

$$\tau^* = \min\tau = \frac{1}{m}\sum_{i=1}^{m} \frac{\tilde{x}_i}{x_{i0}}$$

$$
\begin{aligned}
\text{subject to}\quad & 1 = \frac{1}{s}\sum_{r=1}^{s}\frac{\tilde{y}_r}{y_{r0}} \\
& \tilde{x} \geqslant \sum_{j=1,\neq 0}^{n}\Lambda_j x_j \\
& \tilde{y} \leqslant \sum_{j=1,\neq 0}^{n}\Lambda_j y_j \\
& \tilde{x} \geqslant t x_0 \text{ 和 } \tilde{y} \leqslant t y_0 \\
& \Lambda \geqslant 0, \tilde{y} \geqslant 0, t > 0
\end{aligned}
\tag{6-11}
$$

该线性规划的最优解为（$\tau^*, \tilde{x}^*, \tilde{y}^*, \Lambda^*, t^*$），则相应的 SBM 超效率模型的最优解表示为：

$$
\delta^* = \tau^*, \lambda^* = \Lambda^*/t^*, \bar{x}^* = \tilde{x}^*/t^*, \bar{y}^* = \tilde{y}^*/t^* \tag{6-12}
$$

至此讨论的模型为非导向模型，即同时从投入和产出两个角度进行衡量。DEA 模型也可以分为投入导向和产出导向，前者关注在保证产出不变的情况下，如何减少投入以使 DMU 效率最大化，与 DMU 的运营和管理问题相关；后者则是侧重于在不增加投入的情况下，达到效率最大化时需要增加产出的程度，属于 DMU 的计划和战略部分。其中投入导向的最优目标函数为：

$$
\begin{aligned}
& \delta_I^* = \min\delta = \frac{1}{m}\sum_{i=1}^{m}\bar{x}_i/x_{i0} \\
\text{subject to}\quad & \bar{x} \geqslant \sum_{j=1,\neq 0}^{n}\lambda_j x_j \\
& \bar{y} \leqslant \sum_{j=1,\neq 0}^{n}\lambda_j y_j \\
& \bar{x} \geqslant x_0 \text{ 和 } \bar{y} = y_0 \\
& \lambda \geqslant 0
\end{aligned}
\tag{6-13}
$$

产出导向的最优目标函数为：

$$
\begin{aligned}
& \delta_O^* = \min\delta = \frac{1}{\frac{1}{s}\sum_{r=1}^{s}\bar{y}_r/y_{r0}} \\
\text{subject to}\quad & \bar{x} \geqslant \sum_{j=1,\neq 0}^{n}\lambda_j x_j \\
& \bar{y} \leqslant \sum_{j=1,\neq 0}^{n}\lambda_j y_j \\
& \bar{x} = x_0 \quad \text{and} \quad 0 \leqslant \bar{y} \leqslant y_0 \\
& \lambda \geqslant 0
\end{aligned}
\tag{6-14}
$$

本研究在投入导向、规模报酬不变的条件下研究水稻生产效率。

6.1.2.2　DEA 窗口分析法

由于 SBM 方法仅通过 DMU 的参考集来确定效率值，而不受整个数据集统计信息的影响，并且 DMU 前沿随时间变化而不同。通过使用 SBM 超效率模型计算出的效率值仅能针对特定的年份或特定截面的 DMU 进行比较，即使是在两个不同时间段内的同一组单元进行效率评估，由于前沿随时间变化，其时间上的效率值也难以得到准确估计，故对于面板数据而言，其跨时间的效率值不具备比较基础，若仅比较特定年份下截面间的静态效率，会忽略生产决策与时间之间的相互依赖关系以及 DMU 随着时间的推移而进行的调整路径（Silva 和 Stefanou，2007）。因此，在截面上进行地区间的水平静态比较的基础上，还需要进一步进行时间序列上的垂直动态比较。

Charnes 等（1985）提出了 DEA 窗口分析法，处理各横截面随时间变化的数据以反映各 DMU 效率的动态效果。该方法是传统 DEA 方法的一种变式，基于移动平均值的原理进行估计。窗口分析法是将 DEA 方法扩展到面板数据的应用上，并通过将不同时期的每个 DMU 视为一个单独的单元来建立效率模型，这意味着 DEA 会连续应用在固定宽度的重叠时间段上，即时间窗口。DEA 窗口分析法具有两个显著的优点：一是增加参考集中的 DMU 数量，解决 DMU 数量不足的问题；二是不仅在横截面上测量每个 DMU 的效率，还可以测量所有 DMU 随时间变化的效率趋势，使之更适于面板数据的应用，让一个区域在一个时期内的水稻生产效率可以与其他时期内其自身的效率以及其他区域的效率进行比较。因此，本研究将采用 DEA 窗口分析技术，通过一系列重叠的窗口来测算不同年份不同地区的水稻生产效率，以进行效率动态比较与分析。

使用 DEA 窗口分析法时，必须先确定窗口宽度 d。如果在一定期间内 DMU 的数量为 n，窗口的宽度为 d，则在一个窗口中 DMU 的数量为 $d \times n$。在研究总时间跨度为 T 的情况下，窗口宽度为 d 的窗口逐年向前移动，在逐年移动的过程中删除原始时间段并纳入新的时间段，以使窗口宽度恒定

为 d，则需要建立 $T-d+1$ 个窗口以进行效率测量，每个 DMU 在第 m 个窗口将具有 d 个效率值，并且处于不同窗口中的 DMU 被视为不同的 DMU。从时间 t 开始，宽度为 d 窗口的输入和输出矩阵分别如下：

$$x_{td}=(x_1^t,x_2^t,\cdots,x_n^t,x_1^{t+1},x_2^{t+1},\cdots,x_n^{t+1},\cdots,x_1^{t+d-1},x_2^{t+d-1},\cdots,x_n^{t+d-1}) \tag{6-15}$$

$$y_{td}=(y_1^t,y_2^t,\cdots,y_n^t,y_1^{t+1},y_2^{t+1},\cdots,y_n^{t+1},\cdots,y_1^{t+d-1},y_2^{t+d-1},\cdots,y_n^{t+d-1}) \tag{6-16}$$

其中，$t=1,2,\cdots,T$。在 $d=3$ 的情况下，一个决策单元的 DEA 窗口分析结构如表 6－1 所示。

表 6－1　一个决策单元的 DEA 窗口分析结构

窗口	$t=1$	$t=2$	$t=3$	$t=4$	$t=5$	…	$t=T-4$	$t=T-3$	$t=T-2$	$t=T-1$	$t=T$
窗口 1	$E_{1,1}$	$E_{1,2}$	$E_{1,3}$								
窗口 2		$E_{2,1}$	$E_{2,2}$	$E_{2,3}$							
窗口 3			$E_{3,1}$	$E_{3,2}$	$E_{3,3}$						
…						…					
窗口 $T-d-1$							$E_{T-d-1,1}$	$E_{T-d-1,2}$	$E_{T-d-1,3}$		
窗口 $T-d$								$E_{T-d,1}$	$E_{T-d,2}$	$E_{T-d,3}$	
窗口 $T-d+1$									$E_{T-d+1,1}$	$E_{T-d+1,2}$	$E_{T-d+1,3}$

注：以窗口宽度 $w=3$ 为例；E 表示由 DEA 模型计算而来的效率值。

在一个决策单元的窗口分析中，从窗口 1 起始，将 $t=1$、$t=2$ 与 $t=3$ 分别作为决策单元 DMU 测量其效率，得到效率值分别为 $E_{1,1}$、$E_{1,2}$ 和 $E_{1,3}$；然后将窗口移至窗口 2，分别得到 $t=2$、$t=3$ 与 $t=4$ 的效率值；以此类推，直至移至窗口 $T-d+1$ 并获得最后三个时间点的效率值为止。最后将每个时间点的平均效率值作为可以按时间序列进行比较的 DMU 的最终效率值，以窗口 1 为例，$t=1$、$t=2$ 与 $t=3$ 时的效率值分别为 $E_{1,1}$、$(E_{1,1}+E_{1,2})/2$、$(E_{1,1}+E_{1,2}+E_{1,3})/3$。

本研究将 DEA 窗口分析法纳入 SBM 超效率模型进而对生产效率进行估计，即先使用 SBM 超效率模型测量每个窗口中所有 DMU 的效率，再采用 DEA 窗口分析法获得各地区各时间点上的效率值，最终获得的效率值可以进行横截面上的水平比较，以及时间序列上的垂直动态比较。对于窗口宽度 d 的选择文献中暂没有一致的规定，但 Charnes 等（1994）的研究指出，当窗口宽度 d 为 3 或 4 的时候可以在可信度和稳定度两方面均取得较好的效果。本书选择窗口为 $d=3$ 进行效率窗口的分析。因此，1992 年、1993 年和 1994 年构成了第一个窗口；进而通过一年期长的窗口移动，移除 1992 年纳入 1995 年，则 1993 年、1994 年和 1995 年构成第二个窗口；此后以一年期长的窗口逐步向前移动，最终获得 25 个窗口，每个窗口 DMU 的个数为 102。

6.1.3　变量选取

构建超效率 SBM 模型先需要确定投入变量和产出变量，根据上一小节的理论分析，将设置五个不同的 DEA 效率模型，其主要差别在于投入变量的差异。研究农业生产问题时，经典的投入要素主要包括劳动力、机械、化肥、土地投入（孔祥智等，2018），将这四大投入变量计算的效率定义为经典投入下计算的效率。在经典投入要素的基础上，进一步纳入气候资源要素，包括生长度日（Growing Degree Days，GDD）、降水和日照三个水稻生长必需的气候要素投入，定义为气候变化下的效率值，此为第二个效率模型。此外，将三个气候投入要素进行细分，进一步拆分成三个效率模型，最后获得五个不同的效率模型。各效率模型间的投入变量存在差异，但产出变量均为水稻总产量。

气候变量投入包括 GDD、降水和日照。具体的，GDD 变量使用水稻生长期 5—9 月的累积 GDD，利用日度温度数据计算得来；降水变量使用水稻生长期内的累积降水量；日照采用的是水稻生长期内获得的总日照时数。气候变量的数据来源与计算方式均与第 5 章严格保持一致，仅在采用生育期累积变量而非生育期内月度变量上存在微弱差异，因 DEA 效率计算时关注作物生长期内总的投入变量，且采用累积气候变量更能与经典要素投入的度量方式保持一致。此外，本章使用的价格预期变量沿用第 4 章利用预期理论和价格预期方程估计获得的预期价格面板数据。

经典投入要素包括劳动力、机械、化肥和土地投入，分别用第一产业从业人员、农业机械总动力、农用化肥折纯量、水稻播种面积表示。产出变量为水稻总产量。为了保证投入要素的口径与水稻生产投入的口径一致，引入马文杰（2010）提出的权重系数法将水稻生产投入从农业投入中剥离，该方法在农业经济学的研究中得到较多的应用，如赵丽平（2016）和尹朝静等（2016）。具体来说，权重系数法包含两个系数的计算：一是系数 $A=\frac{\text{农业产值}}{\text{农林牧渔总产值}}\times\frac{\text{水稻播种面积}}{\text{农作物播种总面积}}$，该系数应用于劳动力投入的计算，即水稻生产的劳动力投入 $=A\times$ 第一产业从业人员；二是系数 $B=\frac{\text{水稻播种面积}}{\text{农作物播种总面积}}$，水稻的机械投入及化肥投入的剥离计算则采用其与系数 B 相乘计算得到。但由于辽宁省缺乏机械总动力的市级详细数据，故采用各市农业播种总面积除以全省农业播种总面积的比例对省级机械总动力进行加权平均，进而采用权重系数法得到该省水稻的机械投入。以上所涉及的经典投入要素和产出数据均来源 1993—2019 年黑龙江、吉林和辽宁三省的统计年鉴。

6.2 水稻生产效率评价

本部分采用 SBM 超效率模型及 DEA 窗口分析技术得到高纬度地区的水稻生产效率。根据投入要素的不同，得到五个不同的 DEA 效率模型：一是经典投入要素计算的水稻生产效率值；二是在经典投入要素的基础上考虑气候要素投入，包括 GDD、降水和日照；三是在经典投入要素的基础上纳入 GDD 投入；四是在经典投入要素的基础上纳入降水投入；五是在经典投入要素的基础上纳入日照投入。基于不同的测算方法，在气候变化背景下进一步分析我国水稻生产效率的地区差异和时序变化特征。

6.2.1 水稻生产效率的地区差异分析

将各地区的水稻生产效率进行平均，得到各地的效率均值。先从整体上探究高纬度地区水稻生产效率的地区差异，进而关注气候变化下水稻生产效率相对排序的变化及其地区差异分析，最后结合水稻生长的地区特征进行探索。

如图 6 - 1 所示，从整体上来看，5 个略有差异的 DEA 模型测算的平均效率值的变动趋势一致，其平均效率值在 0. 24—1. 00 范围内变动，变动范围较大，表明高纬度地区水稻生产效率间存在较大的地区异质性。以经典投入要素计算的水稻生产效率值为例，高纬度地区水稻平均生产效率为 0. 68。水稻生产效率值不足 0. 5 的地区有 8 个，其中大连、抚顺和本溪的效率最低，分别为 0. 34、0. 35 和 0. 37，均不足 0. 4；而效率值高于 0. 8 的地区高达 14 个，其中效率值高达 0. 9 以上的地区有 5 个，包括伊春、松原、四平、佳木斯和绥化，其效率值分别为 0. 91、0. 91、0. 92、0. 93 和 0. 97。平均效率值高于 0. 8 的地区个数约占高纬度水稻生产地区的 41%，同时也部分存在效率值低于 0. 4 的地区，意味着高纬度地区水稻生产效率的平均水平较高，但地区异质性较大。

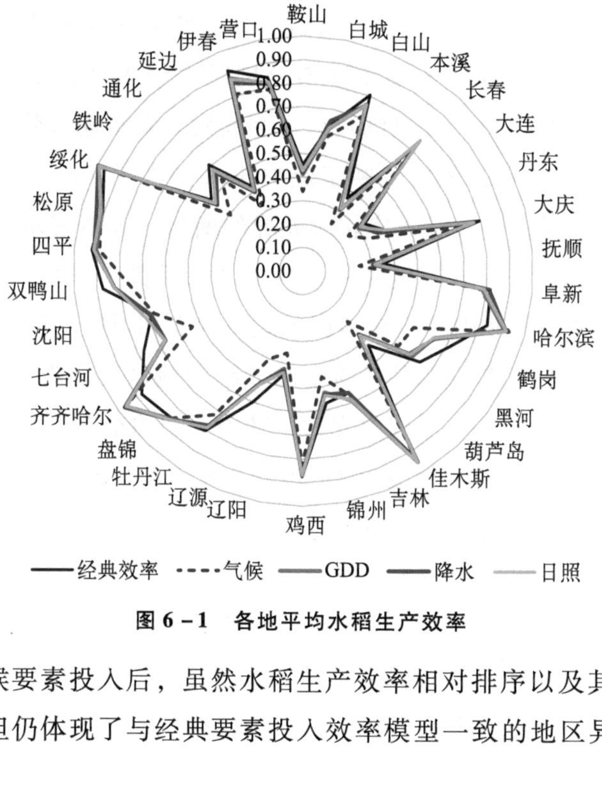

图 6 - 1　各地平均水稻生产效率

纳入气候要素投入后，虽然水稻生产效率相对排序以及其具体效率值略有变动，但仍体现了与经典要素投入效率模型一致的地区异质性。进一步考虑 GDD、降水和日照三类气候要素投入后，效率水平最低的三个地区仍为本溪、抚顺和大连，其效率值分别为 0.24、0.25 和 0.25；效率值高于 0.9 的地区包括松原、哈尔滨、佳木斯、齐齐哈尔和绥化，其效率值分别为 0.91、0.93、0.94、0.97 和 1.00。其效率变动范围为 0.24—1.00，高于经典投入要素下计算的水稻生产效率分布范围 0.34—0.97，说明在气候变化下，高纬度地区水稻生产效率的地区异质性有所增强。在分别纳入 GDD、降水和日照气候投入的情况下，效率最低的三个地方均为大连、本溪和抚顺，其效率值在 0.31—0.32 范围内变动；效率值高于 0.9 的地区均为四平、哈尔滨、松原、佳木斯、齐齐哈尔和绥化，其中绥化市的效率水平最高，该地的平均效率值在 0.99—1.00 范围内变化。在逐个纳入气候要素投入后，效率值相对排序发生变动，且效率值变动处于 0.31—1.00 范围内，仍反映了水稻生产效率存在较高的地区差异。

为考虑纳入气候要素投入后水稻生产效率的地区相对排序变化，将各 DEA 效率模型按效率值大小排序，效率值最高的地方排序为 1，效率值第二的地区排序为 2，以此类推，此时每个地区将有 5 个效率排序值。再将仅含经典投入要素计算的效率排序值分别减去纳入气候要素投入的四个 DEA 效率模型的排序值，以更细致地观测气候要素给地区效率差异带来的影响。如图 6－2 所示，该图反映了经典投入要素效率与气候要素投入下的效率值排序差异，即表示效率相对差异的衡量，零值表示相对效率排序没有变化，正值表示在纳入气候要素投入考量后其效率值排序有所提升，负值则表示在考虑气候因素后该地区的效率存在相对减弱的现象。

总体而言，纳入气候要素后的生产效率在地区之间存在一定的变动。效率值排序差异在 －5—7 范围内变动，其中变动的绝对值均超过 1 的地区有 19 个，占高纬度水稻种植区域的 56%，进一步反映了地区间由气候带来的影响异质性大，且间接体现了气候要素投入对水稻生产效率存在影响。气候要素呈现出正向影响的地区主要包括哈尔滨、吉林、齐齐哈尔、长春、白城和沈阳。其中哈尔滨在纳入气候要素投入后，其呈现的相对效率排序前进高达 8 名，分气候要素来看，在 GDD、降水和日照要素投入下，相对效率排序分别前进 7 名、7 名和 8 名，意味着哈尔滨最受益于当前高纬度地区的气候条件。

气候要素呈现相对负向影响的地区主要包括伊春、七台河、双鸭山、四平、黑河和葫芦岛。其中伊春在纳入气候要素投入后，其呈现的相对效率排序退后 5 名，分气候要素来看，在 GDD、降水和日照要素投入下，其相对效率排序分别退后 3 名、5 名和 3 名，反映了伊春市的气候条件对水稻生长的积极效应有限，该发现与黑龙江省政府对伊春市 2019 年的粮食生产形势分析结果一致，即在气候影响下该市粮食种植业发展相对趋缓（黑龙江省人民政府，2020）。

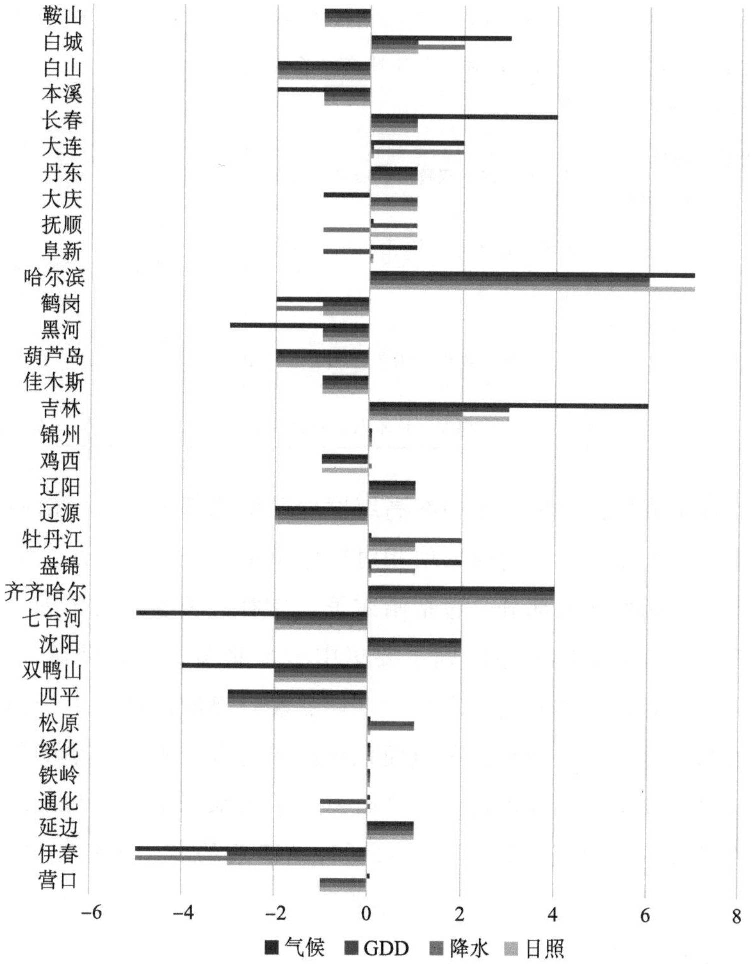

图 6－2　气候变化下各地水稻平均生产效率的相对排序变化

进一步结合水稻生长的地区特征分析平均效率的地区差异，包括平均水稻种植面积、平均水稻单产和地区纬度3个地区特征。为此，在平均效率、气候变化下正向平均效率相对变化、气候变化下负向平均效率相对变化、平均水稻种植面积、平均水稻单产量以及纬度六个维度评价体系下，分别从最高和最低两个角度挑选出在各自范围内表现突出的5个地区，结果如表6－2所示。

表6－2 地域特征分析表

特征指标	最高	最低
平均效率值	绥化、佳木斯、齐齐哈尔、松原、四平	大连、抚顺、本溪、葫芦岛、丹东
气候变化下平均效率排序相对变化（正向）	哈尔滨、吉林、齐齐哈尔、长春、白城	—
气候变化下平均效率排序相对变化（负向）	伊春、七台河、双鸭山、四平、黑河	—
平均水稻种植面积	哈尔滨、佳木斯、绥化、齐齐哈尔、长春	白山、阜新、葫芦岛、本溪、黑河
平均水稻单产量	营口、松原、盘锦、四平、长春	延边、鹤岗、黑河、大连、齐齐哈尔
纬度	黑河、伊春、鹤岗、佳木斯、齐齐哈尔	大连、丹东、营口、葫芦岛、鞍山

平均效率值较高的地方集中在高纬度地区偏北部分，而偏南的地区效率值稍低。气候变化下平均效率值相对排序呈正向变动的地区主要处于高纬度地区的中间偏北的部分，包括哈尔滨、吉林、长春、白城等，而气候要素呈现相对负向影响的地区则主要集中于最北端，包括伊春、七台河、双鸭山和黑河等，意味着当前受益于气候变暖趋势的地区集中于高纬度地区的中部与偏北部。平均水稻种植面积较高的地方与平均效率值较高的地区重合较多，如绥化、佳木斯和齐齐哈尔；平均水稻单产量与平均效率较大的也有部分重合地区，但较平均水稻种植面积的少，包括四平和长春。因此，平均效率值前五的地域要么是拥有较广的水稻种植面积，或是具有较高的水稻单产量。

此外，纬度因素也能部分解释平均效率的地区异质性，纬度较低的地方平均效率值基本偏低，而纬度较高的地区效率值通常较高，如佳木斯和齐齐哈尔。但纬度最高的黑河和伊春两地，在纳入气候要素投入后其水稻生产效率相对排序退后，且气候要素呈现相对负向影响的地区主要集中于最北端部分，反映了最高纬度偏冷地区的水稻生产效率潜力在未来气候变暖趋势中可以得到进一步释放。

6.2.2 水稻生产效率的时序特征识别

从时序角度分析水稻生产效率的动态变化，首先将高纬度水稻种植地区分省份进行观测，分析各省效率分布的动态变化趋势；其次，在高平均效率、低平均效率、气候变化下相对平均效率排序正向变化、气候变化下相对平均效率排序负向变化、高纬度 5 个指标上，分别挑选出最具有代表性的 3 个地区进行详细分析，当该指标所选择的地区与上一指标选择的地区存在重复的时候，将根据该指标数值的大小向后顺移。

6.2.2.1 省级生产效率时序特征分析

以经典投入要素计算的效率值为例，从省级角度整体分析效率动态时序特征，包括黑龙江省、吉林省和辽宁省。如图 6－3 所示，黑龙江省的水稻生产效率的中位数值整体呈现波动中上升的变化趋势，其中 2012 年效率的中位数值最高，为 1.03。并且 27 年间黑龙江省水稻生产效率的中位数均高于 0.6，体现了黑龙江省相对较高的生产效率水平。效率四分位数的差异值总体上展现了由大逐步转小的趋势。具体而言，其四分位数差异值在 1993 年、1994 年和 2002 年较大，最高差异值出现在 2002 年为 0.36；2004 年后差异值逐渐缩小，2012 年、2016 年和 2018 年的效率四分位差值均较小，其中在 2018 年达到最小，其上四分位数和下四分位数分别为 0.85 和 0.81，差异低至 0.04。至 2010 年后，生产效率值多集中于较高的效率值，而在此之前，效率值多分布于底端或处于均匀分布状态。因此，黑龙江省水稻生产效率的地区异质性正呈现缩小的趋势，同时也意味着该省效率的整体增加在省内大部分地区均得到体现。

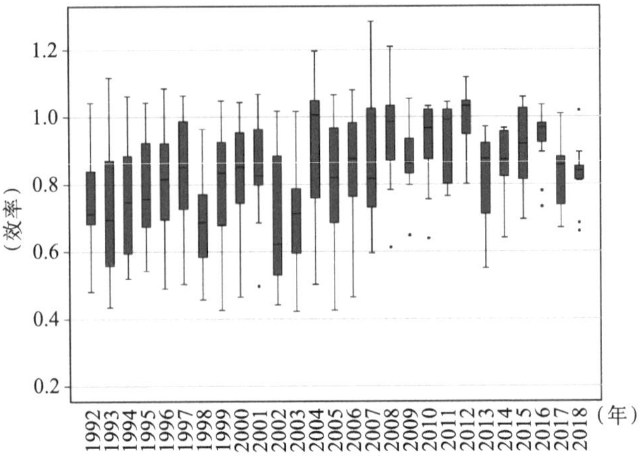

(a) 黑龙江省

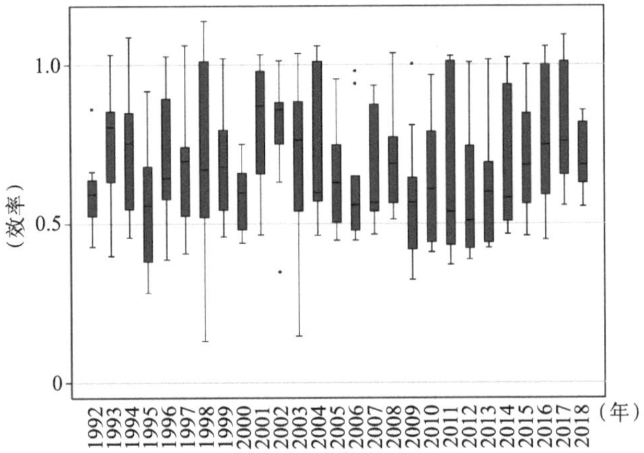

(b) 吉林省

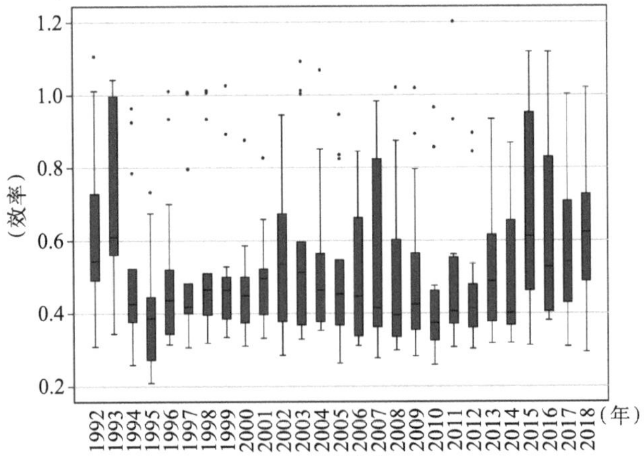

(c) 辽宁省

图 6－3　分省生产效率时序特征

吉林省中位数的效率值总体呈现两轮先减后增的“W”形变化趋势。具体而言，除 1992—1993 年间效率值存在短暂的上升趋势外，1992—1995 年效率值总体呈现下降态势；1995—2001 年效率值在波动中增加，而在 2001—2012 年间转而下降；至 2012 年后其效率值又呈现上升的趋势。吉林省各年效率值的中位数均高于 0.5，最高点出现在 2001 年，高达 0.83；中位数的最低点出现在 2012 年，为 0.51。效率四分位数值在 1998 年、2004 年和 2011 年差异较大，其中 2011 年上四分位数与下四分位数分别为 1.01 和 0.43，差异高达 0.58，各地区效率分布差异较大；而在 1992 年、2002 年和 2018 年四分位数效率值差异较小，其中 1992 年上四分位数与下四分位数分别为 0.64 和 0.52，差异为 0.12；意味着效率值的地区异质性相对较大，且随年份的变动而发生动态变化。此外，吉林省水稻生产效率值在大部分年份偏向于在低效率值集中，但在 2012 年后仍展现出效率值上升的态势，反映了吉林省内个别地区的效率增加趋势明显。

辽宁省水稻生产效率显示在平缓后缓慢增加的过程，且省内地区之间差异较大。就平均值而言，在 2014 年以前，该省的水稻生产效率值虽随年份略有波动，但总体上仍保持一个水平的平缓状态，而在 2014 年后效率出现相较明显的增加，在 2018 年水稻生产效率的中位数值达到最高，为 0.62。与黑龙江省和吉林省相比，辽宁省总体效率值相对较低。效率值中位数在 0.5 左右波动，仅在 1993 年、2015 年和 2018 年高于 0.6。但仍存在部分地区拥有较高的水稻生产效率值，即未被纳入箱线图的异常点，最高能达到 1.2。并且随时间的推移，在效率值本就较高的地区，其效率值仍展现了进一步增加的现象，而效率值较低的地区却没有明显的变动趋势，如箱线图的下边缘。此外，辽宁省水稻生产效率值中位数多偏向于下四分位数，即省内较多地区的效率值多处于低效率值端，但较高的上边缘线和异常点的存在揭示了省内仍存在高效率的地区，反映了辽宁省内存在较高的地区异质性，且两极分化趋势较为明显。

6.2.2.2　重点市级生产效率时序特征分析

将绥化、佳木斯和齐齐哈尔作为高效率地区的代表，分析其时序特征。如图 6－4 所示，3 个高效率地区的水稻生产效率在研究区间内保持高稳定状态，围绕 1 上下波动。具体来说，绥化市水稻生产效率在 1994 年、2003 年和 2009 年表现出较为明显的下降，其中 2003 年的效率值最低，在经典要素投入和所有气候变量投入下生产效率分别为 0.74 和 0.72。除这三年之外，2012 年以前其效率值围绕 1 保持高稳定状态。在 2013 年经历了短暂的下降，跌至 0.9 范围后，效率值迅速回升至高于 1 的水平，自 2017 年起再次进入了短暂微降的过程，但仍处于高效率水平。佳木斯市的水稻生产效率由波动转为稳定，且在近些年略有增加。在 2004 年以前，佳木斯市生产效率存在较大的波动，在 1994 年、1998 年、2002 年和 2003 年存在较为明显的下降，以经典要素投入计算的效率值为例，其波动范围为 0.67—1.06，振幅为 0.39；但在 2004 年以后，其效率水平转为稳定，紧紧围绕 1 上下波动，波动范围不超过 0.24。且至 2004 年后，其效率值基本高于 0.95，总体来说效率值略有增高，从 0.8 范围增加至 1。齐齐哈尔市在 2004 年以后，经典投入要素计算的效率值与气候要素投入下计算的效率值差距逐渐拉大，但总体变动趋势仍保持一致，经历了从波动到高效率水平稳定的状态。与佳木斯市时序特征较为相似，在 2004 年以前效率值存在相对较大的波动，1992—1994 年间效率水平持续上升，后于 1998 年和 2003 年存在较为明显的下滑；但 2004 年后效率水平基本保持在 1 左右的高效率水平。

以大连市、抚顺市和本溪市作为低效率地区的代表，展现了较为共同的时序特征，即在近些年内三个地区的水稻生产效率均略微提升。大连市的水稻生产效率除在 1994 年经历了短暂的下滑外，效率水平总体相较稳定。在 1999 年以前，该市的生产效率基本在 0.3 范围内波动，在 1999 年以后生产效率稳定突破了 0.3，并于 2016 年开始围绕效率值 0.35 波动，说明大连市水稻生产效率水平虽低，但仍在波动中呈缓慢增加趋势。抚顺市水稻生产效率在 1995 年经历了锐减，以经典投入要素计算的效率值为例，其效率值由 1993 年的 0.56 锐减至 1995 年的 0.21，且气候要素投入下的效率也展示了相同的变动趋势，意味着该年生产效率的下滑主要由于经典生产要素投入的减少；1995 年后生产效率在波动中增加，直至 1998 年

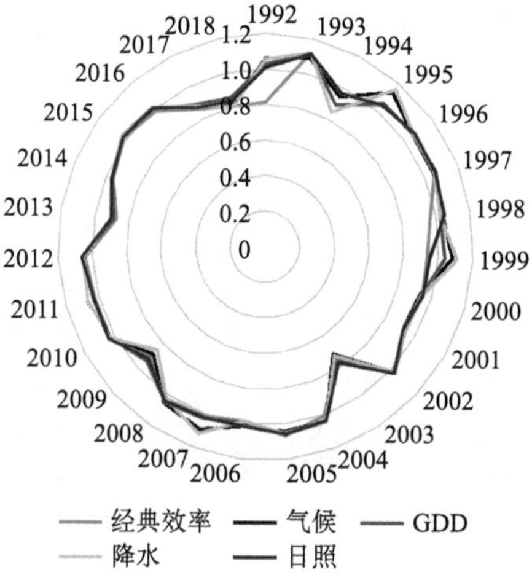

(a) 绥化市

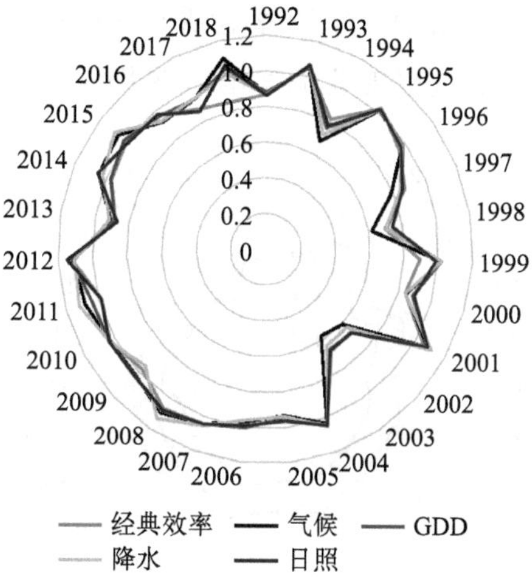

(b) 佳木斯市

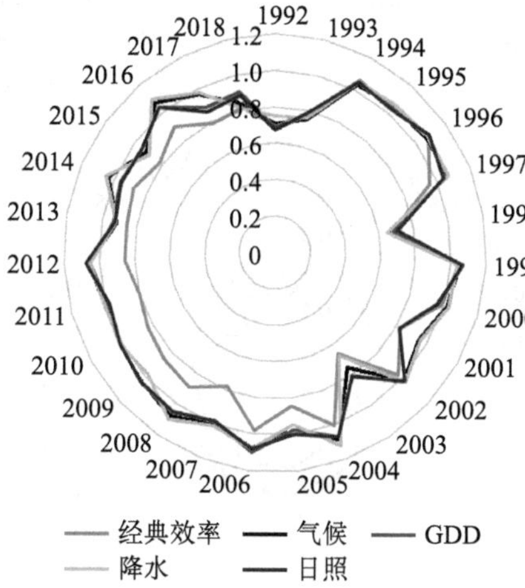

(c) 齐齐哈尔市

图 6 – 4　高平均效率地区生产效率时序特征

后保持相对稳定，但在 2005 年略有下降，于 2005—2010 年间保持相对较低效率水平的稳定；而在 2010 年后该市的水稻生产效率开始稳步上升。本溪市和抚顺市生产效率的时序特征有着较类似的规律，本溪市的生产效率同样在 2010 年后开始逐步上升，而在 2010 年以前总体保持平稳，仅在 1995 年和 2002 年出现了短暂的效率下降。除时序变动特征外，在三个平均效率较低的地区，其基于经典投入要素计算的效率值与气候要素投入下计算的效率值差距相对较大，而拥有高生产效率的绥化市、佳木斯市和齐齐哈尔市的效率测算值则非常接近，意味着生产效率水平较低的地区更容易受到气候变化的影响（见图 6－5）。

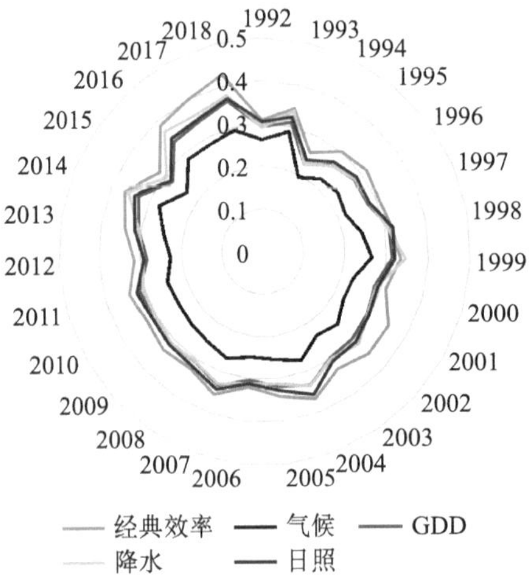

(a) 大连市

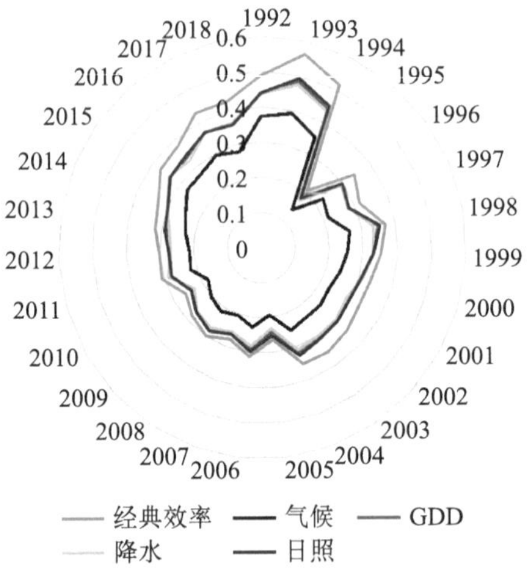

(b) 抚顺市

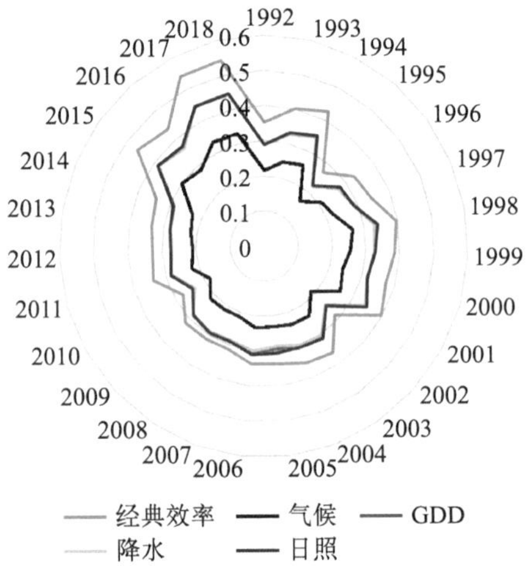

(c) 本溪市

图 6－5 低平均效率地区生产效率时序特征

气候变化下相对效率排序正向变化较大的地区包括哈尔滨市、吉林市和长春市。如图 6－6 所示，哈尔滨市、吉林市和长春市在 2009 年后水稻生产效率日趋稳定，而在 2009 年以前处于较大的波动之中，尤其是在吉林市和长春市该特征尤为明显。具体而言，哈尔滨市水稻生产效率自 1992—1997 年快速增加，从 0.7 的效率水平增加至 1.1，但很快在下一年降至效率值 1 以下；此后保持相对平稳，期间仅在 2006 年和 2013 年出现较为明显的短暂下滑，但其生产效率水平仍保持在 0.8 以上。吉林市水稻生产效率在 1992—1994 年间经历了一个持续上升的阶段后，于 1995 年出现下滑；在 1995—2009 年生产效率基本处于 0.55 左右，但于 2000 年、2002 年和 2004 年间出现了几次波动，并且自 2004 年效率略有提升后，水稻生产效率开始下行，直至 2009 年达到效率最低值 0.4；2009 年后该市的水稻生产效率开始趋于平稳，没有出现较为明显的波动，效率水平呈现缓慢上升的趋势，到 2016 年又重新回到 0.55 的效率水平。长春市水稻生产效率

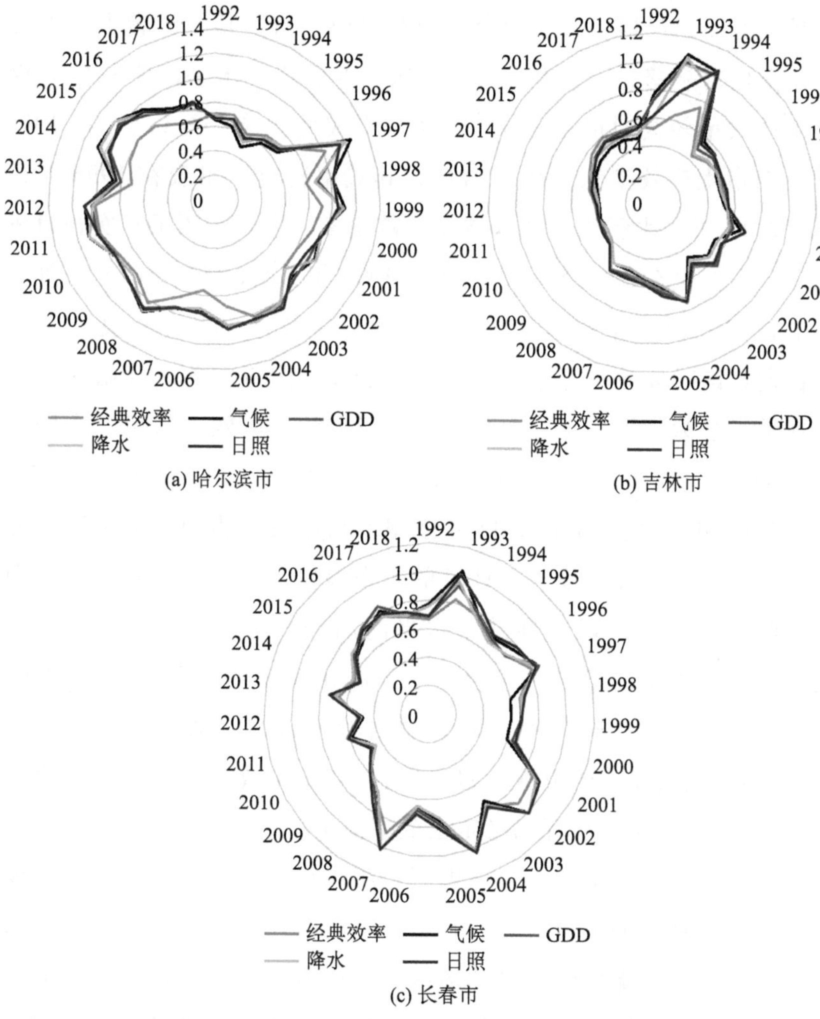

图 6－6　气候变化下相对平均效率排序正向变化地区的生产效率时序特征

在2009年前呈现较大的波动状态，效率水平于1993年、1997年、2002年、2004年和2007年明显增加，而在1995年、1998年、2000年、2003年、2006年和2009年时出现了效率值的明显下滑。以经典投入要素计算的生产效率值为例，2004年效率值最高为1.01，而在2006年效率值降至0.65，降幅高达0.36；2007—2009年效率值明显下降，从0.89降至0.57，幅度为0.32；而在2009年后，生产效率水平相对稳定，并在稳定中缓慢攀升回0.8的效率水平。

进一步分析气候变化下相对平均效率排序负向变化较大地区的水稻生产效率时序特征，包括伊春、七台河和双鸭山三市，其中伊春市和七台河市的年际变化较频繁，而双鸭山市在2005年后效率水平趋于稳定。伊春市水稻生产效率较高时能超过1，效率水平较低时能低至0.5。在1992—1999年，该市生产效率先减少后增加，其效率转折点出现在1995年；而在2000—2018年，水稻生产效率波动次数增多，主要经历了6次相对较大的变化，分别发生在2003年、2004年、2005年、2013年、2015年和2018年，其中2003—2005年效率存在较高的不稳定性，2005年后度过了6年效率平稳期且该时段效率水平较高，均处于0.9附近，此后开始新一轮的波动，展示了较为频繁的年际变化。七台河市的生产效率与伊春市同样有着较频繁的年际波动变化，且效率增加趋势并不明显。该市在1993年、1998年、2002年、2007年和2013年效率值均出现较为明显的下降，并且经典投入要素与气候要素投入下计算的效率展现出一致的变动趋势，即效率水平下降后会出现一段时间效率水平的回升，回升后又再次下滑的现象，使该市生产效率的增加并不显著。双鸭山市则略有不同。在2005年以前双鸭山市的水稻生产效率虽然表现出较频繁的波动，尤其是在1993年和2002年呈现出显著的下滑态势，但自2002年效率下降后其效率水平持续走高，到2005年后便开始稳定在效率值1左右（见图6－7）。

为避免地区分析的重合，挑选黑河、横岗和鸡西三市作为较高纬度地区生产效率时序特征的分析对象。其中，黑河市和鹤岗市属于相对更高纬度的地区，作为最北端气候偏冷的地区其生产效率初始值较低，在近些年来略有攀升，也伴随着较高的波动性；而鸡西市水稻生产效率初始值虽相对

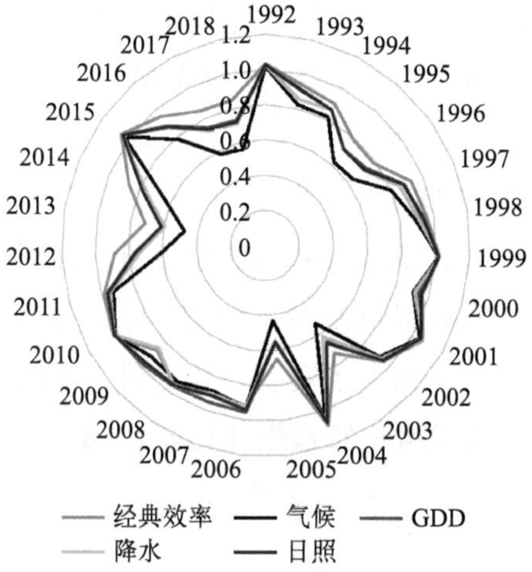

(a) 伊春市

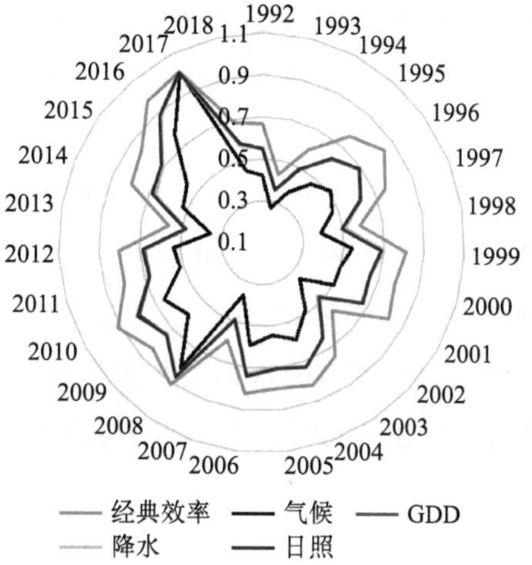

(b) 七台河市

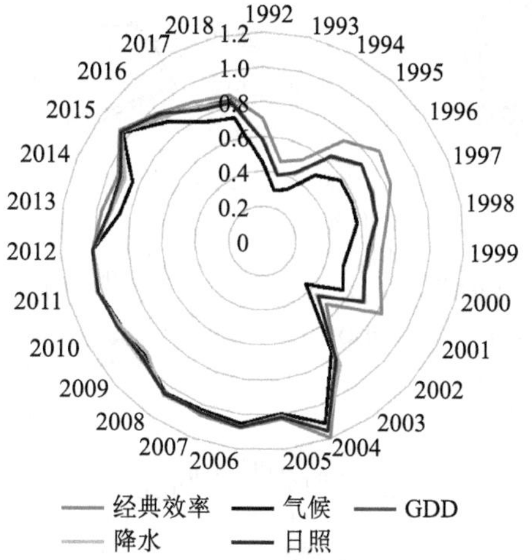

(c) 双鸭山市

图 6-7　气候变化下相对平均效率排序负向变化地区的生产效率时序特征

较高但年际变化较大，效率水平在波动中缓慢增加，直至 2008 年后开始趋于稳定在高水平效率值。具体而言，黑河市水稻生产效率在 1992—2002 年保持一个较为稳定的状态，效率值在 0.5 范围上下变动；2003 年经过短暂的下降后该市的效率水平进入波动上升的过程，尤其是在 2006—2009 年经历了快速的上升，以经典投入要素计算的效率值为例，效率从 0.46 增加至 1.05，但很快在 2010 年下降到 0.76，此后效率值在上升与下降中循环往复，但总体呈现增加的趋势。鹤岗市生产效率在 1992—1998 年处于低效率水平的相对稳定状态；1998—2010 年波动频率和幅度开始增加，且暂未体现出增加或减少的趋势；而在 2010 年后水稻生产效率经历了一个明显的上升但随后下滑进而再次攀升的过程，最终使水稻生产效率水平在波动中提升。鸡西市的生产效率在 1992—1997 年逐步增加，于 1997 年达到效率值为 1 的水平；此后在 1997—2008 年遭遇 3 次较为明显下滑，分别是 1998 年、2002 年和 2007 年，但 2007 年下降后很快便在 2008 年得到了恢复；2008 年以后该市的水稻生产效率围绕高效率 1 值上下变动，其水稻生产效率稳定性增强的同时，效率水平也展现出了缓慢增长的趋势（见图 6 - 8）。

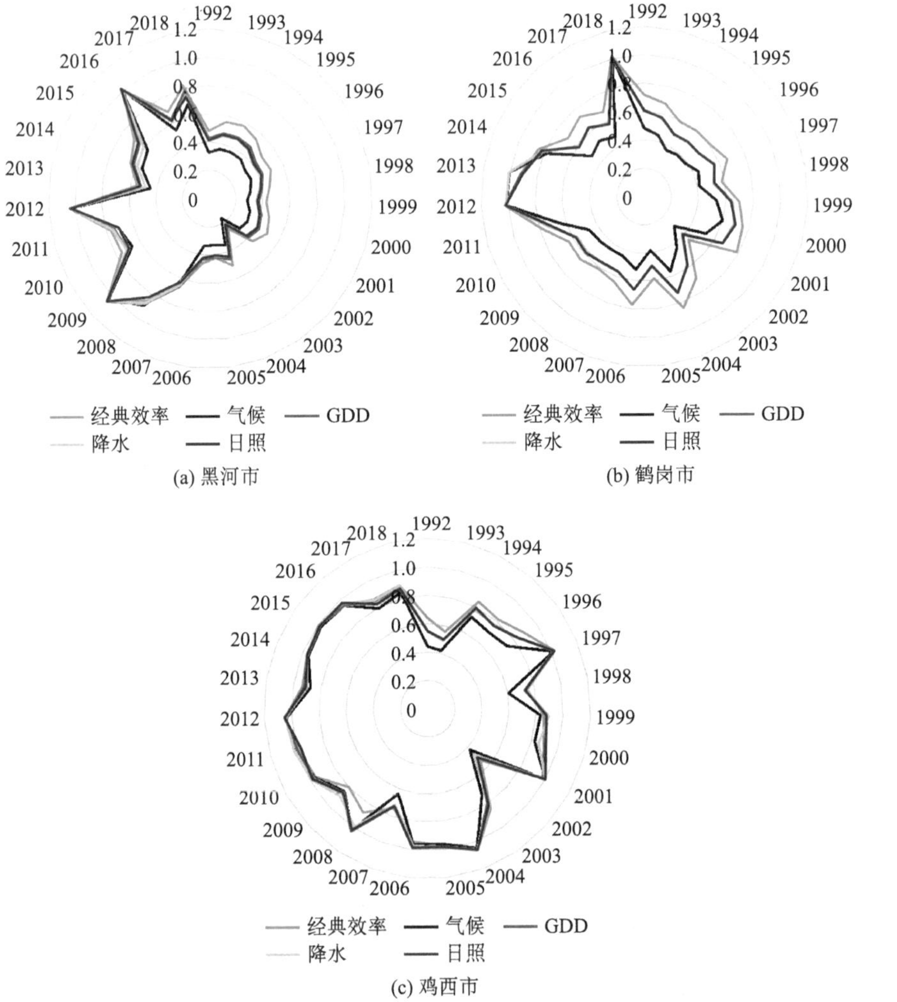

图 6 - 8 高纬度地区生产效率时序特征

6.3　水稻生产效率变动的气候与价格因素分析

6.3.1　生产效率实证模型设定

为进一步分析气候变化及价格预期对高纬度地区水稻生产效率的具体影响，并与效率测算过程中所发现的气候要素投入对效率值大小具有一定影响形成对应，故基于以上的理论，构建面板数据模型进行分析，具体的模型构建如下：

$$\ln EF_{it} = \alpha_0 + \alpha_1 \ln P_{it} + \alpha_2 \ln C_{it} + \alpha_3 T_{it} + \varepsilon_{it} \tag{6-17}$$

其中，EF_{it}表示 i 地区在 t 时间下的水稻生产效率，该模型下的水稻生产效率主要是指基于经典要素投入计算的生产效率。P_{it}为预期价格变量；C_{it}为各类气候变量；T_{it}表示时间趋势项，用以捕获技术和农艺实践因素的影响；ε_{it}为模型的扰动项，α_0—α_3 为各变量的估计系数，符号 ln 表示变量以自然对数的形式进入模型。O'Donnel（2010）指出相对价值的改变会激励人们改变其决策和行为方式，进而影响平均生产效率，因此价格预期变量 P_{it}包括水稻预期价格以及其竞争作物玉米的预期价格。C_{it}引入了 GDD、降水、日照时数以及 FDD 气候变量，且所有气候变量均在水稻生育期 5—9 月内计算。其中，GDD 表示积温变量，对水稻生长发育至关重要，直接影响其效率；FDD 是冻冰度日，以衡量低温的负面影响，如低温冷害。参考 Lu 等（2018）的建议，引入 GDD 和降水变量的平方项，以度量其对水稻生产效率固有的非线性效应。该模型采用固定效应模型、随机效应模型、GLS 模型以及混合效应模型进行估计，以进行稳健性检验。

由于水稻生产效率可能具有较强的时序特征，表现为 AR(1) 的自回归过程，因此进一步引入动态效应进行估计：

$$\ln EF_{it} = \alpha_0 + \rho EF_{i,t-1} + \alpha_1 \ln P_{it} + \alpha_2 \ln C_{it} + \alpha_3 T_{it} + \varepsilon_{it} \tag{6-18}$$

其中，$EF_{i,t-1}$表示滞后一期的水稻生产效率；ρ 表示相应的估计系数。

动态模型可以捕获有关效率演变更多的信息。Arellano 和 Bond（1991）开发了一种广义矩估计法（General Moment Method，GMM）为这种类型的模型提供了一致的参数估计，即差分 GMM 和系统 GMM。将动态面板模型即式（6－18）简化为下式，以便对 GMM 方法进行阐述：

$$y_{it}=\alpha_0+\rho y_{i,t-1}+x'_{it}\alpha+u_i+v_{it} \tag{6-19}$$

其中，y_{it}对应 i 地区在 t 时间下的水稻生产效率的自然对数，$y_{i,t-1}$则代表其一阶滞后项，x'_{it}中包含了取自然对数后的价格预期变量和各类气候变量，u_i 表示可能存在的地区异质性，v_{it}是随机扰动项。该式的一阶差分为：

$$y_{it}-y_{i,t-1}=\rho(y_{i,t-1}-y_{i,t-2})+(x_{it}-x_{i,t-1})'\alpha+(v_{it}-v_{i,t-1}) \tag{6-20}$$

令 $\Delta x_{it}=(x_{it}-x_{i,t-1})'$，进而令 $\Delta x_i=(\Delta x_{i,3},\cdots,\Delta x_{i,T})'$，且 $\Delta X=(\Delta x'_1,\cdots,\Delta x'_n)'$。将系数 ρ 和 α 表示为 $\theta=\begin{pmatrix}\rho\\ \alpha\end{pmatrix}$，则方程式（6－20）表示为：

$$\Delta y=\rho\Delta y_{-1}+\Delta X\alpha+\Delta v=[\Delta y_{-1},\Delta X]\theta+\Delta v \tag{6-21}$$

其工具变量矩阵为：

$$Z_i=\begin{bmatrix}[y_{i,1},x'_{i1},\cdots,x'_{iT}] & \cdots & 0\\ \vdots & [y_{i,1},y_{i,2},x'_{i1},\cdots,x'_{iT}] & \vdots\\ 0 & \cdots & \ddots\ [y_{i,1},\cdots,y_{i,T-3},y'_{i,T-2},x'_{i1},\cdots,x'_{iT}]\end{bmatrix} \tag{6-22}$$

且 $E[Z'_i\Delta v]=0$。将 Z_i 堆叠为 Z：$Z=(Z'_1,\cdots,Z'_n)'$。$\Delta v=(v_{i3}-v_{i,2},\cdots,v_{iT}-v_{i,T-1})'$是一个带有单位根 MA 移动平均过程，则：

$$Var(\Delta v)=E(\Delta v\Delta v')=\sigma_i^2G \tag{6-23}$$

$$\sum=Var(\Delta v)=Var(\Delta v_1,\cdots,\Delta v_n)'=diag(\sigma_1^2,\cdots,\sigma_n^2)\otimes G \tag{6-24}$$

GMM 估计量的广义计算公式为：

$$\hat{\beta}_{GMM}=[X'Z(Z'\sum Z)^{-1}Z'X]^{-1}X'Z(Z'\sum Z)^{-1}Z'y \tag{6-25}$$

由于 $\sigma_i^2,i=1,\cdots,n$ 未知，Arellano 和 Bond（1991）采用两步法进行估计。在一步法估计中，假设 $\sigma_1^2=\cdots=\sigma_n^2$，将 $\sum$ 替换为 $I_n\otimes G$，得到的估计量一致但不有效，此时的 GMM 估计量为：

$$\hat{\theta}_1=[(\Delta y_{-1},\Delta X)'Z(Z'(I_n\otimes G)Z)^{-1}Z'(\Delta y_{-1},\Delta X)]^{-1}(\Delta y_{-1},\Delta X)'Z(Z'(I_n\otimes G)Z)^{-1}Z'(\Delta y)\tag{6-26}$$

利用残差 $\Delta\hat{v}=\Delta y-(\Delta y_{-1},\Delta X)\hat{\theta}_1$，第一步中的 $Z'(I_n\otimes G)Z$ 估计量可以替换为 $\sum_{i=1}^{n}Z_i'(\Delta\hat{v}_i)(\Delta\hat{v}_i)'Z_i$，且在 n 趋向于无穷大时有 $\frac{1}{n}\sum_{i=1}^{n}Z_i'(\Delta\hat{v}_i)(\Delta\hat{v}_i)'Z_i$ 依概率收敛于 $\frac{1}{n}Z'\sum Z$。使 $W_n=[\sum_{i=1}^{n}Z_i'(\Delta\hat{v}_i)(\Delta\hat{v}_i)'Z_i]^{-1}$，则第二步估计量为：

$$\hat{\theta}_2=[(\Delta y_{-1},\Delta X)'ZW_nZ'(\Delta y_{-1},\Delta X)]^{-1}(\Delta y_{-1},\Delta X)'ZW_nZ'(\Delta y)\tag{6-27}$$

但是当滞后一期的水稻生产效率系数 ρ 与 1 较接近时，会接近于单位根过程而产生弱工具变量问题，导致生产效率模型估计结果的不精确。因此，本书进一步采取 Blundell 和 Bond（1998）提出的系统 GMM 方法进行估计，该方法引入原水平模型，将此模型与差分变换后的模型联合并估计。原水平方程为：

$$y_{it}=\alpha_0+\rho y_{i,t-1}+x_{it}'\alpha+u_i+v_{it}\tag{6-28}$$

有 $T-2$ 个工具变量 $\Delta y_{i2},\cdots,\Delta y_{i,T-1}$ 作为水平方程中 $y_{i,T-1}$ 的工具变量。当 x_{it} 严格外生时，意味着 $\Delta x_{i2}',\cdots,\Delta x_{i,T-1}'$ 也可以作为该水平方程的工具变量，则此时方差 GMM 中使用的总工具变量为：

$$Z_i^+=\begin{bmatrix}Z_i & \cdots & 0\\ \vdots & [\Delta y_{i2},\Delta x_{i2}',\cdots,\Delta x_{i,T-1}'] & \vdots\\ 0 & \cdots & \ddots\ [\Delta y_{i,T-1},\Delta x_{i2}',\cdots,\Delta x_{i,T-1}']\end{bmatrix}\tag{6-29}$$

联立原水平方程和差分方程，得到新的“扩展”方程：

$$y^+=\rho y_{-1}^+ +X^+\alpha+u^+=[y_{-1}^+,X^+]\theta+u^+\tag{6-30}$$

同理，系统 GMM 的估计量为：

$$\hat{\theta}_{sys}=[y_{-1}^{+'}Z^+W_nZ^{+'}y_{-1}^+]^{-1}y_{-1}^{+'}Z^+W_nZ^{+'}y^+\tag{6-31}$$

系统 GMM 估计的第一步和第二步中，权重矩阵 W_n 分别为：$W_n=$

$(Z^{+'}(I_n \otimes G^+)Z^+)^{-1}$以及 $W_n = [\sum_{i=1}^{n} Z_i^{+'}(u_i^+)(u_i^+)'Z_i^+]^{-1}$。

6.3.2 生产效率模型估计结果分析

表 6－3 列出了气候变化及价格预期对我国高纬度地区水稻生产效率的影响。由于本书采取的是面板数据，混合效应估计模型可能会忽略地区个体异质性，因此，分别采用固定效应模型、随机效应模型以及广义最小二乘法进行估计。此外，采用豪斯曼检验判定随机效应模型是否无异于固定效应模型，检验结果显著拒绝了随机效应与固定效应一致的原假设（$\chi^{216.2}$；$p=0.02$），表明固定效应估计结果优于随机效应。两个模型中估计系数的方向和显著性均保持一致，而在系数大小和平均边际效应系数上则有一定差异。

表 6－3　　气候变化和预期价格对水稻生产效率影响的估计结果

变量	固定效应模型		随机效应模型		GLS 模型		混合效应模型	
	系数	标准误	系数	标准误	系数	标准误	系数	标准误
水稻预期价格	0.444***	0.167	0.446***	0.168	0.402**	0.201	0.543**	0.259
玉米预期价格	−0.529***	0.177	−0.546***	0.179	−0.420**	0.194	−0.598**	0.276
GDD	1.447***	0.291	1.343***	0.281	0.774***	0.240	0.617**	0.254
GDD 平方	−0.484***	0.102	−0.481***	0.098	−0.346***	0.080	−0.308***	0.085
GDD 边际效应	0.076	—	−0.020	—	−0.206	—	−0.256	—
降水量	0.131	0.145	0.139	0.146	0.142	0.124	0.243	0.214
降水量平方	−0.249**	0.119	−0.264**	0.120	−0.239**	0.101	−0.512***	0.177
降水量边际效应	−0.263	—	−0.263	—	−0.297	—	−0.237	—
日照时数	0.096**	0.048	0.099**	0.048	0.174***	0.047	0.188***	0.066
FDD	−1.935	1.273	−1.573	1.273	−1.265	1.200	−0.358	1.751
时间趋势	0.001	0.001	0.002	0.001	0.001	0.002	0.002	0.002
截距项	−0.503**	0.224	−0.372*	0.218	0.042	0.189	0.189	0.214

注：由于效率值与气候变量的数量级差距较大，因此为了使变量的系数具有可读性，在运行模型前将 GDD、降水量、日照时数、FDD 气候变量均乘以 10^{-3}。*、** 和 *** 分别表示在 10%、5% 和 1% 的水平下显著。

在价格因素中，水稻预期价格和玉米预期价格分别对我国水稻生产效率呈正向和负向影响。其中，水稻预期价格对我国高纬度地区水稻生产效率呈现显著的正向影响，估计系数为0.444（固定效应模型）；即在其他因素不变的前提下，预期水稻价格每增加1单位，水稻生产效率也随之增加0.444单位。这表明预期水稻价格上升有利于进一步提高水稻投入要素的产出效率，尤其是价格上涨带来的劳动力要素等使用效率或劳动力供给质量的上升。如Xu等（2019）所言，当农户作物预期价格上升时，农户会进一步增加自己的田间管理时间和农业生产投入精力，以确保更高的产出，使投入产出的效率提高。而玉米预期价格对我国水稻生产效率的影响为负，估计系数为-0.529，且在1%的水平下显著。表明玉米预期价格每提高1单位，可能会导致我国水稻生产效率下降-0.529，由于在高纬度地区一年一熟的收获熟制，使玉米和水稻生产呈现出竞争性，农户在两种作物间的投入时间也会随作物价格预期的变化进行调整，而更高的玉米价格则可能会致使劳动力等要素在水稻生产中的供给质量有所下降，降低投入要素的产出效率。此外，在其他3个模型中，水稻预期价格、玉米预期价格估计系数的方向和显著性均与固定效应模型保持一致。

在气候因素中，GDD和降水均呈现显著的非线性效应，日照时数则呈显著正向影响。在固定效应模型中，GDD二次项和一次项的估计系数分别为-0.484和1.447，且均在1%的水平下显著，表明GDD对我国水稻生产效率呈“先增后减”的非线性效应，GDD的平均边际系数为0.076。如Miao等（2016）和Lu等（2018）所言，过高的积温或过低的积温均不利于谷物生长，进而会影响其他投入要素的投入效率，并且当温度超过水稻生产所需的积温的阈值时，积温增加对水稻产出的负向影响的斜率也会随之变大，导致产出极低，甚至零产出，这也可以有效解释上文分析中在投入变化不大的情况下为何存在极低效率值。降水的二次项系数和一次项系数分别为-0.249和0.131，但仅有二次项系数显著，表明降水也呈现“先增后减”的非线性效应，其平均边际系数为-0.263。日照时数对我国水稻生产效率呈显著的正向影响，估计系数为0.096，表明日照时数每增加1单位，我国水稻生产效率也随之增加0.096，这意味着日照时数的增加可以有效提高我国水稻投入要素的产出效率。FDD 对我国水稻生产效率呈负向影响，而时间趋势则呈正向影响，但两者在 10% 的水平下并不显著。

6.3.3 基于不同生产效率模型的稳健性检验

为了进一步检验价格因素对我国水稻生产效率的影响，分别选取不同测算方法对水稻生产效率进行稳健性检验，如表 6-4 所示。

表 6-4 水稻生产效率响应的稳健性检验

变量	效率模型Ⅰ	效率模型Ⅱ	效率模型Ⅲ	效率模型Ⅳ	效率模型Ⅴ
	系数	系数	系数	系数	系数
水稻预期价格	0.444***	0.467***	0.509***	0.457***	0.474***
	(0.167)	(0.154)	(0.135)	(0.139)	(0.135)
玉米预期价格	-0.529***	-0.337*	-0.444**	-0.353*	-0.425**
	(0.177)	(0.213)	(0.187)	(0.193)	(0.186)
个体固定效应	是	是	是	是	是
控制其他气候因素	是	是	是	是	是

注：括号内为相应的标准误。*、** 和 *** 分别表示在 10%、5% 和 1% 的水平下显著。效率模型Ⅰ、效率模型Ⅱ、效率模型Ⅲ、效率模型Ⅳ和效率模型Ⅴ分别表示上一小节不同投入变量获得的效率因变量：效率模型Ⅰ中因变量为经典投入变量计算的效率值；效率模型Ⅱ中因变量为经典投入变量加气候变量计算的效率值；效率模型Ⅲ中因变量为经典投入变量加 GDD 计算的效率值；效率模型Ⅳ中因变量为经典投入变量加降水量计算的效率值；效率模型Ⅴ因变量为经典投入变量加日照时数计算的效率值。

在控制个体固定因素和其他气候因素后，水稻预期价格在不同效率模型中的估计系数分别为 0.467、0.509、0.457 和 0.474，且均在 1% 的水平下显著，表明气候因素的效率值对水稻预期价格的响应较经典效率值的响应更高。而玉米预期价格在新的效率模型中的影响系数分别为 -0.337、-0.444、-0.353 和 -0.425，呈现为一致的负向效应，且在 10% 的水平下显著。但与水稻预期价格不同，引入气候因素的水稻效率值对玉米预期价格的响应较经典的效率值的响应系数更小。

6.3.4　基于生产效率动态变化的稳健性检验

进一步采用动态面板模型考虑我国水稻生产效率的动态过程，估计结果如表 6 - 5 所示。由于本书选取的时间序列跨度较长，且同一个地区由于水稻生产的机械水平、种植技术以及农户的种植经验在短期内均较为稳定且不易变化，因此水稻生产效率可能具有较强的时序特征，表现为 AR（1）的自回归过程。为了提高模型估计的解释力，本书进一步在原模型基础上引入滞后一期的水稻生产效率。然而，当数据模型为动态面板数据时，固定效应模型难以解决模型中个体异质性所产生的内生性问题。Arellano 和 Bond（1991）提出的广义矩估计方法可以有效解决该问题，且在估计时不需要准确了解随机误差项的分布，同时允许其存在序列相关和异方差等问题，因而在动态面板中较混合效应模型、固定效应模型等其他估计方法可以得到更为一致的估计。

表 6 - 5　　水稻生产效率动态面板估计结果

变量	差分 GMM		系统 GMM	
	系数	误差项	系数	误差项
滞后一期效率	0.329***	0.032	0.338***	0.027
水稻价格预期	0.335***	0.117	0.375***	0.111
玉米价格预期	-0.335**	0.158	-0.356**	0.152
GDD	1.338***	0.269	1.361***	0.256
GDD 平方	-0.446***	0.094	-0.490***	0.090
降水量	0.161	0.137	0.188	0.136
降水量平方	-0.304***	0.114	-0.329***	0.114
日照时数	0.105**	0.045	0.085**	0.044
FDD	-1.658	1.181	-1.267	1.153
截距项	-0.651***	0.209	-0.588***	0.197

注：由于效率值与气候变量的数量级差距较大，因此为了使变量的系数具有可读性，在运行模型前将 GDD、降水量、日照时数、FDD 气候变量均乘以 10^{-3}。*、** 和 *** 分别表示在 10%、5% 和 1% 的水平下显著。

表6－5分别列出了差分GMM和系统GMM估计结果。两个模型的估计系数及其显著性均保持一致，且估计系数大小也较为接近。具体而言，滞后一期的效率在两个模型中的估计系数分别为0.329和0.338，且均在1%的水平下显著，这一方面反映出水稻生产效率具有显著的时序特征，同时估计系数远低于1，也表明滞后一期的水稻生产效率并不能完全解释当期的水稻生产效率，当期的气候以及价格等因素均会影响当期水稻生产效率。价格因素中，水稻预期价格依然呈现显著的正向影响，估计系数分别为0.335和0.375，而玉米预期价格则保持显著的负向影响，且估计系数为－0.335和－0.356，这与上文固定效应的估计结果保持一致，但较固定效应影响程度有所减弱。以系统GMM和固定效应模型的比较为例，在系统GMM估计中水稻和玉米预期价格的估计系数分别减少了0.069和0.173。

此外，气候因素的估计结果与固定效应模型也保持一致。以GDD为例，GDD的二次项和一次项估计系数在系统GMM模型中分别为－0.490和1.361，且均在1%的水平下显著，与固定效应模型中－0.484和1.447的估计结果一致，表明GDD对生产效率依然呈现出显著的非线性效应。

6.4 本章小结

本章基于气候变化和价格预期对生产效率的影响机理分析，采用SBM超效率模型及DEA窗口分析技术测算了我国高纬度地区的水稻生产效率，并在原有经典投入要素基础上将气候变量同时纳入生产效率的计算，以反映生产不确定性框架下农业生产固有的随机性，即分别将GDD、降水、日照等气候投入要素纳入测算模型，探究气候变化下各地水稻生产效率相对排序的变化。并从生产效率地区差异和时序特征两方面分析水稻生产效率的动态变化。由于生产不确定性，农业生产者根据预期结果进行作物种植和管理，因此进一步构建实证模型分析气候变化及作物价格预期对水稻生产效率的影响，并基于不同生产效率模型和生产效率AR(1)自回归过程进行稳健性分析。

研究发现，由原有经典投入要素计算的水稻生产效率，与纳入气候投入要素反映农业生产随机性框架下计算的水稻生产效率的变动趋势一致。平均效率值在 0.24—1.00 内变动，平均效率值较高的地方集中于高纬度地区偏北部分，而偏南的地区效率值则稍低，反映了高纬度地区水稻生产效率间存在地区异质性。而气候变化使高纬度地区水稻生产效率的地区异质性进一步增强。气候变化下效率值排序差异在 -5—7 内变动，其中变动的绝对值均超过 1 的地域占高纬度水稻种植区的 56%，反映了地区间由气候变化带来的影响异质性大。气候变化下平均效率值相对排序呈正向变动的地域主要处于高纬度地区的中间偏北部分，而气候变化呈现相对负向影响的地域则主要集中于高纬度地区的最北端。此外，纬度较低的地方平均效率值基本偏低，纬度较高的地方效率值则通常偏高，加之气候变化呈现相对负向影响的地域主要集中于最北端部分，说明最高纬度偏冷的地域其水稻生产效率的潜力在未来气候变暖趋势中可以得到进一步释放。

在水稻生产效率的时序动态变化分析上，发现黑龙江省的水稻生产效率的中位数值整体呈现波动中上升的变化趋势，由效率值分布变化可知，该省效率的增加是省内大部分地区生产效率共同提高的结果，且生产效率的地区异质性正呈现缩小的趋势。吉林省水稻生产效率的中位数值总体随时间呈现双重先减后增的“W”形变化趋势，省内个别地区的效率增加趋势明显，效率值的地区异质性相对较大。辽宁省水稻生产效率总体相对较低，呈现先平缓后缓慢增加的趋势，省内存在较高的地区异质性，且两极分化趋势较为明显：高平均效率地区的水稻生产效率保持高稳定状态，而低平均效率地区在近些年内效率略有提升。在气候变化下相对效率排序正向变化较大的地区，其水稻生产效率日趋稳定，而负向变化的地区效率值则年际变化较为频繁。处于北端气候偏冷的较高纬度地区其生产效率初始值虽较低，但在近些年来略有攀升。

本章实证结果进一步表明，水稻价格预期和玉米价格预期对我国高纬度地区水稻生产效率分别呈正向和负向影响。水稻预期价格上升有利于进一步提高水稻投入要素效率，而玉米预期价格上升时，其作物竞争属性会使玉米生产占据更多的田间管理资本和精力，进而拉低水稻生产效率。并且纳入气候投入要素计算的效率值对水稻预期价格的响应系数较经典方法下的系数更高，而玉米预期价格对纳入气候投入要素的生产效率的响应系数更小。在气候因素中，GDD 和降水对水稻生产效率的影响均表现为“先增后减”的非线性效应，其平均边际效应分别为 0.076 和 -0.263；日照时数对水稻生产效率的提高呈显著正向影响；而 FDD 则呈负向影响。在动态面板模型中，发现水稻生产效率具有显著的时序特征，但其估计系数远低于 1；水稻预期价格和玉米预期价格依然分别呈现显著的正向和负向影响，但影响的程度有所减弱；而气候因素的估计结果与固定效应模型估计结果保持一致。

第 7 章

气候变化、价格预期与水稻生产适应性

通过前四章的实证分析发现，我国高纬度水稻生产区处在显著的气候变化环境中，并且气候变化尤其是相关的极端气候，对水稻生产面积、单产水平和生产效率均存在十分重要的影响。其中也存在两个需要重点分析的问题，即当地水稻生产是否对气候变化存在适应性？如果存在，那么该适应性如何产生？

随着气候变化逐渐成为全球性问题，越来越多的研究开始关注如何适应气候变化。换言之，适应性的措施将会使气候变化的不利影响逐渐减弱，甚至可能转变为有利影响，从而保障农业生产。已有适应性的研究主要包括三个层面：一是从农户视角分析农户是否愿意采用适应性行为及其影响因素。Huang 等（2015）基于我国 1653 户水稻种植户的调研，发现平均约有 30% 的样本采用了各类物理或非物理适应性行为；吕亚荣和陈淑芬（2010）指出由于对气候变化的认知有限，在被调研的农户中，仅有不到一半的样本会采取适应性行为；冯晓龙等（2017）也发现农户采用适应性行为的比例极低；童庆蒙等（2018）进一步将农户行为细分为不适应、被动适应、主动适应等类型，并发现家庭禀赋特征，尤其是人力资本和社会资本等会直接影响农户是否采取适应性行为；二是研究农户在应对气候过程中的措施和行为，包括主观适应或被动调整。如 Deressa 等（2009）发现在尼罗河流域气候变化应对过程中，农户可能会采取更换种植作物、调整农业生产时间、修建灌溉设施等措施来降低气候变化的不利影响。而在国内的农业生产中，主要存在的气候变化适应性行为包括采用新技术、投资和维护灌溉设施、购买农业保险、增加要素投入、补种以及退出农业等（Huang 等，2015；童庆蒙等，2018；高雪等，2021）。

此外，少数研究采用长差分估计从宏观层面识别农业生产对气候变化是否存在适应性以及适应性的程度。Burke 和 Emerick（2016）认为气候变化是一个长期的过程，农户对气候变化的感知并不十分强烈，反而更多的是感知到极端温度等，尽管农户依然采用了适应性行为，但由于农户行为在生产中的作用难以识别，因而不易观察、评估适应性行为的效果。为此，他发展了一种长差分估计方法用于识别农业生产中长期气候变化的适应性。此后，Chen 和 Gong（2021）采用同样方法从全要素生产率变动的视角分析我国农业生产对气候变化的适应性，并发现劳动力、机械和化肥等要素的调整是农业生产适应性存在的重要机制。但两个研究均未考虑价格预期对农业生产的影响，可能导致过高估计气候变化适应性。由于我国高纬度地区稻谷最低收购价格的支持作用，农户对于生产收获的预期价格相对较好，可能会形成生产适应性。如 Miao 等（2016）认为忽略价格预期的作用可能会导致过高估计气候变化对美国粮食生产的影响。也导致如果忽略价格预期会对气候变化下生产适应性的估计存在偏误。

对此，本章从以下三个层面扩展已有气候变化适应性的研究：一是在研究方法上，结合经典面板模型和长差分方法从宏观层面识别我国高纬度地区水稻生产对气候变化的适应性；二是进一步考虑水稻价格预期对生产适应性估计的影响，分析价格预期在生产适应中的作用；三是基于生产适应性的识别及其程度估计，探究生产适应性的存在路径。

7.1 水稻生产适应性的理论分析

7.1.1 生产适应性过程的理论模型

本章主要关注水稻生产对气候变化的适应性，即水稻生产适应性。Zilberman 等（2012）将适应性定义为生产者在不断变化的生产环境中寻求有利的机会进行调整，以减弱其遭遇的负面影响。Burke 和 Emerick（2016）进一步将适应性诠释为短期负面影响在较长的时期内因适应性存在而被抵消的百分比。因此，适应行为的产生存在两个前提假设：一是要求生产者能够意识到其生产环境发生了改变；二是生产者认为仍存在比当前更有利于生产的替代行为并有能力实施更优的行为方案（Burke 和 Emerick，2016）。

生产适应性的存在首先要求生产者能识别气候变化，其识别气候变化的过程依赖于生产者所获取的历史信息与经验并遵循贝叶斯学习过程。由于气候变暖是气候变化最为显著的特征，本书选择温度作为核心关注指标进行分析。如图7-1所示，温度z_{it}正经历一个逐步升高的过程，其平均温度从r缓慢增加至r'，且双凹曲线交点的平均温度$\tilde{r}$小于r'而大于r。假设温度z_{it}服从均值为r，方差为σ^2的正态分布，即$z_{it}—N(r,\sigma^2)$。Meehl等（2007）研究发现，当前温度的变化仅表现为均值的增加而不涉及方差的变动，因此在气候变化后农户每年都会经历$z_{it}—N(r',\sigma^2)$的温度变化过程并从中学习。在大众媒体的宣传下，农户可能一开始就存在气候正在发生变化的概念，但只有当农户获得足够多的信息并基于历史信息和经验判断使自身信服气候变化的存在性后，才会采取适应性行为。因此，与Kelly等（2005）、Burke和Emerick（2016）的研究一致，认为生产者对气候变化的学习遵循一个简单的贝叶斯过程，即基于不断获得的新信息进行信念更新的机制。在贝叶斯学习过程中，农户拥有关于温度z_{it}的先验信念r_t，但农户仍能意识到该信念存在缺陷。将先验信念r_t的方差表示为$1/\delta_t$，因此在T时期时，农户认为平均温度服从如下分布：$r—N(\mu_t,1/\delta_t)$。在以后的每个时期，农户经历温度z_{it}后，就会将先验信念与当前正经历的新气候进行加权组合，以进一步更新其对气候的认知，得到新的信念μ_{t+1}。DeGroot（2005）将T年后农户关于平均气温的信念表示为：

$$\mu_T=\frac{\delta_t\mu_t+T\rho\bar{z}}{\delta_t+T\rho} \tag{7-1}$$

其中，$\bar{z}$表示$T-1$年的平均温度；ρ为σ^2的倒数，即$\rho=1/\sigma^2$。因$\delta_{t+1}=\delta_t+\rho$，则农户意识的气候水平与实际气候的差值满足下式：

$$\mu_T-r'=\frac{\delta_0(\mu_0-r')}{\delta_0+T\rho} \tag{7-2}$$

由等式（7-2）可知，随着时间T的增加，农户意识到的气候水平与实际气候差值越小，说明随着时间的推移，农户对平均温度的认知收敛于真实值。当ρ较大，即σ^2较小时，农户意识中的气候水平与实际气候的差值也会缩小，意味着当年平均温度波动越小时其收敛于气候真实值的速度会越快。因此，在气候波动较弱的地区，或是观测并感知气候变化的时间越长时，将更容易识别气候变化并采取适应性行为。

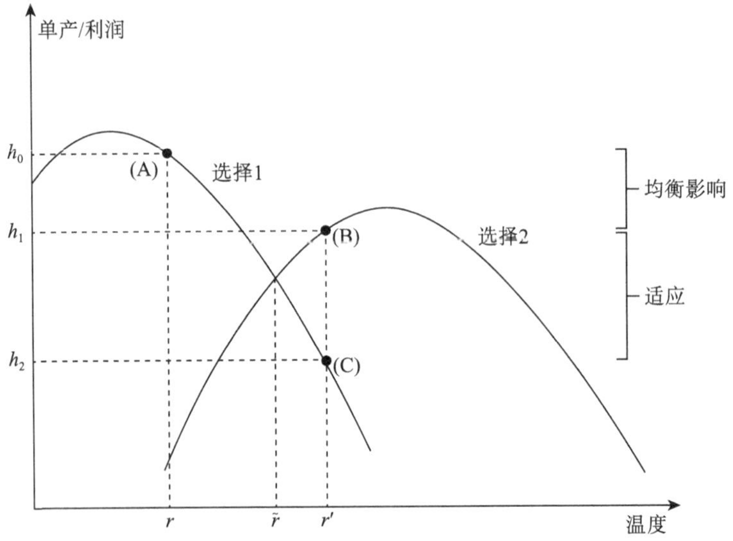

图 7－1　适应性过程和效果图

其次，适应行为的产生除要求生产者识别气候变化的发生外，还需生产者认为当前的生产方案仍有改进的空间，以获得利润最大化。根据 Kelly 等（2005）、Burke 和 Emerick（2016）的研究，认为农户当前面临两个选择：一是保持原有的生产方案不变；二是在气候变化下选择更优的生产替代方案，如更换种植作物种类、调整生产面积、增加或减少机械、劳动力、化肥投入等。进一步地，为引入温度与作物产出的非线性关系，基于 Schlenker 和 Roberts（2009）的研究，将农户 i 在 t 时间处的产出构建为温度及其平方项的函数：$y_{it}=f(z_{it},z_{it}^2,x_{it})$。因此，产出的简约式表示为：

$$y_{it}=\beta_0+\beta_1 z_{it}+\beta_2 z_{it}^2+\varphi_{it}(\alpha_0+\alpha_1 z_{it}+\alpha_2 z_{it}^2) \tag{7-3}$$

其中，z_{it}为温度变量，服从均值为 r，方差为 σ^2 的正态分布。φ_{it}表示生产者面临的不同选择，当 $\varphi_{it}=0$ 时表示农户坚持原有生产方案不变，当 $\varphi_{it}=1$ 时意味着农户选择调整其生产行为。因此 $\beta_0+\beta_1 z_{it}+\beta_2 z_{it}^2$为原生产行为下能收获的产量，$\alpha_0+\alpha_1 z_{it}+\alpha_2 z_{it}^2$则表示调整生产行为后所带来的产量差异值，因此在适应性生产方案下作物的产量为 $\beta_0+\beta_1 z_{it}+\beta_2 z_{it}^2+\alpha_0+\alpha_1 z_{it}+\alpha_2 z_{it}^2$。由于农户基于预期利润最大化目标作出生产选择，故在方程式（7－3）中进一步纳入预期价格 $E(P_{it})$、原生产方案下的生产成本 C_{it}和适应性生产方

案下的生产成本 C'_{it}：

$$\pi_{it}=[(\beta_0+\beta_1 z_{it}+\beta_2 z_{it}^2)E(P_{it})-C_{it}]+[(\alpha_0+\alpha_1 z_{it}+\alpha_2 z_{it}^2)E(P_{it})-C'_{it}] \tag{7-4}$$

当且仅当 $E[(\alpha_0+\alpha_1 z_{it}+\alpha_2 z_{it}^2)P_{it}-C'_{it}]>0$ 时，以利润最大化为目标的农户选择适应气候变化，即：

$$[\alpha_0+\alpha_1 r_t+\alpha_2(r_t^2+\sigma^2)]P_{it}-C'_{it}>0 \tag{7-5}$$

在农户已知 α 和 β 参数的大小，以及预期价格及生产成本的假设下，图 7－1 还展示了在适应和不适应性两种不同选择下单产/利润随温度变化的趋势。以单产为例，当不存在适应性时，气候变化将使作物单产由 h_0 降至 h_2；当 $\alpha_2\approx 0$ 时，双凹曲线在温度等于 $\bar{r}$ 处相交，意味着当预期温度超过 $\bar{r}$ 时，农户将采取适应性行为以使自身损失最小化，一旦农户采取适应性生产行为应对气候变化时，由气候变化给农业生产带来的长期损害将由 h_0-h_2 减少至 h_0-h_1，因适应性存在而抵消了 h_1-h_2 的负面影响。当 $\alpha_2>0$ 时，调整生产行为后相应的前沿曲线将较为平缓，由于确定性的提高，农户更愿意在曲线相交前采取适应性调整行为；而当 $\alpha_2<0$ 时，表示农户更偏向于曲线相交后采取适应性行为，因此在气候变化较大的情况下，生产者需要适应性措施采纳后带来的预期收益能足以抵消过去年份所遭受的损失（Burke 和 Emerick，2016）。

根据以上生产适应过程的理论模型构建与分析，阐明农户生产适应性理论，厘清农户采取适应性行为的前提条件，为下一小节的生产适应路径奠定理论基础，并为实证模型的结果提供可靠的解释与分析。

7.1.2　生产适应性的路径分析

生产适应主要依赖于生产者对投入要素的调整。农户在农作物生产中一般存在多个投入要素 $k=1,2,\cdots,K$，如化肥、劳动力、机械和土地投入等。以利润最大化为目标的农户在考虑价格、成本、环境因素的基础上进行生产决策，将式（7－2）在 t 时期处基于利润最大化的决策行为进一步表示为：

$$\text{Max}\sum_{i\in I}\pi_i = \sum_{i\in I}E(P_i)y_iA_i - \sum_{i\in I,k\in K}w_kX_{ik}A_i - \sum_{i\in I}c_i \tag{7-6}$$

其中，y_i 为单产量，由式（7－1）可知单产量的简约式为：$y_i=\beta_0+\beta_1z_i+\beta_2z_i^2+\varphi_{it}(\alpha_0+\alpha_1z_i+\alpha_2z_i^2)$，$i$ 为不同的作物，$i=1,2,\cdots,I$。X_{ik}是指每单位土地上投入要素 K 的使用量；w_k 表示投入要素价格向量；c_i 表示与作物生产相关的固定成本；$E(P_i)$ 表示作物预期价格向量。总土地禀赋为 l，A_i 表示分配给作物 i 的土地面积。由于所有作物种植的总土地面积必须小于或等于所拥有的总土地禀赋，因此存在限制条件 $\sum_{i\in I}A_i\leqslant l$。假设所有决策变量的内点解均存在，则可利用一阶最优条件获得投入数量 X_{ik}的最优解。因此，将式（7－6）对 X_{ik}求导，得到其一阶导函数：

$$\frac{\partial\pi_i}{\partial X_{ik}} = \sum_{i\in I}E(P_i)A_i\frac{\partial y_i}{\partial X_{ik}} - \sum_{i\in I,k\in K}w_kA_i \tag{7-7}$$

式（7－7）的最优解是在一阶导函数为0时求得的数量解，即：

$$\sum_{i\in I}E(P_i)\frac{\partial y_i}{\partial X_{ik}} = \sum_{i\in I,k\in K}w_k \tag{7-8}$$

根据 Chen 等（2016）的研究，将单产量的简约式进一步结构化，表示为投入要素 X_{ik}、土壤质量 s_i、气候变量 z_i 的函数，即：$y_i(X_{ik},s_i,z_i)$。此时，投入要素 X_{ik}的最优投入量可以表示为：

$$X_{ik}=X[E(P_i),w_k,s_i,z_i] \tag{7-9}$$

因此，投入要素的最优投入量与该作物的预期价格相关，其中土壤质量等不随时间变化且不可观测的地区固定因素，以固定效应形式纳入模型。

结合图 7－1 与式（7－9），认为气候变化可能通过投入要素的调整进行适应，以使所获单产最大化。本章关注的投入要素 X_{ik}主要为四大经典投入要素：劳动力 l、机械 m 和土地 A、化肥 f 投入。因此针对投入要素的不同，存在四种具体的路径对气候变化进行生产适应。

Chen 和 Gong（2021）指出由于遭受极端温度，短期内农户可能减少户外活动，降低了劳动力的实际利用效率（$\Delta l^{sr}<0$）。而在长期，随着农村劳动力外流，水稻机械化程度的提高逐渐替代了部分劳动力（王欧等，2016），因此从长期来看劳动力数量会进一步减少（$\Delta l^{lr}<0$），导致劳动力

投入要素难以适应气候变化。从而得出第一个假设：

假设 1：短期内气候变化对劳动力投入存在负向影响，长期阶段负向影响会进一步扩大，劳动力要素投入无法对气候变化进行适应。

农户改变资本存量的能力有限，如农户难以选择在短期内购买新机械以替代劳动力（Chen 和 Gong，2021），因此短期内气候变化对机械投入的影响有限（$\Delta m^{sr} \approx 0$）。但长期来看，农户可用资本的增多，会促使农户为农业生产投入更多的机械设备（$\Delta m^{sr} > 0$）。并且因劳动力短缺导致的农业劳动力工资持续上涨使生产成本激增，会进一步促使农户会长期选择利用机械投入替代劳动力，尤其针对水稻这类可广泛机械化种植的作物而言。机械要素投入的增加与适应气候变化的要求相契合。因此，提出第二个假设：

假设 2：短期内气候变化对机械投入影响并不显著，长期影响显著为正，机械要素投入对适应气候变化起着正向作用。

气候变化下极端温度的出现致使单产下降，并且因极端温度的存在劳动力外出进行作物管理的次数和时间减少，也会使作物质量出现下滑。基于利润及作物管理精力的考虑，农户在短期内会减少作物面积投入（$\Delta A^{sr} < 0$），以通过减少工作量来提高单产及作物质量。但在长期下，研究机构可能会开发出具有抗性和耐受性的种子，农户也能在生产实践中发现抵御不良气候的办法。因此，长期内采取适应措施可以减少气候变化对作物土地投入的负面影响（$\Delta A^{sr} < \Delta A^{lr}$），进而提出第三个假设：

假设 3：短期内气候变化对土地投入呈负向影响，长期该负面影响会进一步缩小，通过土地要素投入实施生产适应性行为可以减弱气候变化的负面影响。

由于气候变化上升以及极端气候出现频率提高，农户在短期内减少户外耕作活动，因而减少化肥的施用频率，降低化肥施用量（$\Delta f^{sr} < 0$）。但在长期条件下，随着对极端温度适应性的增强，农户为了缓解气候变化对水稻生长的负面影响，提高水稻生产效率和产量，农户会在长期内相对增加化肥投入量（Chen 和 Gong，2021），适应性措施的采纳可以使气候变化对化肥施用量的长期负面影响小于短期（$\Delta f^{sr} < \Delta f^{lr}$）。从而得出第四个

假设：

假设4：短期内气候变化对化肥投入呈负向影响，长期该负面影响会不断缩小，通过化肥要素投入实施生产适应性行为可以减弱气候变化的负面影响。

由式（7-9）可知，投入要素数量与作物预期价格相关，而在我国高纬度地区稻谷最低收购价格的支持作用下农户预期价格相对较高。彭长生等（2019）指出农户的作物预期价格较高时，会在生产过程中相对分配较多的资源投入，如劳动力、化肥等，并且高预期价格会促使农户在种植期对该作物分配更多的面积，且该分配并非来源对气候条件的适应，因此，提出如下假设：

假设5：忽略水稻价格预期会高估稻农对气候变化的适应性。

7.2 生产适应实证模型构建与变量获取

7.2.1 经典面板模型的构建

为估计图7-1中因适应性存在而抵消了 h_1-h_2 负面影响后气候变化带来的净影响 h_0-h_1，Mendelsohn 等（1994）首先提出利用截面方法进行估算：

$$y_i=\beta_0+\beta_1 r_i+\beta_2 r_i^2+\beta_3\psi_i+u_i+\varepsilon_i \tag{7-10}$$

为更直接地观测因变量的百分比变动，本章所涉及的模型均为半对数模型，其中 y_i 采用对数形式，指具体研究中指定的关键目标变量，包括作物单产，以及劳动力、机械、土地和化肥投入要素变量。r_i 表示平均温度变量，温度的非线性效应则由 r_i^2 体现。ψ_i 表示引入的控制变量，如其他气候变量、经济变量等，以估计气候变暖对农业生产的净影响。u_i 则表示地区固定差异。在此方法下，平均温度为 r 的地区平均将实现数量 h_0，而平均温度为 r' 的地区则平均只能获得 h_1。因此，由该模型获得 β_1、β_2 和 β_3

的估计系数，加上平均温度从 r 升高到 r' 的幅度便能估计出适应性抵消部分负面影响后气候变化带来的净影响 $h_0 - h_1$。

然而，Schlenker 等（2005）、Deschênes 和 Greenstone（2007）指出，在截面方法中可能存在因不可观测因素 u_i 与气候变量相关而导致的内生性问题，使模型估计不一致。越来越多的学者使用固定效应面板模型进行估计（Deschênes 和 Greenstone，2007；Schlenker 和 Roberts，2009；Lu 等，2018），以利用面板估计方法消除固定效应的影响：

$$y_{it} = \beta_0^{FE} + \beta_1^{FE} z_{it} + \beta_2^{FE} z_{it}^2 + \beta_3^{FE} \psi_{it} + u_i + \varepsilon_{it} \tag{7-11}$$

其中，z_{it}是指温度变量，如上文所提及，该变量服从均值为 r，方差为 σ^2 的正态分布。z_{it}^2代表温度的非线性效应。u_i 是指地区固定效应，用以表示所有时不变因素。气候变量的严格外生性使经典的面板固定效应模型可以克服截面模型因遗漏变量带来的识别问题。但 Burke 和 Emerick（2016）、Chen 和 Gong（2021）指出由于面板模型的点估计仍属于影响的加权平均估计，忽略了长期适应性的状态改变，使经典固定效应面板模型更适用于观测气候变化的短期影响。因而，需要进一步结合长差分方法实现对气候变化适应性更精确的估计（Burke 和 Emerick，2016；Chen 和 Gong，2021）。

7.2.2　长差分模型

长差分方法由 Burke 和 Emerick（2016）提出，是各变量在给定区域下于两个不同时间点之间的差异所构建而成的模型。考虑 a 和 b 两个时间段，每个时间段分别跨度 n 年的时间。长差分方法先将每个变量分别于每个时间段内进行加总并求得年均值，如 a 时间段内目标变量的均值表示为 $\overline{y_{ia}} = \frac{1}{n}\sum_{t\in a} y_{it}$，式（7-11）中各变量在同一时段内的均值分别表示为 $\overline{z_{ia}} = \frac{1}{n}\sum_{t\in a} z_{it}$ 和 $\overline{\psi_{ia}} = \frac{1}{n}\sum_{t\in a} \psi_{it}$。那么，在 a 时间段内可以将方程式（7-11）表示为：

$$\overline{y_{ia}} = \beta_0 + \beta_1 \overline{z_{ia}} + \beta_2 \overline{z_{ia}}^2 + \beta_3 \overline{\psi_{ia}} + u_i + \overline{\varepsilon_{ia}} \tag{7-12}$$

用同样的方法，得到 b 时间段内的方程：

$$\overline{y_{ib}} = \beta_0 + \beta_1 \overline{z_{ib}} + \beta_2 \overline{z_{ib}}^2 + \beta_3 \overline{\psi_{ib}} + u_i + \overline{\varepsilon_{ib}} \tag{7-13}$$

将两个时间段内的方程相减，得到长差分方程，同时将因变量取对数，获得半对数函数模型：

$$\ln(\overline{y_{ib}}) - \ln(\overline{y_{ia}}) = \beta_1(\overline{z_{ib}} - \overline{z_{ia}}) + \beta_2(\overline{z_{ib}}^2 - \overline{z_{ia}}^2) + \beta_3(\overline{\psi_{ib}} - \overline{\psi_{ia}}) + (u_i - u_i) + (\overline{\varepsilon_{ib}} - \overline{\varepsilon_{ia}}) \tag{7-14}$$

此时，不变因素 u_i 消失，进一步将长差分方程式（7-14）表示为：

$$\Delta\ln(\overline{y_i}) = \beta_1 \Delta\overline{z_i} + \beta_2 \Delta(\overline{z_i})^2 + \beta_3 \Delta\overline{\psi_i} + \Delta\overline{\varepsilon_i} \tag{7-15}$$

生成 β_1、β_2 和 β_3 的无偏估计要求气候等变量在两个时段内的差值与地域内随时间变化的不可观测因素 $\Delta\overline{\varepsilon_i}$ 不相关，即满足严格的外生条件。为了消除方程（7-15）中可能存在的地域内随时间变化的不可观测因素，同时与目标变量及自变量存在相关而导致的估计有偏，Burke 和 Emerick（2016）进一步提出了面板长差分方法，以弱化识别假设并增加数据量。该方法将数据分为多个子样本，分别于每个子样本内同时采取方程（7-15）中所展示的长差分计算过程，最终构成长差分面板。为保持和经典固定效应面板模型一致，在长差分面板中引入固定效应，得到如下长差分面板模型：

$$\Delta\ln(\overline{y_{it}}) = \beta_1^{LD} \Delta\overline{z_{it}} + \beta_2^{LD} \Delta(\overline{z_{it}})^2 + \beta_3^{LD} \Delta\overline{\psi_{it}} + u_i + \Delta\overline{\varepsilon_{it}} \tag{7-16}$$

其中，t 是指不同的时期，时期的数量依赖于所选择的年份差分大小；u_i 表示地区中不可观测的差异。为体现农户适应气候变化是在识别的基础上进行行为改变的长期过程，本书令 $n=5$，即变量平均值计算的时间段跨度为 5 年，同时以 10 年的跨度进行差分，并采用窗口分析技术以 4 年期窗口进行移动，以此获得最终的长差分模型。Burke 和 Emerick（2016）指出长差分方法具有四大优势：一是将气候趋势进行随机分配，更符合理想情况；二是与截面模型相比，解决了因遗漏变量而导致的内生性问题，可以获得一致估计；三是与经典的固定效应面板模型相比，经典面板方法中采用各变量的逐年变化进行估计，而长差分方法根据变量的长期平均变化估计得来，因而更容易获得气候变化长期影响的估计；四是长差分估计能体现生产者针对最近气候变化趋势所作的适应性调整。

7.2.3 生产适应程度的估计方法

量化水稻生产对历史气候变化适应程度的基本思想是结合经典面板模型计算的估计值与长差分方法下获得的估计值来进行分析。与气候的短期变化相比，生产者更偏向于对气候的长期变化作出适应性调整。如果长差分方法下获得的长期影响抵消了短期部分影响，则视为存在适应性。具体而言，在图 7-1 中，如果存在气候适应性，则长差分方法获得的估计值将识别 $h_0 - h_1$ 部分，在负向影响下该值的绝对值会相对于经典面板模型中的估计值较小；如果不存在适应性，则长差分方法下将获得与经典面板模型相同的值，即 $h_0 - h_2$ 部分。

Schlenker 和 Roberts（2009）指出模型中关键的变量是极端温度变量，应重点关注其系数的变化，尤其是在当前气候变化趋势仍更多地集中于温度的变化上。本章研究的目标变量包括作物单产，以及劳动力、机械、土地和化肥投入变量。经典面板模型中极端温度变量的系数值（β_2^{FE}）说明了短期内遭遇极端温度时因变量的响应；在长差分方法下该系数值（β_2^{LD}）则反映了极端温度变化对目标变量的长期影响。在极端温度的负面影响下，如果生产者在长期能够适应该负向影响，则与经典面板方法相比在长差分方法下将获得绝对值更小的估计系数。因此，Burke 和 Emerick（2016）将（$1 - \beta_2^{LD}/\beta_2^{FE}$）定义为对极端温度的适应性程度，即短期负面影响在较长的时期内因适应性存在而被抵消的百分比。

7.2.4 变量选择与数据处理

为识别气候变化下高纬度地区水稻生产的适应性并探究针对气候变化适应性的路径，基于上述理论模型分析，在经典面板模型和长差分模型中研究的因变量 y_{it} 将包括水稻单产、劳动力、机械、土地和化肥四大经典投入要素变量。其中，水稻单产的数据来源与第 5 章一致。劳动力、机械、土地和化肥四大经典投入要素变量的数据来源及其计算与处理沿用第 6

章，但由于本章使用的是每公顷的要素投入值，故需要在此基础上进一步将得到的数值除以水稻面积，以获得每公顷各要素的投入量。

已有较多文献研究了温度与产出的非线性关系。如 Cabas 等（2010）和 Cohn 等（2016）等通过引入平均温度及其平方项作为自变量，单产为因变量，研究温度对产出的非线性影响，即与上文中产出函数的简约形式一致：$y_{it} = \beta_0 + \beta_1 z_{it} + \beta_2 z_{it}^2$，其中 z_{it} 为平均温度；y_{it} 表示作物单产。然而，该方法忽略了不同作物间固有的差异，因为不同作物的生长对环境温度的要求存在较高异质性。因此，Schlenker 和 Roberts（2009）引入生长度日（Growing Degree Days，GDD）概念，将温度与特定作物生长所需要的热量相结合，该变量是关于作物在适宜温度环境里整个生长发育过程中积热的度量，更能将实际温度与特定作物的温度需求相结合。

为体现温度的非线性效应，Miao 等（2015）、Chen 等（2016）和 Lu 等（2018）利用 GDD 的计算方法引入高温度日（Overheat Degree Days，ODD）以衡量高温的影响；Fronzek 等（2006）计算了冻冰度日（Freezing Degree Days，FDD）度量低温对作物生长的影响。高纬度地区以低温为主，但随着全球变暖的趋势愈加明显，未来对高温的适应也逐渐成为必要。因此，根据 Zhang 等（2016）、Petri 和 Caldeira（2015）的研究，将极端温度定义为 FDD 和 ODD 绝对值之和，并将其纳入模型，与 GDD 变量一起反映温度的非线性影响。与第 5 章一致，根据 Wang 等（2014）、Zhang 等（2016）和 Fronzek 等（2006）的研究，将适宜水稻生长发育的上限设为 35℃，下限为 10℃，FDD 的上限为 0℃，ODD 的下限为 35℃，并沿用与第 5 章完全一致的方法计算 GDD 与极端温度变量。

控制变量 ψ_i 中包含的气候变量主要有降水及其平方项、日照时数和温度离差变量。数据来源与计算方式与第 5 章完全一致。为节省长差分方法中的自由度，本章采用简约方程的形式，即考虑水稻生育期 5—9 月内各气候变量的汇总值而非分月变量。因此，进一步将降水和日照时数变量 5—9 月的月度数值进行加总，而对温度离差求均值，以形成最终的气候变量。此外，由于 $X_{ik} = X(E(P_i), w_k, s_i, z_i)$，投入要素的最优投入量与水稻预期价格相关，且为进一步考虑水稻价格预期对气候变化适应性估计的影响并对“假设 5”进行验证，在控制变量 ψ_i 中纳入水稻价格预期变量，观测价格预期对生产适应性的影响。

7.3　生产适应模型估计与结果分析

利用经典面板模型估算气候变化对农业生产的短期影响，并采用长差分方法反映农户对气候变化的长期响应，因此面板估算给出的短期响应与长差分方法下获得的长期估算值之间的差异反映了水稻生产对气候变化的适应性。

7.3.1　生产适应程度的估计结果

如表 7－1 所示，极端温度在经典面板模型和长差分方法下获得的估计系数均为负数，一致反映了极端温度对高纬度地区水稻生产影响的负面作用。极端温度在经典面板模型下的估计系数为－1.145，表明极端温度增加 1 个单位，在短期内高纬度地区水稻单产将下降 1.145%。而在长差分法下该系数的绝对值有所减少，降至－0.547，且其显著性略有减弱但仍在 10% 的水平内显著，意味着极端温度对水稻生产的长期影响较短期影响而言负面效应减弱，长期内极端温度变化 1 个单位，水稻单产下降 0.547%，较短期负面影响减少了约一半，具体为 0.598%。短期估计系数和长期估计系数的差异反映了高纬度地区水稻生产存在适应性，其适应性程度具体为 52.23%。

进一步估计价格预期对生产适应性的影响。在纳入水稻预期价格后，极端温度仍展示了对水稻生产的负面影响，但该变量在短期的负面影响系数略扩大了 0.084，由－1.145 变为－1.229；而长差分法下获得的长期影响值则为－0.683，较未考虑价格预期的长差分模型负面影响变大了 0.136。此时，适应程度由 52.23% 变为 44.43%，适应程度缩小了 7.80%，意味着忽略水稻价格预期会高估气候变化的适应性，因此“假设 5”在稻农获得的单产量上得到验证。

表 7-1　　水稻生产适应性估计结果

变量	模型Ⅰ		模型Ⅱ	
	经典面板估计	长差分面板估计	经典面板估计	长差分面板估计
GDD	1.812***	0.509***	1.731***	0.452***
	(0.019)	(0.118)	(0.024)	(0.119)
极端温度	-1.145***	-0.547*	-1.229***	-0.683**
	(0.112)	(0.287)	(0.131)	(0.321)
降水	6.353***	-0.276***	5.656***	-0.339***
	(0.086)	(0.097)	(0.118)	(0.107)
降水量平方	-4.820***	-2.110***	-4.240***	-1.670***
	(0.080)	(0.455)	(0.104)	(0.515)
日照时数	1.062***	-0.209***	1.166***	-0.181**
	(0.024)	(0.078)	(0.032)	(0.080)
温度离差	0.321***	0.025*	0.316***	0.023
	(0.002)	(0.015)	(0.002)	(0.015)
水稻预期价格	—	—	0.125***	0.015*
			(0.016)	(0.008)
适应程度（%）	$\left(1-\frac{\beta_2^{LD}}{\beta_2^{FE}}\right)\times 100\% = 52.23$		$\left(1-\frac{\beta_2^{LD}}{\beta_2^{FE}}\right)\times 100\% = 44.43$	

注：部分气候变量与因变量数量级差距较大，因此为了使变量的系数具有可读性，在运行模型前将 GDD、极端温度、降水量、日照时数气候变量均乘以 10^{-3}。括号内为相应的标准误；*、** 和 *** 分别表示在 10%、5% 和 1% 的水平下显著。

GDD 对水稻生产呈显著的正向影响。经典固定效应面板模型估计的结果显示，GDD 对水稻单产的影响系数为 1.812，表明在短期内 GDD 每升高 1 个单位水稻单产将增加 1.812%，说明正常温度范围内的热量积累对水稻生长发育的重要性。在长期下虽然该系数减少至 0.509，即 GDD 对水稻单产的影响在长期内比短期减少了 1.303，但仍然呈现显著的正向作用。正如 Miao 等（2016）所发现的，随着气候变暖趋势，表示累积热量的 GDD 数值逐渐增加，使长期内 GDD 对作物生长发育的正向影响有所减弱。日照时数则呈现不同的影响，在短期内表现为正向影响，长期上影响则变为负数，影响系数分别为 1.062 和 -0.209，并且均在 1% 的显著性水平下显著。该变量在短期和长期内展现的影响存在较大差异，可能的原因在于水稻的生长特性。水稻是短日照作物（田伟和柳思维，2012），其生长发育并不需要过多的光照，因此从长期影响来看，日照时数的增加会呈现负向作用。温度离差与GDD所呈现的结果较为类似，均表现为显著的正向影响，且长期的影响比短期的影响相对更小。在纳入价格预期变量后，温度相关变量系数的影响方向均保持一致，仅在数量大小下存在差异，如在纳入水稻预期价格的模型中，GDD和温度离差变量的系数在经典面板和长差分面板模型下均有所减小；但日照时数变量短期表现的正向影响有所增加，而长期的负向影响则略有缩减。

降水变量在短期和长期均表现出显著的倒"U"形非线性影响。累积降水量对水稻生长影响的二次方在短期和长期内的影响系数分别为-4.820和-2.110，在短期内其倒"U"形的形状表现得更加凸起和陡峭，而在长期内则相对较为平缓，表明短期内单产随累积降水的变化有着更高的变异性，更容易受到降水量的影响。纳入水稻价格预期变量后，也同样呈现相同的变化趋势。经典面板估计下获得的降水量二次方的短期影响系数值为-4.240，较纳入预期价格前的估计系数增加了0.580；并且长差分方法下其二次方的估计系数为-0.181，长期条件下较纳入预期价格前的估计系数增加了0.028。说明纳入价格预期后虽然系数值略有改变，但仍表现出了降水量对水稻生产的影响在短期内存在较高的波动性，而长期的影响则呈现较为稳定的规律，这意味着农户在作物生长过程中更应警惕短期内因降水量变化而造成的生产损失并对其进行防控。此外，与预期结果一致，水稻价格预期对水稻单产呈现显著的正向影响，且短期的影响较长期的影响更大，短期和长期的影响系数分别为0.125和0.015，反映了农户对短期收益更为重视。

7.3.2 基于劳动力投入变化的适应路径检验

极端温度在短期和长期中对劳动力供给的影响均表现为显著的负向作用。如表7-2所示，经典面板模型下极端温度变量的系数为-1.482，说明短期内极端温度增加1个单位，劳动力供给会下降1.482%。而长差分方法下该变量的估计系数为 -2.209，且更为显著，意味着长期极端温度变化 1 个单位，劳动力供给会变化 2.209%，负面效应较短期进一步扩大。随着城市化进程的加快，年轻劳动力以及高素质劳动力更倾向于外出务工，使我国农业劳动力流失更加严重。而在气候变化尤其是极端温度的影响下，长期劳动力投入可能会进一步减少，长差分方法下估计的长期负面影响的系数更大。因此，劳动力供给在长期产生了较大的负面影响，反映了劳动力对气候变化的适应性有限。考虑水稻预期价格变量后，估计系数的绝对值变小，但仍反映了相同的变化规律，即极端温度对劳动力供给呈现出负向影响，并且长期的负面影响较短期内更大。具体来说，考虑水稻价格预期变量后，极端温度变量在短期和长期的系数分别为 -0.656 和 -0.906，其中短期的影响系数减小了 0.826，长期的影响系数缩小了 1.303。但长期的负面影响仍较短期的负面影响大，也反映了劳动力投入对气候变化适应能力有限，“假设 1”在实证模型中得到验证。另外，在纳入价格预期前劳动力供给对极端温度的响应在长期和短期存在显著差异，即在考虑预期价格前劳动力对极端温度的长期响应会在短期的基础上进一步减少 49.06%，而考虑预期价格后长期负面效应则在短期的基础上仅减弱 38.11%，在一定程度上反映了在极端温度对劳动力供给的影响中能够通过水稻价格预期缓解部分负面效应。

GDD 变量在长期和短期中对劳动力要素的供给呈现异质性影响。短期的响应系数为 1.260，呈显著的正向影响，而长期响应则变为显著的负向作用。GDD 是衡量水稻生育期内 10℃—35℃ 内的累积热量，与极端温度相比其是处于正常温度范围内的变量，因此适宜的温度在短期内对劳动力供给呈正向影响。但从长期来看，随着气候逐渐变暖，GDD 的累积热量不断增多，温度分布可能由原来的低温分布逐步向更高温度靠拢集中，导致农户工作意愿下降，使长期呈负向效应。日照时数的作用则恰好相反，在短期内对劳动力供给的影响为负数而长期下则为正数，反映了农户的适应性调整行为。正如 Chen 和 Gong（2021）所指出的，气候变化下导致的极端温度等因素会导致农户减少外出，但长期农户会调整其生产种植行为，如更多地在白天或下午外出务农。此时较长的日照时数便给此适应性行为提供了更多的机会。温度离差在经典面板估计中存在显著的正向影响，而长差分方法下影响系数为正但并不显著，说明温度离差在长期的影响并不明显。引入水稻价格预期变量后，温度离差变量在长期为负向影响但并不显著，其他变量在系数绝对值和显著性上略有差异，但基本结论仍保持不变。

表 7-2　劳动力投入的适应性估计结果

变量	模型 I		模型 II	
	经典面板估计	长差分面板估计	经典面板估计	长差分面板估计
GDD	1.260***	-0.571***	1.427***	-0.338**
	(0.138)	(0.165)	(0.018)	(0.143)
极端温度	-1.482**	-2.209***	-0.656***	-0.906**
	(0.712)	(0.376)	(0.078)	(0.454)
降水	-0.241	-0.830***	0.274***	-0.163
	(0.716)	(0.133)	(0.059)	(0.134)
降水量平方	0.959*	1.780***	0.381***	3.880***
	(0.611)	(0.676)	(0.055)	(0.569)
日照时数	-0.240	0.564***	-0.681***	0.129
	(0.195)	(0.101)	(0.018)	(0.099)
温度离差	0.088***	0.016	0.093***	-0.007
	(0.027)	(0.017)	(0.002)	(0.013)
水稻预期价格	—	—	-0.231***	-0.195***
			(0.006)	(0.013)
适应程度（%）	无适应性（劳动力进一步减少）		无适应性（劳动力进一步减少）	

注：部分气候变量与因变量数量级差距较大，因此为了使变量的系数具有可读性，在运行模型前将 GDD、极端温度、降水量、日照时数气候变量均乘以 10^{-3}。括号内为相应的标准误；*、** 和 *** 分别表示在 10%、5% 和 1% 的水平下显著。

降水对劳动力供给表现为显著的非线性影响，呈“U”形关系。当降水量低于阈值水平相对较小时，农户可以依靠雨水进行灌溉，劳动力供给相对减少；而当降水量高于阈值时，雨水超过作物生长发育的需求，此时农户需要增加作物管理时间，对过量的雨水采取排灌措施，劳动力将适当增加。控制预期价格的影响后，降水与劳动力仍表现出强烈的非线性关系。水稻价格预期对劳动力供给呈显著的负向影响，该发现与刘晓丽和潘方卉（2019）的研究基本一致，反映了现阶段我国农业劳动力外流的现象，城市良好的教育医疗环境以及更高的报酬使农户在水稻价格增高的条件下仍选择外出务工。这再次佐证了通过改善劳动力要素投入来适应气候变化的能力有限。

7.3.3 基于机械投入变化的适应路径检验

机械投入对极端温度的响应表现为显著的正向影响。如表 7－3 所示，在控制其他气候变量的影响下，极端温度变量在经典面板模型估计下的系数为 0.500，极端温度增加 1 个单位，机械投入在短期内将增加 0.500%；在长差分方法下估计系数为 5.668，较短期增加了 5.168。短期内极端温度对机械投入的影响系数相对较小，反映了生产者短期调整资本存量的能力有限，而长期内随着可用资本的增多，极端温度的增加会显著地促进农户增加机械投入要素，提高作物生产管理能力。结合劳动力要素投入的负向效应估计系数，发现机械正逐步替代劳动力的趋势。在控制气候变量影响的基础上进一步控制水稻预期价格的影响，发现在短期和长期机械投入对极端温度的响应仍为显著的正向影响，影响系数分别为 0.122 和 5.847。研究发现与 Chen 和 Gong（2021）的研究结果一致，显著展现了机械投入在适应气候变化过程中的正向促进作用。综上所述，“假设 2” 成立。

表 7－3　　机械投入的适应性估计结果

变量	模型Ⅰ		模型Ⅱ	
	经典面板估计	长差分面板估计	经典面板估计	长差分面板估计
GDD	1.626***	1.057	0.411***	0.624
	(0.019)	(2.045)	(0.008)	(2.275)
极端温度	0.500***	5.668*	0.122***	5.847*
	(0.045)	(3.215)	(0.019)	(3.450)
降水	－0.141***	－1.208	－0.079***	－1.417
	(0.043)	(1.257)	(0.012)	(1.400)

续表

变量	模型Ⅰ		模型Ⅱ	
	经典面板估计	长差分面板估计	经典面板估计	长差分面板估计
降水量平方	0.100***	5.620	0.029***	5.520
	(0.036)	(9.190)	(0.009)	(9.910)
日照时数	-1.701***	-4.606***	-0.222***	-4.800***
	(0.017)	(1.294)	(0.007)	(1.407)
温度离差	0.116***	0.304	0.013***	0.227
	(0.001)	(0.198)	(0.002)	(0.240)
水稻预期价格	—	—	0.286***	0.520**
			(0.010)	(0.277)
适应程度（%）	机械投入增加		机械投入增加	

注：部分气候变量与因变量数量级差距较大，因此为了使变量的系数具有可读性，在运行模型前将GDD、极端温度、降水量、日照时数气候变量均乘以10^{-3}。括号内为相应的标准误；*、**和***分别表示在10%、5%和1%的水平下显著。

除极端温度外，其他温度变量均对机械投入呈正向影响，包括GDD和温度离差变量。经典面板模型和长差分模型下GDD的估计系数分别为1.626和1.057，即GDD每增加1个单位，机械投入短期增加1.626%，长期增加1.057%，但短期的影响在1%的水平下显著，而长期的影响则不显著。控制价格预期变量后，相应的系数分别降至0.411和0.624，与未控制价格预期的模型一致，该影响在短期内显著而在长期内不显著。温度离差变量在控制预期价格前后均表现为正向影响，且与GDD变量一致，在短期内显著而在长期内正向影响的显著性消失，反映了普通温度变量在长期内对机械投入的正向效应有限。日照时数对机械投入为显著的负向影响，且长期负向效应较短期而言更大，短期和长期的影响系数分别为-1.701和-4.606。引入预期价格变量后，仍为显著负向影响，但短期负向影响缩小，长期负向效应略有扩大。

降水短期内存在显著的非线性效应，但长期内非线性效应消失。经典面板估计的短期响应下，累积降水量对机械投入呈显著的正“U”形影响，即在低于阈值之前，随着降水量的增加机械投入减少，而在超过某个临界范围后，降水量的增加将使机械投入增加。但该非线性效应仅在短期成立，长期内并不显著，并且长期内降水量的一次项也不显著，反映了降水量对机械投入的影响作用并不能长期存在。水稻预期价格对机械投入在短期和长期均为显著的正向影响，估计系数分别为 0.286 和 0.520，长期的正向效应较短期大，表明较高的水稻价格预期会促使生产者增加固定资产投入，尤其在长期可用资本的增多会进一步增大预期价格的正向效应。

7.3.4 基于土地投入变化的适应路径检验

极端温度对土地面积投入表现显著的负向影响。如表 7 – 4 所示，经典面板模型中极端温度对土地投入的响应系数为 – 1.304，说明在短期内极端温度增高 1 个单位，土地投入将减少 1.304%；而长差分模型中对应的响应系数为 – 0.873，表明在长期下极端温度增加 1 个单位，土地投入减少 – 0.873。长期估计系数的绝对值较短期减少了 0.431，反映了土地要素投入对气候变化存在适应性。进一步根据实证模型中提出的计算方法，土地要素投入对气候变化负面影响的适应程度为 33.05%。“假设 3”在实证模型中得到验证，即气候变化对土地要素投入呈负向影响，但在长期该负面影响会减弱，说明通过土地要素投入实施生产适应性行为可以减弱高纬度地区气候变化的负面影响。

表 7 – 4　　土地投入的适应性估计结果

变量	模型 Ⅰ		模型 Ⅱ	
	经典面板估计	长差分面板估计	经典面板估计	长差分面板估计
GDD	0.478***	0.314*	0.289***	1.378***
	(0.012)	(0.185)	(0.022)	(0.215)
极端温度	– 1.304***	– 0.873**	– 1.584***	– 1.092*
	(0.045)	(0.359)	(0.127)	(0.597)
降水	4.659***	0.142	3.280***	0.646***
	(0.046)	(0.123)	(0.100)	(0.206)
降水量平方	– 3.930***	– 2.690***	– 2.840***	– 0.865
	(0.043)	(0.987)	(0.092)	(1.010)

续表

变量	模型Ⅰ		模型Ⅱ	
	经典面板估计	长差分面板估计	经典面板估计	长差分面板估计
日照时数	1.640***	-0.451***	1.860***	-0.831***
	(0.019)	(0.155)	(0.035)	(0.138)
温度离差	-0.011***	-0.092***	-0.025***	-0.020
	(0.001)	(0.023)	(0.003)	(0.027)
水稻预期价格	—	—	0.308***	0.125***
			(0.007)	(0.016)
适应程度（%）	$\left(1-\frac{\beta_2^{LD}}{\beta_2^{FE}}\right)\times 100\% = 33.05$		$\left(1-\frac{\beta_2^{LD}}{\beta_2^{FE}}\right)\times 100\% = 31.06$	

注：部分气候变量与因变量数量级差距较大，因此为了使变量的系数具有可读性，在运行模型前将 GDD、极端温度、降水量、日照时数气候变量均乘以 10^{-3}。括号内为相应的标准误；*、** 和 *** 分别表示在 10%、5% 和 1% 的水平下显著。

控制水稻预期价格变量的影响后，短期和长期下的估计系数在绝对值上有所扩大，但依然显著，具体系数分别为 -1.584 和 -1.092，此时适应程度为 31.06%，表明在控制价格预期变量后“假设 5”依然成立。但适应程度由 33.05% 略减少至 31.06%，其适应程度缩小了 1.99%，意味着控制价格预期变量后，土地要素对减弱气候变化带来的负面效应的适应程度有所降低，即忽略价格预期会高估土地投入对气候变化的适应性，因此“假设 5”在土地要素投入上得到验证。

GDD 对水稻土地投入表现出显著的正向影响。在经典面板模型和长差分模型中的估计系数分别为 0.478 和 0.314，且均显著。GDD 作为水稻生育期适宜温度范围内的积热变量，在适宜环境下有利于水稻的生长（Zhang 等，2016），因此基于提高单产数量和质量的考虑，农户在 GDD 增加的条件下会给水稻种植分配较多的土地。纳入预期价格变量后，该影响依然呈现显著的正向影响，且影响系数在控制价格预期变量后的长差分方程中最高为 1.378，说明 GDD 增加 1 个单位，水稻面积投入增加 1.378%。日照时数在短期内呈显著的正向影响为 1.640，长期影响则转为负数，为 -0.451，且均在 1% 的水平下显著。短期下的正向影响以及长期下的负向影响都证明了水稻作为短日照作物不适宜接受过多光照。许瑞孔（2020）

研究指出长期光照会缩短营养生长期使穗分化和抽穗延迟，抑制水稻生长发育，对单产量形成不利影响，因此长期下光照时间的增加不利于水稻土地投入的增加。即使在控制水稻预期价格变量后，日照时数的影响也展现出同样的规律，并且其正向或负向影响的绝对数值均有所增加。温度离差则在短期和长期内对水稻面积投入均表现为负向作用，控制价格预期变量后，长期响应系数依然为负值但并不显著。

降水量对水稻土地投入表现为倒“U”形非线性关系。累积降水量在阈值之下时，降水与水稻土地要素投入呈正相关关系，一旦降水量超过某一临界值时，降水量的增加会对水稻面积的增加产生负向作用。这与陈浩等（2016）的发现一致，水稻为喜湿作物，较多的降水量对水稻生长发育有利，但降水量过度时所产生的不利影响将导致农户减少水稻面积供给，且在短期内其倒“U”形曲线更为陡峭，反映了短期内土地投入对降水量的变化更为敏感。控制价格预期变量后，二次方影响系数的绝对值在短期和长期内均有减小，即曲线变化的坡度变得较为平缓，反映了水稻价格预期对土地面积投入的变化具有一定的影响。

7.3.5 基于化肥投入变化的适应路径检验

化肥要素投入对极端温度的响应为负值，且为缓解气候条件对水稻生产的不利影响，长期的化肥施用量较短期而言相对增加。如表 7－5 所示，在短期和长期下获得的估计系数分别为 －0.880 和 －0.556，短期的负向影响较长期的影响大，差异值为 0.324，意味着极端温度对化肥要素投入的负向影响在长期中得到了部分适应，其适应程度为 35.68%，这与 Chen 和 Gong（2021）估计结果一致，且“假设 4”在实证模型中得到验证。控制水稻价格预期后，极端温度对化肥要素的投入仍表现为负向影响。经典面板模型的估计结果反映了变量的短期响应，其系数为 －0.848，长期内该负面影响进一步减小，即长差分方法下获得的长期响应系数值 －0.617，长短期内获得响应系数差异为 0.231，这意味着为缓解极端温度造成的不利影响，长期下化肥施用量较短期而言会相对增加，此时适应程度为

27.24%。“假设 4”在控制价格预期变量后依然成立。极端温度对化肥要素投入的负向影响在长期适应性措施采纳后能够得到 27.24% 的缓解，该适应程度较土地要素投入的适应性程度的 31.06% 稍低。并且在模型中纳入预期价格变量后，化肥投入的适应程度由 35.68% 降至 27.24%。因此，控制价格预期变量后，化肥要素投入对减弱气候变化带来的负面效应的适应程度降低了 8.44%，说明忽略价格预期会高估化肥投入对气候变化的适应性，因此“假设 5”在化肥要素投入上得到验证。

表 7-5　　化肥投入的适应性估计结果

变量	模型Ⅰ		模型Ⅱ	
	经典面板估计	长差分面板估计	经典面板估计	长差分面板估计
GDD	1.891***	0.649***	1.862***	0.776***
	(0.070)	(0.143)	(0.072)	(0.157)
极端温度	-0.880**	-0.566	-0.848**	-0.617
	(0.364)	(0.403)	(0.361)	(0.478)
降水	0.446	0.230*	0.421	0.243*
	(0.366)	(0.129)	(0.364)	(0.141)
降水量平方	0.072	0.976*	0.090	-0.952*
	(0.312)	(0.601)	(0.310)	(0.599)
日照时数	-0.693***	-0.470***	-0.651***	-0.437***
	(0.100)	(0.110)	(0.103)	(0.118)
温度离差	0.069***	0.048***	0.068***	0.038**
	(0.014)	(0.014)	(0.014)	(0.015)
水稻预期价格	—	—	0.012	0.048***
			(0.014)	(0.011)
适应程度（%）	$\left(1-\frac{\beta_2^{LD}}{\beta_2^{FE}}\right)\times 100\% = 35.68$		$\left(1-\frac{\beta_2^{LD}}{\beta_2^{FE}}\right)\times 100\% = 27.24$	

注：部分气候变量与因变量数量级差距较大，因此为了使变量的系数具有可读性，在运行模型前将 GDD、极端温度、降水量、日照时数气候变量均乘以 10^{-3}。括号内为相应的标准误；*、** 和 *** 分别表示在 10%、5% 和 1% 的水平下显著。

GDD 和温度离差变量与化肥要素投入呈显著的正相关关系。其中 GDD 对化肥要素投入的短期影响系数为 1.891，长期该系数值减小为

0.649，均在1%的显著性水平下显著。将水稻价格预期变量纳入模型估计后，在短期和长期相应的估计系数则变为1.862和0.776，且影响依然显著。温度离差对化肥投入量也表现为显著的正向影响，经典面板模型估计下的短期影响系数为0.069，长差分方法下获得的长期影响系数为0.048。在控制水稻价格预期变量的影响之后，系数的变化较小，短期和长期的影响数值分别为0.068和0.038。温度离差越大其日间温度的分布范围就越广，因而农户更容易选择适宜的温度去田间进行作物管理，尤其是在气候变化给温度带来较大影响的情况下。温度离差对水稻要素投入的正向影响，反映了温差扩大对农户进行作物管理的有利性。但日照时数在短期和长期均对化肥投入产生负向效应。

降水量平方的估计值为显著的正数，反映了降水量对化肥要素投入的影响呈“U”形。这说明在降水量超过某一临界值后，降水量的增加会显著增加化肥要素的投入。霍治国等（2012）研究发现，农作物生产发育期间过多的降水会对病虫害的发生形成有利环境。而化肥的使用可以防治农作物病虫害问题并促进作物生长（应瑞瑶和朱勇，2015）。因此，过量的降水可能会因病虫害的增多而间接致使农户增加化肥的使用。水稻价格预期对化肥要素投入呈正向影响，其短期影响和长期影响的系数分别为0.012和0.048，长期的影响较短期的影响高0.036。

7.4 本章小结

本章先就水稻生产对气候变化的适应过程进行理论模型推演，并提出生产适应路径的假设与分析。基于此，采用经典的固定效应面板模型量化高纬度地区水稻生产对气候变化的短期响应，同时利用长差分方法探究气候变化中水稻生产的长期调整，通过估计和比较短期和长期响应的差异来捕获高纬度地区水稻生产对气候变化的适应性。此外，基于高纬度地区水稻生产适应性的存在，从劳动力、机械、土地和化肥四大经典投入要素分别探析了气候变化适应性的存在路径。此外，由于稻谷最低收购价格的支持作用，农户可能因较好的价格预期提高生产效率。因此，本书进一步考虑水稻价格预期对生产适应性估计的影响，并分析价格预期在生产适应中的作用。

实证研究发现高纬度地区的水稻生产对气候变化存在适应性。极端温度在短期和长期均对高纬度地区水稻生产存在负面影响，在经典面板模型下的估计系数为 -1.145，而在长差分方法下该系数的绝对值减少为 -0.547，长期内极端温度变化 1 个单位，水稻单产下降 0.547%，该数值较短期负面影响减少约 0.598%，反映了高纬度地区水稻生产存在适应性，其适应性程度具体为 52.23%。在纳入水稻预期价格后，极端温度仍对水稻生产具有负面影响，但适应程度缩小为 44.43%，忽略水稻价格预期会高估高纬度地区水稻生产对气候变化的适应性。

气候变化下的极端温度导致高纬度地区劳动力、土地和化肥投入减少，但土地和化肥投入的负面效应在生产适应性中能够得到部分缓解，并且稻农开始使用更多的机械投入来代替劳动力短缺。极端温度在短期和长期中对劳动力供给的影响均表现为显著的负向作用，并且长期负面效应较短期而言，呈进一步扩大态势，长期供给在短期的基础上进一步减少 49.06%，反映通过改善劳动力要素投入适应气候变化的能力有限，但考虑预期价格后长期负面效应则在短期的基础上仅减弱 38.11%，因此在极端温度对劳动力供给的影响中通过水稻价格预期缓解了部分负面效应。机械投入在适应气候变化过程中起正向促进作用，且因短期调整资本存量的能力有限，短期内极端温度对机械投入的影响系数相对较小，机械投入有逐步替代劳动力投入的趋势。极端温度对土地要素投入呈显著负向影响，但该负向影响在长期中能通过生产适应性得到 33.05% 的缓释；控制水稻预期价格的影响后适应程度由 33.05% 略减少至 31.06%，忽略价格预期会高估土地投入对气候变化的适应性。化肥要素投入对极端温度的响应为负值，但在长期因生产适应性存在使其适应程度达到 35.68%；控制水稻价格预期后，化肥要素的投入仍表现为负向影响，但适应程度减少为 27.24%，忽略价格预期同样会高估化肥投入对气候变化的适应性。

第 8 章

研究结论与对策建议

本书基于我国高纬度地区水稻生产实际和气候变化趋势，结合我国稻谷最低收购价的政策环境，引入预期理论构建价格政策支持下的价格预期，重点分析了气候变化和价格预期对我国高纬度地区水稻生产的影响，包括水稻生产面积、水稻单产水平和水稻生产效率，并探究了气候变化下水稻生产适应性。

8.1　研究结论

（1）我国高纬度地区气候变暖趋势明显，平均温度呈波动中上升的趋势，且最低温度的上升速率快于最高温度

在过去 60 年间，我国高纬度水稻主产区年平均温度、最低温度和最高温度的范围分别为 3.93℃—7.40℃、-1.71℃—2.21℃和 9.97℃—13.20℃，且受全球气候变暖的影响，我国高纬度地区的平均温度变化速率为每 10 年上升约 0.31℃。在三个温度指标中，首先是最低温度的上升速率最快，为 0.43℃/10a；其次是平均温度；最后是最高温度，表明我国高纬度地区的气候变暖更多是源于最低温度的增加。与温度不同，在过去 60 年内，总降水量波动较大，且由于高异常降水量的发生总体呈略微上升态势。分水稻生育时段来看，在水稻生育期内，水稻育秧—移栽期的平均、最低和最高温度均在过去 30 年间呈现出不断上升的趋势，其与各自固定常态差异值的年平均增长率分别为 4.28%、5.81% 和 3.65%，最低温度的常态差异增幅最为明显，但低温异常仍然存在。水稻返青—灌浆期内月均温、最低温以及最高温的上升趋势均伴有不同程度的空间异质性；水稻乳熟—成熟期内温度呈现由最高温升高拉动的变暖趋势，且日间温差拉大，空间异质性高。各生育期降水量较对应的降水常态值而言呈减少趋势，但仍有高异常降水量的出现。

（2）在我国高纬度地区水稻生产面积中，生育期气候预期尤其是温度预期起重要作用，而最低收购价政策支持所诱致的积极价格预期具有较强的影响，且气候与价格因素存在交互作用

由于水稻种植决策与收购存在时期差异，预期价格较价格本身在水稻

种植决策中的作用更为明显，从价格预期模型的估计结果发现，稻谷最低收购价格对积极的水稻价格预期形成具有显著的促进作用。多元自适应回归样条模型分析高纬度地区水稻生产面积形成机制的结果表明，水稻和玉米的预期价格在水稻面积供给方程中具有较高的重要性，当预期价格达到50%或更高的分位数时，会产生显著的边际影响。首先，水稻生育期气候变量中温度，尤其是最低温度的重要性，高于降水的作用。其次，气候变量与价格预期变量之间以及气候变量内部之间均存在显著的交互作用，表明气候对水稻面积的影响受到价格预期调节作用，且气候变量之间也存在协同作用，尤其是不同生育阶段内温度的协变性以及温度与降水之间的动态交互效应。高纬度地区总播种面积对水稻生产面积也具有一定的影响，且气候变量、价格预期和农业总播种面积以二阶、三阶形式进行交互。但只有在较大的耕地面积下才能观察到其与气候变量的交互效应，说明耕地总面积的限制会改变农户通过面积调整来应对气候变化的能力。此外，水稻预期单产是气候变化对水稻生产面积影响的重要机制，实证结果表明，气候变量会通过影响生产者的预期单产量而影响其面积决策，表现为将单产预期纳入模型后，气候变量的交互作用减弱，重要性降低，且边际效应系数变小，但最低温度对水稻生产面积依然存在影响。

（3）生育期气候条件，尤其是有效积温和温度离差，对我国高纬度地区水稻单产的影响在不同水稻生育时段存在显著的异质性，降水呈显著的非线性作用，水稻预期价格对水稻单产存在正向影响

由于地区之间气候条件、价格水平及水稻单产量存在较强的相似性，考虑生产函数估计模型中可能存在空间相关和异方差，运用两种 Breusch - Pagan 检验探究异方差来源。结果表明：当考虑数据的空间性质后，空间相关性是比 Just - Pope 随机生产函数所阐述的经典异方差更为关键的异方差来源。采用广义空间模型对水稻单产模型进行估计，发现水稻预期价格对其单产表现为正向影响，而竞争作物玉米的预期价格则呈负向影响，预期价格弹性分别为 0.194 和 -0.097。作物生长季节内的有效积温 GDD 和日照时数具有积极影响；月度温度离差对水稻产量的负面影响发生在 5 月和 6 月，即水稻生长季节的早期，而正面影响发生在水稻生长季节的后

期，即在7月、8月和9月；低温冷害呈不利影响；降水对水稻单产量存在显著的非线性作用，且在不同生长期存在较强的异质性。此外，根据广义空间模型计算各变量的直接和间接效应，发现化肥施用强度和水稻价格预期具有较强的正向溢出效应，反映空间相关的存在性事实。但气候变量的影响主要呈现直接效应，间接效应则较弱。基于不同排放模式下的气候条件，预测未来气候变化情景下高纬度地区水稻单产的变化，预测结果发现短期气候变化对我国高纬度地区水稻单产并不会产生不利影响，反而会有利于产量增加，但随着气候变化的持续发展，长期情景下气候变化则将不利于水稻生产，且在高排放模式下的不利影响扩大。

（4）效率值较高的地方集中在高纬度地区偏北地区，提高水稻预期价格有利于进一步提高其要素投入生产效率，积温和降水对水稻生产效率的影响均表现为倒“U”形非线性效应

由于气候条件作为重要资源要素在水稻生产中具有重要作用，在测算我国高纬度地区水稻生产效率时，除了考虑劳动力、机械、化肥和土地要素外，还新增了气候因素。而DEA测算结果表明，原有经典投入要素计算的水稻生产效率与纳入气候变量以反映农业生产随机性框架下计算的水稻生产效率的变动趋势总体上一致，但气候变化使得我国高纬度地区水稻生产效率存在更强的地区异质性。地区之间，高纬度地区南部的水稻生产效率较低，而中北部地区的效率值较高，但最北部地区的生产效率由于不利的气候条件依旧呈现较低水平。在时序变化特征上，高纬度地区北部的水稻生产效率的中位数值整体呈现波动中上升的变化趋势；高纬度地区中部的效率值总体呈现“W”形变化趋势；而其南部地区的水稻生产效率总体以相对较低的水平呈现先平缓后缓慢增加的趋势。进一步构建实证模型分析发现，高纬度地区水稻生产效率变动受到价格预期的影响，水稻价格预期和玉米价格预期对我国高纬度地区水稻生产效率分别呈正向和负向影响。在气候因素中，GDD和降水对水稻生产效率的影响均呈现为“先增后减”的非线性效应，其平均边际效应分别为0.076和-0.263；日照时数和FDD对水稻生产效率的影响则分别表现为正向和负向。

（5）我国高纬度地区水稻生产对气候变化存在较强的适应性，且机械、土地和化肥投入变化是适应性产生的重要路径，忽略水稻价格预期会导致生产适应程度的高估

为应对气候变化的影响，生产者在水稻生产过程中可能存在适应性，本书分别采用经典面板模型和长差分方法测算我国高纬度地区水稻生产对气候变化的适应性，结果表明极端温度在短期和长期对高纬度地区水稻生产均存在负面影响，在经典面板模型下短期影响的估计系数为 -1.145，而在长差分方法下长期影响估计系数的绝对值有所减少，为 -0.54，生产适应程度为52.23%。另外，在纳入水稻预期价格后，极端温度仍对水稻生产具有负面影响，且适应程度缩小为44.43%，忽略水稻价格预期会高估高纬度地区水稻生产对气候变化的适应性。进一步分析水稻生产适应性的形成路径，研究发现气候变化导致高纬度地区劳动力、土地和化肥投入减少，但土地和化肥投入对气候变化的负面响应在长期适应性中能够得到部分缓解，并且稻农开始使用更多的机械投入来代替劳动力短缺。机械投入、土地投入和化肥投入的变化是我国高纬度地区气候变化适应性产生的重要路径，其中机械投入的作用最强，呈显著正向促进作用，土地投入和化肥投入的适应程度则分别为33.05%和35.68%，并且水稻价格预期会对各要素投入变化产生影响。实证发现忽略价格预期不仅会高估水稻生产对气候变化的适应性，也会高估各项投入要素对气候变化的适应性，意味着不仅要关注生产者对气候变化本身的适应性，还需要通过价格预期来促进适应。

8.2 对策建议

（1）把握气候变化的独特性，建立气候变化的短期、长期综合适应策略

本书研究发现我国高纬度地区存在显著的气候变暖趋势，但其对我国高纬度地区水稻生产的影响与其对中低纬度地区的影响存在较大的差异，

同时其影响在短期与长期也存在差异。因此，应对气候变化需要构建一个短期、长期结合的综合适应策略。

从短期来看，高纬度地区平均温度，尤其是水稻种植期和收获期最低温度的上升有利于水稻生产，避免造成低温冷害。因此，基于气候变化对高纬度地区水稻生产的积极作用，向农户做好高纬度地区适种区和宜种区的水稻种植气候需求特征的讲解，同时加强水稻基础设施的建设，有利于帮助当地农户根据地区特有的气候和水资源条件调整谷物种植结构，开展因地制宜的水稻种植模式，进一步确保我国粮食生产安全，尤其是包含水稻在内的口粮安全。目前，黑龙江省作为我国高纬度水稻种植区的重要生产基地，水稻生产份额已经占到全国水稻生产的 13%，有效地保障了国内的粮食生产供给。同时，部分高纬度地区水稻生产规模逐渐呈下滑态势，尤其是哈尔滨市、大庆市和牡丹江市。这需要当地农业机构为种植户提供气候数据、水稻生产数据等，从提升水稻产量和品质层面上提高农户种植水稻的积极性。并且应结合当地气候数据，对不适宜生产水稻的地区或因水稻生产地下水严重超采的地区逐步推行作物种植结构调整，选取适宜的作物品种，推动当地生态恢复和生态平衡。

从长期来看，还需要考虑长期气候变化对水稻生产的不利影响。相关气候预测数据表明，未来长期气候变化下，高纬度地区也会遭受过度变暖、降水不足、极端气候发生频率增加等，导致地区水热匹配失衡，致使在长期状态下水稻单产量不增反减。因而需要进一步改进谷物种植技术，推广保护性耕作技术，提高水稻对当地温度变化的适应性，构建高纬度地区气候变化的长期适应机制，推动农业可持续发展。同时，进一步探究水稻生产与温度、降水间的详细关联机制，做好高纬度地区温度和降水变化的监测，从而建立气候变化长期监测—预警机制，确保水稻生长环境具有更为适宜的水热条件。并且从长期来看，随着高纬度地区气候条件的不断发展，可以根据当地实际情况在光热条件适宜、灌溉设施较为完善的地区逐步开展和推广双季稻种植，提高对土地等自然资源要素的利用率，而对不宜种植的区域或生产效率较低的区域推行“水改旱”和“稻改豆”工程，避免因推广水稻生产导致地下水下渗的环境负外部性。

（2）持续推进稻谷价格支持政策改革，以最低收购价格的托底作用支撑稻农积极且稳定的价格预期，促进其对当地稻谷生产的积极作用

通过研究发现，由于稻谷价格支持政策对水稻收购价的托底作用，生产者在稻谷最低收购价格的支持下形成了良好的价格预期，并有效地推动了水稻生产面积、单产水平和生产效率等的提升。因而在未来水稻生产过程中，需要进一步结合当地水稻生产的实际，推进稻谷价格支持政策体系改革。

一是在当前存在较多不确定性的国际环境背景下，高纬度地区需要持续实施稻谷最低收购价，保障水稻生产具有积极的价格预期。本书的研究结论发现，稻谷最低收购价格作为保底价格不仅可以提高水稻生产面积，还对水稻单产水平和生产效率具有积极作用。而为了确保我国粮食安全和口粮绝对自给，在目前国际市场不确定性较多、新冠疫情以及俄乌局部冲突等事件对粮食进口存在不利影响的背景下，政府也需要利用好稻谷最低收购价带给农户的积极预期作用，确保高纬度地区尤其是主产区水稻种植户在稳定的价格预期下积极、持续地开展水稻生产。同时，为了确保最低收购价格的托底作用能够落地，当地农业机构需要在每年稻谷最低收购价政策公布后，积极开展稻谷最低收购价格的相关宣传，让稻谷最低收购价政策落实到户，避免因不了解最低收购价格而降低政策实施的效果。

二是结合高纬度地区气候变化趋势和种植技术条件，在有条件的情况下可以适当在高纬度地区的稻谷价格支持政策中增加双季稻水稻价格支持政策，以推动当地发展双季稻的生产种植。目前，高纬度地区（辽宁）双季稻实验已获得一定进展，可以在其有限的无霜期内实现两季水稻的播种与收获，且相关数据显示，双季稻相较于单季稻，稻谷产量最大可以增加一倍，可以有效地提高国内水稻供给。随着高纬度地区种植技术的成熟，逐步采用双季稻价格支持政策，可以进一步提高当地机械、劳动力以及土地资源的利用效率，也可以提高种粮户的水稻生产收益。因而建立双季稻水稻价格支持政策或单、双季稻综合价格支持政策，对于开发高纬度地区水稻生产潜力具有一定刺激作用。

三是在水稻收购价格市场化改革的长期趋势下，需要做好其他配套措

施调整，稳定种粮农户的积极价格预期。在WTO（世界贸易组织）框架下，我国农业支持政策的可用空间不断缩小，稻谷最低收购价政策的转型和市场化改革势在必行，而在取消价格支持政策前，需要寻找并发展相应的替代工具和措施，如种粮补贴、保险补贴政策或者土地流转补贴等，保障当地进行水稻生产的农户具有积极的收入预期，避免突然取消最低收购价政策造成种稻农户对水稻预期价格下降，从而退出水稻生产。

四是做好最低收购价政策在主产区和非主产区的区别，避免稻谷最低收购价政策对非主产区尤其是不宜种植区的刺激作用。由于干旱和农业灌溉用水，高纬度地区部分水稻种植区出现严重地下水超采，降低了耕地质量和耕地利用的可持续性，而部分农户在稻谷最低收购价政策的支持下，可能会持续开采地下水用于水稻生产灌溉。对此，政府需要进一步结合当地的气候条件和水资源利用情况，防微杜渐、未雨绸缪，监测最低收购价政策实施的地域范围，对于不再适宜种植水稻的区域要动态调整最低收购价政策的实施，从而辅助当地推进“稻改豆”工程。

（3）提升稻农气候变化适应的能力和水平，需要不断加强农业技术推广和教育，提高农户适应气候变化的主动性和科学性

尽管高纬度地区水稻生产历史较长，种植技术也较为成熟，但其更新和发展速度较中低纬度水稻主产区依然较晚。在新的气候变化背景下，部分地区新加入的水稻种植户对水稻生产和种植技术的认知相对有限，对水稻种植管理技术难以凭已有经验取得较好成效。并且农户由于有限的认知能力和新技术采纳能力，对于在长期下如何根据当地特有的气候条件开展生产和适应的能力较弱。因而提高我国高纬度地区农业技术培训、加强技术扩散的强度尤为重要。

首先，当地政府可以从外部借调成熟的技术人员到当地开展水稻种植技术和气候变化应对技术的推广工作。本书研究发现水稻种植技术具有较强的扩散效应，因而可以从其他水稻主产区或者具有水稻生产技术推广能力的科研院所借调农业技术推广人员到高纬度地区，加强水稻种植技术以及水稻气候变化适应措施等的宣传。把先进水稻产区应对气候变化的技术和经验介绍到高纬度水稻产区，降低当地对气候变化应对技术的适应周期

和壁垒。

其次，在推广策略上，当地科技人员可以通过深入当地水稻生产田间地头，了解当前水稻种植户在种植过程中遇到的瓶颈和困难，并对当地的生产和气候数据进行详细分析和整理，结合其他主产区的经验，总结出适合高纬度地区的水稻生产技术，从而向农户介绍和培训适合并满足他们需要的技术，如过量降水、低温冷害防范技术，以及病虫害防控技术等。同时，帮助他们了解当地气候变化的长期趋势以及气候条件和水稻生产之间的关系，让当地农户可以有意识地参与长期气候变化的适应过程中。

最后，对于当地尚未种植水稻但具有潜力种植水稻的农户，可以通过相关水稻种植技术培训等措施，帮助农户了解水稻生产的实际情况，避免因信息缺失或者技术瓶颈而放弃种植水稻。此外，当前高纬度地区水稻种植模式主要是一年一熟制，两熟制模式的种植面积相对较低，但随着气候条件的变化，尤其是温度的逐渐升高会使双季稻种植的可能性不断增加，而水稻种植技术的推广可以有效地帮助当地适应两熟制种植模式。在推广渠道上，可以借鉴高新信息技术和电子设备等建立新的网络群组、惠农网站等提高农业技术推广的及时性和有效性。

（4）应对气候变化，需要进一步加大科研投入，以培育抗逆品种、提升水资源利用技术，持续保障水稻生产能力

研究分析发现，尽管高纬度地区气候变化对水稻生产具有一定的促进作用，但水稻生长发育过程中可能遭遇的低温冷害或干旱等，对水稻生产产生不利影响，因此加大农业科研投入，提高水稻生产的抗害抗病能力，依然是在长期下有效保障粮食产量的重要措施。

一方面，通过不断培育新的水稻生产品种，增加对抗旱、抗极端温度等抗逆性较强品种的研究，从而加强对不利气候条件的适应性。水稻新品种，尤其是高精尖品种的培育一直是水稻科研中的重头，也是水稻基础研究和应用研究的重点方向。依托已有的水稻育种科研院所，加强对相关水稻品种培育的资金支持和政策支持，不仅可以提升水稻生产抗逆性，也可以提高水稻收获质量，促进高纬度地区双季稻的发展。

另一方面，结合当地的水资源条件和气候变化，加强对水资源利用相

关应用技术的投入，解决水稻生产中的短板和负外部性。研究分析发现，水稻生产不仅受到干旱等风险的制约，同时也会导致对当地水资源的过度开采，影响当地水稻生产和应对气候变化的长期可持续性。因此，除了基础的育种类科研投入外，还需要能提高水资源利用的相关应用技术的科研投入，包括水稻生产中的节水灌溉技术、水资源利用技术、生物节水技术以及水稻生产中的耕作水资源保护技术等，从而提高水稻生产的节水性和用水高效性。

附　录

表 A1　　水稻单产模型中不同权重矩阵的敏感性分析

变量	基于 $W_1=3$ 最邻近空间权重矩阵的计算	基于 $W_1=4$ 最邻近空间权重矩阵的计算
Moran's I 检验	0.546***	0.581***
水稻预期价格	0.194*** (0.073)	0.314*** (0.117)
玉米预期价格	-0.097* (0.056)	-0.161* (0.090)
化肥施用强度	0.126*** (0.043)	0.152*** (0.044)
5 月总降水量	-0.066 (0.484)	0.251 (0.537)
6 月总降水量	-0.557 (0.380)	-0.461 (0.394)
7 月总降水量	0.787*** (0.186)	0.770*** (0.188)
8 月总降水量	0.420** (0.221)	0.388* (0.229)
9 月总降水量	-0.240 (0.423)	-0.264 (0.445)
5 月总降水量平方	-1.519 (2.673)	-3.280 (2.984)
6 月总降水量平方	1.601 (1.524)	1.450 (1.550)
7 月总降水量平方	-1.666*** (0.395)	-1.646*** (0.392)
8 月总降水量平方	-1.229*** (0.496)	-1.146** (0.509)
9 月总降水量平方	2.403 (2.297)	2.415 (2.372)
日照时数	0.002 (0.001)	0.002 (0.001)
5 月累积 GDD	-0.153 (0.282)	-0.403 (0.350)
6 月累积 GDD	0.528* (0.303)	0.507* (0.281)
7 月累积 GDD	0.501 (0.368)	0.508 (0.451)
8 月累积 GDD	-0.388 (0.327)	-0.507 (0.434)
9 月累积 GDD	0.415* (0.233)	0.604** (0.288)

续表

变量	基于 $W_1=3$ 最邻近空间权重矩阵的计算	基于 $W_1=4$ 最邻近空间权重矩阵的计算
FDD	-1.429（1.384）	-1.549（1.499）
5 月温度离差	-0.018***（0.007）	-0.020***（0.008）
6 月温度离差	-0.006（0.006）	-0.007（0.007）
7 月温度离差	0.016**（0.008）	0.023***（0.009）
8 月温度离差	0.018***（0.007）	0.023***（0.009）
9 月温度离差	0.015**（0.007）	0.018**（0.009）
时间趋势	0.011**（0.005）	0.019***（0.007）
时间趋势平方	-4.048E-04***（1.565E-04）	-0.001***（2.479E-04）

注：括号内为标准差；*、** 和 *** 分别表示在 10%、5% 和 1% 的水平下显著。

表 A2　不同气候情景下各气候变量预测的汇总统计

变量	2041—2060 年		2061—2080 年		2081—2100 年	
	SSP2-4.5	SSP3-7.0	SSP2-4.5	SSP3-7.0	SSP2-4.5	SSP3-7.0
5 月总降水量	76.72 （38.65）	84.26 （43.89）	77.14 （39.18）	79.41 （40.64）	76.73 （40.17）	81.06 （39.04）
6 月总降水量	117.71 （9.21）	93.42 （56.64）	118.02 （51.37）	105.26 （53.45）	122.79 （54.09）	116.10 （62.93）
7 月总降水量	131.60 （67.06）	135.16 （70.21）	138.50 （86.07）	125.28 （66.84）	138.25 （75.75）	141.06 （90.51）
8 月总降水量	116.33 （81.52）	118.04 （74.77）	111.14 （63.85）	130.86 （8.70）	127.77 （80.10）	120.14 （88.94）
9 月总降水量	53.14 （35.32）	47.83 （45.34）	63.05 （50.16）	45.39 （35.25）	55.54 （45.66）	50.30 （32.37）
5 月累积 GDD	107.81 （59.608）	103.53 （59.87）	102.83 （63.03）	130.61 （67.77）	126.74 （67.62）	144.08 （65.88）
6 月累积 GDD	352.52 （106.73）	365.05 （99.93）	349.78 （103.82）	403.80 （91.56）	401.90 （100.02）	417.20 （84.80）
7 月累积 GDD	669.90 （113.12）	685.00 （116.26）	663.60 （108.27）	706.10 （97.26）	722.40 （107.65）	687.20 （107.67）

续表

变量	2041—2060 年		2061—2080 年		2081—2100 年	
	SSP2 - 4. 5	SSP3 - 7. 0	SSP2 - 4. 5	SSP3 - 7. 0	SSP2 - 4. 5	SSP3 - 7. 0
8 月累积 GDD	976. 40	989. 50	972. 90	1016. 10	1036. 30	989. 90
	(139. 70)	(137. 19)	(131. 64)	(116. 71)	(121. 65)	(143. 24)
9 月累积 GDD	1137. 00	1139. 20	1132. 70	1216. 00	1221. 90	1215. 50
	(188. 90)	(179. 54)	(186. 49)	(166. 37)	(169. 35)	(186. 24)
5 月温度离差	9. 44	9. 54	9. 43	9. 77	10. 01	9. 96
	(2. 37)	(2. 45)	(2. 49)	(2. 43)	(2. 51)	(2. 57)
6 月温度离差	9. 99	10. 48	9. 94	10. 28	9. 826	10. 96
	(2. 59)	(2. 61)	(2. 62)	(2. 70)	(2. 49)	(2. 82)
7 月温度离差	10. 550	10. 35	10. 57	10. 76	10. 35	11. 04
	(2. 71)	(2. 80)	(2. 80)	(2. 74)	(2. 69)	(2. 87)
8 月温度离差	10. 52	10. 75	10. 90	10. 63	10. 91	10. 73
	(2. 89)	(2. 81)	(2. 95)	(2. 80)	(2. 82)	(2. 87)
9 月温度离差	10. 85	10. 84	10. 48	11. 02	11. 18	10. 85
	(2. 78)	(2. 71)	(2. 78)	(2. 81)	(2. 85)	(2. 86)
FDD	5. 22	5. 24	5. 92	4. 09	3. 68	1. 65
	(13. 31)	(9. 78)	(10. 43)	(11. 03)	(8. 80)	(4. 96)

注：括号内为标准差。

表 A3　　未来气候变化对水稻单产量影响的总预测效应

变量	SSP2 - 4. 5			SSP3 - 7. 0		
	短期	中期	长期	短期	中期	长期
平均	1. 184%	1. 495%	2. 695%	1. 422%	2. 078%	0. 598%
	(0. 051)	(0. 047)	(0. 049)	(0. 054)	(0. 046)	(0. 040)
GDD	-5. 251%	-5. 374%	-4. 351%	-5. 498%	-4. 756%	-5. 531%
	(0. 026)	(0. 028)	(0. 030)	(0. 025)	(0. 033)	(0. 045)
降水	-1. 501%	-1. 160%	-1. 145%	-0. 760%	-1. 291%	-1. 815%
	(0. 012)	(0. 013)	(0. 010)	(0. 009)	(0. 009)	(0. 011)
FDD	-0. 470%	-0. 569%	-0. 253%	-0. 370%	-0. 311%	0. 037%
	(0. 007)	(0. 006)	(0. 003)	(0. 005)	(0. 004)	(0. 004)
温度离差	9. 030%	9. 270%	9. 007%	8. 613%	9. 063%	8. 652%
	(0. 062)	(0. 063)	(0. 064)	(0. 062)	(0. 063)	(0. 063)

注：括号内为标准差。

表 A4　　未来气候变化对水稻单产量影响的月度预测效应

变量	SSP2 - 4.5			SSP3 - 7.0		
	短期	中期	长期	短期	中期	长期
5 月总降水量	-0.519%	-0.537%	-0.537%	-0.817%	-0.623%	-0.655%
	(0.002)	(0.002)	(0.003)	(0.004)	(0.003)	(0.003)
6 月总降水量	-0.595%	-0.566%	-0.602%	0.061%	-0.278%	-0.321%
	(0.003)	(0.003)	(0.003)	(0.003)	(0.002)	(0.003)
7 月总降水量	-0.173%	-0.426%	-0.157%	-0.126%	-0.397%	-0.474%
	(0.010)	(0.008)	(0.008)	(0.007)	(0.007)	(0.008)
8 月总降水量	-0.218%	0.025%	-0.053%	-0.066%	0.006%	-0.323%
	(0.004)	(0.005)	(0.004)	(0.003)	(0.004)	(0.004)
9 月总降水量	-0.006%	0.339%	0.202%	0.188%	-0.004%	-0.056%
	(0.001)	(0.004)	(0.005)	(0.004)	(0.003)	(0.002)
5 月累积 GDD	0.450%	0.526%	0.160%	0.516%	0.100%	-0.105%
	(0.007)	(0.006)	(0.007)	(0.007)	(0.006)	(0.006)
6 月累积 GDD	5.482%	5.618%	2.778%	4.815%	2.660%	1.934%
	(0.047)	(0.042)	(0.047)	(0.053)	(0.044)	(0.042)
7 月累积 GDD	-9.525%	-9.830%	-7.105%	-8.795%	-7.869%	-8.691%
	(0.053)	(0.049)	(0.056)	(0.060)	(0.054)	(0.062)
8 月累积 GDD	11.715%	11.855%	9.172%	11.195%	10.033%	11.257%
	(0.061)	(0.058)	(0.064)	(0.069)	(0.064)	(0.081)
9 月累积 GDD	-11.012%	-11.186%	-7.789%	-10.889%	-8.011%	-7.939%
	(0.059)	(0.057)	(0.066)	(0.066)	(0.066)	(0.079)
5 月温度离差	4.740%	4.766%	3.693%	4.562%	4.133%	3.774%
	(0.044)	(0.047)	(0.047)	(0.045)	(0.047)	(0.047)
6 月温度离差	0.313%	0.339%	0.407%	0.020%	0.140%	-0.256%
	(0.016)	(0.016)	(0.014)	(0.015)	(0.015)	(0.017)
7 月温度离差	2.927%	2.965%	2.600%	2.592%	3.282%	3.745%
	(0.037)	(0.037)	(0.037)	(0.037)	(0.039)	(0.039)
8 月温度离差	2.266%	2.994%	3.007%	2.714%	2.469%	2.655%
	(0.038)	(0.041)	(0.042)	(0.041)	(0.040)	(0.040)
9 月温度离差	-1.299%	-1.848%	-0.796%	-1.312%	-1.039%	-1.286%
	(0.033)	(0.033)	(0.035)	(0.034)	(0.034)	(0.036)

续表

变量	SSP2 - 4.5			SSP3 - 7.0		
	短期	中期	长期	短期	中期	长期
FDD	-0.470% (0.007)	-0.569% (0.006)	-0.253% (0.003)	-0.370% (0.005)	-0.311% (0.004)	0.037% (0.004)

注：括号内为标准差。

参考文献

［1］陈浩，李正国，唐鹏钦，胡亚南，谭杰扬，刘珍环，游良志，杨鹏．气候变化背景下东北水稻的时空分布特征［J］．应用生态学报，2016，27（8）：2571－2579.

［2］陈帅，徐晋涛，张海鹏．气候变化对中国粮食生产的影响——基于县级面板数据的实证分析［J］．中国农村经济，2016（5）：2－15.

［3］陈秧分，李先德．中国粮食产量变化的时空格局与影响因素［J］．农业工程学报，2013（20）：1－10.

［4］陈兆波，董文，霍治国，张正斌，陈霞，李茂松，杨晓光，陈银基．中国农业应对气候变化关键技术研究进展及发展方向［J］．中国农业科学，2013，46（15）：3097－3104.

［5］程国强，朱满德．新冠肺炎疫情冲击粮食安全：趋势、影响与应对［J］．中国农村经济，2020（5）：13－20.

［6］丑洁明，叶笃正．构建一个经济——气候新模型评价气候变化对粮食产量的影响［J］．气候与环境研究，2006，11（3）：347－353.

［7］丁锐，史文娇．1993—2017年气候变化对西藏谷物单产的定量影响［J］．地理学报，2021（76）：1－13.

［8］杜为长，科尔曼．中国农作物播种面积对价格变化反应的实证分析［J］．中国农村观察，1997（2）：35－40.

［9］范垄基，穆月英，付文革，陈阜．基于Nerlove模型的我国不同粮食作物的供给反应［J］．农业技术经济，2012（12）：4－11.

［10］冯晓龙，刘明月，霍学喜，陈宗兴．农户气候变化适应性决策对农业产出的影响效应——以陕西苹果种植户为例［J］．中国农村经济，

2017 (3): 31 - 45.

[11] 高晶晶，彭超，史清华．中国化肥高用量与小农户的施肥行为研究——基于1995—2016年全国农村固定观察点数据的发现 [J]．管理世界，2019，35 (10): 120 - 132.

[12] 高鸣，宋洪远．补贴减少了粮食生产效率损失吗？——基于动态资产贫困理论的分析 [J]．管理世界，2017 (9): 85 - 100.

[13] 高鸣．气候变化下的农业生产率再估计 [J]．中国软科学，2018 (9): 26 - 39.

[14] 高雪，李谷成，尹朝静．极端气候变化及其对水稻气候产量影响的实证分析——以湖北省为例 [J]．中国农业大学学报，2017，22 (5): 153 - 162.

[15] 高雪，李谷成，尹朝静．气候变化下的农户适应性行为及其对粮食单产的影响 [J]．中国农业大学学报，2021，26 (3): 240 - 248.

[16] 何奇瑾，周广胜．我国春玉米潜在种植分布区的气候适宜性 [J]．生态学报，2012，32 (12): 3931 - 3939.

[17] 侯麟科，仇焕广，汪阳洁，孙来祥．气候变化对我国农业生产的影响——基于多投入多产出生产函数的分析 [J]．农业技术经济，2015 (3): 4 - 14.

[18] 侯玲玲，王金霞，黄季焜．不同收入水平的农民对极端干旱事件的感知及其对适应措施采用的影响——基于全国9省农户大规模调查的实证分析 [J]．农业技术经济，2016 (11): 24 - 33.

[19] 黄勇，朱信凯．基于指数分解法的中国粮食增量贡献要素研究 [J]．农业技术经济，2014 (6): 92 - 102.

[20] 霍治国，李茂松，王丽，肖晶晶，黄大鹏，王春艳．降水变化对中国农作物病虫害的影响 [J]．中国农业科学，2012，45 (10): 1935 - 1945.

[21] 冀县卿，钱忠好，李友艺．土地经营规模扩张有助于提升水稻生产效率吗？——基于上海市松江区家庭农场的分析 [J]．中国农村经济，2019 (7): 73 - 90.

［22］姜海滨，应瑞瑶．化肥国际价格波动对粮油作物生产的影响［J］．河南农业大学学报，2018，207（3）：174－180.

［23］姜岩，朱晓莉，周宏，王筠菲．气候变化对江苏水稻生产效率变动的影响［J］．农业技术经济，2015（12）：109－116.

［24］矫梅燕，周广胜，陈振林．气候变化对中国农业影响评估报告［M］．社会科学文献出版社，2014.

［25］解伟，魏玮，崔琦．气候变化对中国主要粮食作物单产影响的文献计量 Meta 分析［J］．中国人口·资源与环境，2019，29（1）：82－88.

［26］孔祥斌，张凤荣，徐艳，齐伟．集约化农区耕地利用变化及其驱动机制分析——以河北省曲周县为例［J］．资源科学，2003，25（3）：57－63.

［27］孔祥智，张琛，张效榕．要素禀赋变化与农业资本有机构成提高——对 1978 年以来中国农业发展路径的解释［J］．管理世界，2018，34（10）：153－166.

［28］李谷成．提升农业全要素生产率［N］．中国社会科学报，2019.

［29］李建平，李俊杰，李文娟，周振亚，王秀芬．“十四五”期间我国水稻增产潜力与实现路径［J］．农业经济问题，2021（7）：25－37.

［30］李克南，杨晓光，慕臣英，徐华军，陈阜．全球气候变暖对中国种植制度可能影响Ⅷ——气候变化对中国冬小麦冬春性品种种植界限的影响［J］．中国农业科学，2013，46（8）：1583－1594.

［31］林光华，陆盈盈．气候变化对农业全要素生产率的影响及对策——以冬小麦为例［J］．农村经济，2019（6）：114－120.

［32］凌霄霞，张作林，翟景秋，叶树春，黄见良．气候变化对中国水稻生产的影响研究进展［J］．作物学报，2019（3）：323－334.

［33］刘俊杰，周应恒．我国小麦供给反应研究——基于小麦主产省的实证［J］．农业技术经济，2011（12）：40－45.

［34］刘克春．粮食生产补贴政策对农户粮食种植决策行为的影响与作用机理分析——以江西省为例［J］．中国农村经济，2010（2）：12－21.

［35］刘守英，王一鸽．从乡土中国到城乡中国——中国转型的乡村

变迁视角［J］. 管理世界，2018，34（10）：128－146.

［36］刘天军，蔡起华，朱玉春. 气候变化对苹果主产区产量的影响——来自陕西省6个苹果生产基地县210户果农的数据［J］. 中国农村经济，2012（5）：32－40.

［37］刘晓丽，潘方卉. 农产品价格、农村劳动力转移与农民收入——基于PVAR模型的实证分析［J］. 经济问题，2019，473（1）：99－107.

［38］刘余，王越，周应恒. 粮食经营是否进入稳定发展阶段？——基于江苏省水稻生产效率的测算［J］. 农业现代化研究，2018（2）：211－218.

［39］刘泽莹，韩一军. 种麦农户行为选择：来自价格、政策和非农就业的综合响应检验［J］. 华中农业大学学报（社会科学版），2019（4）：63－71.

［40］卢华，胡浩. 土地细碎化、种植多样化对农业生产利润和效率的影响分析——基于江苏农户的微观调查［J］. 农业技术经济，2015（7）：4－15.

［41］罗海平，邹楠，胡学英，王圣云. 1980—2019年中国粮食主产区主要粮食作物气候生产潜力与气候资源利用效率［J］. 资源科学，2021，43（6）：1234－1247.

［42］雒丽，赵雪雁，王亚茹，等. 基于结构方程模型的高寒生态脆弱区农户的气候变化感知研究——以甘南高原为例［J］. 生态学报，2017（10）：3274－3285.

［43］吕亚荣，陈淑芬. 农民对气候变化的认知及适应性行为分析［J］. 中国农村经济，2010（7）：75－86.

［44］马文杰. 中国粮食综合生产能力研究［M］. 科学出版社，2010.

［45］闵继胜，孔祥智. 我国农业面源污染问题的研究进展［J］. 华中农业大学学报（社会科学版），2016（2）：59－66.

［46］彭长生，王全忠，李光泗，钟钰. 稻谷最低收购价调整预期对农户生产行为的影响——基于修正的Nerlove模型的实证研究［J］. 中国农村经济，2019（7）：51－70.

[47] 秦大河．中国气候与环境演变：2012 综合卷 [M]．北京：气象出版社，2012.

[48] 史清华．中国农家行为研究 [M]．中国农业出版社，2009.

[49] 孙宁，冯利平．利用冬小麦作物生长模型对产量气候风险的评估 [J]．农业工程学报，2005，21（2）：106－110.

[50] 田伟，柳思维．中国农业技术效率的地区差异及收敛性分析——基于随机前沿分析方法 [J]．农业经济问题，2012（12）：11－18.

[51] 童庆蒙，张露，张俊飚．家庭禀赋特征对农户气候变化适应性行为的影响研究 [J]．中国软科学，2018，32（1）：136－139.

[52] 汪阳洁，仇焕广，陈晓红．气候变化对农业影响的经济学方法研究进展 [J]．中国农村经济，2015（9）：4－16.

[53] 王常伟，顾海英．市场 VS 政府，什么力量影响了我国菜农农药用量的选择？[J]．管理世界，2013（11）：50－66.

[54] 王德文，黄季焜．双轨制度下中国农户粮食供给反应分析 [J]．经济研究，2001（12）：55－65.

[55] 王克强，许茹毅，刘红梅．土地流转信托对农业生产效率的影响研究——基于黑龙江省桦川县水稻农户信托项目的实证分析 [J]．农业技术经济，2021（4）：122－132.

[56] 王明利，吕新业．我国水稻生产率增长、技术进步与效率变化 [J]．农业技术经济，2006（6）：26－31.

[57] 王品，魏星，张朝，陈一，宋骁，史培军，陶福禄．气候变暖背景下水稻低温冷害和高温热害的研究进展 [J]．资源科学，2014，36（11）：2316－2326.

[58] 王倩，邱俊杰，余劲．移民搬迁是否加剧了山区耕地撂荒？——基于陕南三市 1578 户农户面板数据 [J]．自然资源学报，2019，34（7）：1376－1390.

[59] 王永华，王玉杰，冯伟，王晨阳，胡卫丽，轩红梅，郭天财．两种气候年型下不同栽培模式对冬小麦根系时空分布及产量的影响 [J]．中国农业科学，2012，45（14）：2826－2837.

［60］王媛，方修琦，徐锬，戴玉娟．气候变暖与东北地区水稻种植的适应行为［J］．资源科学，2005，27（1）：121－127.

［61］魏君英，何蒲明．粮食直接补贴政策对粮食播种面积影响的实证研究［J］．农业经济，2013（3）：27－29.

［62］吴绍洪，赵东升．中国气候变化影响，风险与适应研究新进展［J］．中国人口·资源与环境，2020，30（6）：1－9.

［63］向青，黄季焜．地下水灌溉系统产权演变和种植业结构调整研究：以河北省为实证的研究［J］．管理世界，2000（5）：163－168.

［64］肖风劲，张海东，王春乙，王邦中，刘海波，王长科．气候变化对我国农业的可能影响及适应性对策［J］．自然灾害学报，2006（S1）：327－331.

［65］许瑞孔．水稻栽培影响因素与高产技术［J］．农业工程技术，2020，40（8）：64.

［66］杨万江，陈文佳．中国水稻生产空间布局变迁及影响因素分析［J］．经济地理，2011，31（12）：2086－2093.

［67］杨晓光，刘志娟，陈阜．全球气候变暖对中国种植制度可能影响气候变暖对中国种植制度北界和粮食产量可能影响的分析［J］．中国农业科学，2010，43（2）：329－336.

［68］杨宇，王金霞，黄季焜．极端干旱事件、农田管理适应性行为与生产风险：基于华北平原农户的实证研究［J］．农业技术经济，2016（9）：4－17.

［69］叶笃正，黄荣辉．长江黄河流域旱涝规律和成因研究［M］．山东科学技术出版社，1996.

［70］易福金，周甜甜，陈晓光．气候变化、农业科研投入与农业全要素生产率［J］．南京农业大学学报（社会科学版），2021，21（4）：155－167.

［71］尹朝静，李谷成，范丽霞，高雪．生育期气候变化对我国水稻主产区单产的影响——基于扩展C－D生产函数的实证分析［J］．中国农业大学学报，2018，23（10）：189－198.

［72］尹朝静，李谷成，葛静芳．粮食安全：气候变化与粮食生产率增长——基于 HP 滤波和序列 DEA 方法的实证分析［J］．资源科学，2016，38（4）：665－675.

［73］尹朝静．气候变化对中国水稻生产的影响研究［D］．武汉：华中农业大学图书馆，2017.

［74］应瑞瑶，朱勇．农业技术培训方式对农户农业化学投入品使用行为的影响——源自实验经济学的证据［J］．中国农村观察，2015（1）：50－58.

［75］张超正，杨钢桥．农地细碎化，耕地质量对水稻生产效率的影响［J］．华中农业大学学报（社会科学版），2020，146（2）：127－134.

［76］张娟．气候变化的经济学分析：国外研究最新进展综述［J］．中国人口·资源与环境，2012，22（11）：19－25.

［77］张凯，王润元，冯起，王鹤龄，赵鸿，赵福年，阳伏林，雷俊．模拟增温和降水变化对半干旱区春小麦生长及产量的影响［J］．农业工程学报，2015，31（S1）：161－170.

［78］张荣荣，宁晓菊，秦耀辰，赵凯娜，李永贺．1980 年以来河南省主要粮食作物产量对气候变化的敏感性分析［J］．资源科学，2018，40（1）：137－149.

［79］张爽．粮食最低收购价政策对主产区农户供给行为影响的实证研究［J］．经济评论，2013（1）：130－136.

［80］张越杰，霍灵光，王军．中国东北地区水稻生产效率的实证分析——以吉林省水稻生产为例［J］．中国农村经济，2007（5）：24－32.

［81］赵锦，杨晓光，刘志娟．全球气候变暖对中国种植制度的可能影响气候变化对东北三省春玉米气候适宜性的影响［J］．中国农业科学，2014（16）：3143－3156.

［82］赵黎明．寒地水稻产量形成及灌水方式和种植密度调控影响［D］．哈尔滨：东北农业大学图书馆，2015.

［83］赵丽平，侯德林，王雅鹏，何可．城镇化对粮食生产环境技术效率影响研究［J］．中国人口·资源与环境，2016，26（3）：153－162.

［84］赵玉，严武．市场风险，价格预期与农户种植行为响应——基于粮食主产区的实证［J］．农业现代化研究，2016，37（1）：50－56.

［85］钟钰，秦富．我国价格支持政策对粮食生产的影响研究［J］．当代经济科学，2012，34（3）：119－123.

［86］周曙东，乔辉．农产品价格对不同规模农户种植面积的影响——以大田商品作物花生为例［J］．南京农业大学学报（社会科学版），2018，18（1）：115－123.

［87］周曙东，朱红根．气候变化对中国南方水稻产量的经济影响及其适应策略［J］．中国人口·资源与环境，2010（10）：152－157.

［88］朱红根，康兰媛，周曙东．南方稻区季节性干旱农户适应行为及其影响因素实证分析［J］．自然资源学报，2016，31（9）：1540－1552.

［89］朱晶，臧星月，李天祥．新发展格局下中国粮食安全风险及其防范．中国农村经济，2021（9）：2－21.

［90］黑龙江省人民政府．伊春市2019年农业生产形势分析［R］．2020（https：//www.hlj.gov.cn/zwfb/system/2020/03/30/010922698.shtml）.

［91］Acemoglu D，Aghion P，Bursztyn L，Hemous D. The environment and directed technical change［J］．American Economic Review，2012，102（1）：131－166.

［92］Adams R M，King G A，Johnston W E. Effects of energy cost increases and regional allocation policies on agricultural production［J］．American Journal of Agricultural Economics，1977，59（3）：444－455.

［93］Adger W N，Dessai S，Goulden M，Hulme A，Lorenzoni I，Nelson D R，Naess L O，Wolf J，Wreford A. Are there social limits to adaptation to climate change［J］．Climatic Change，2009（93）：335－354.

［94］Albers H，Gornott C，Hüttel S. How do inputs and weather drive wheat yield volatility? The Example of Germany［J］．Food Policy，2017（70）：50－61.

［95］Anselin L. Spatial Econometrics：Methods and Models［M］．Springer Netherlands，1988.

[96] Arellano M, Bond S. Some tests of specification for panel data: Monte Carlo evidence and an application to employment equations [J]. The Review of Economic Studies, 1991, 58 (2): 277 - 297.

[97] Arrow K J, Chenery H B. Minhas B S, Solow R M. Capital - labor substitution and economic efficiency [J]. The Review of Economics and Statistics, 1961, 43 (3): 225 - 250.

[98] Baejczyk - Majka L, Kala R. On the combined estimation of technical efficiency and its application to agriculture [J]. Agricultural Economics, 2015, 61 (10): 441 - 449.

[99] Banker R D, Charnes A, Cooper W W. Some models for estimating technical and scale inefficiencies in data envelopment analysis [J]. Management Science, 1984, 30 (9): 1078 - 1092.

[100] Baskerville G L, Emin P. Rapid estimation of heat accumulation from maximum and minimum temperatures [J]. Ecology, 1969, 50 (3): 514 - 517.

[101] Battisti D S, Naylor R L. Historical warnings of future food insecurity with unprecedented seasonal heat [J]. Science, 2009, 323 (5911): 240 - 244.

[102] Beenstock M, Felsenstein D. The econometric analysis of non - stationary spatial panel data [M]. Springer International Publishing, 2019.

[103] Bellemare M F, Barrett C B, Just D R. The welfare impacts of commodity price volatility: Evidence from rural Ethiopia [J]. American Journal of Agricultural Economics, 2013, 95 (4): 877 - 899.

[104] Benhin J K A. South African crop farming and climate change: An economic assessment of impacts [J]. Global Environmental Change, 2008, 18 (4): 666 - 678.

[105] Black J D. Introduction to production economics [M]. Berkeley, California: University of California Press, 1926.

[106] Bloomfield J P, Williams R J, Gooddy D C, Cape J N, Guha P. Impacts of climate change on the fate and behaviour of pesticides in surface

and groundwater—a UK perspective [J]. Science of the Total Environment, 2006, 369 (1-3): 163-177.

[107] Blundell R, Bond S. Initial conditions and moment restrictions in dynamic panel data models [J]. Journal of Econometrics, 1998, 87 (1): 115-143.

[108] Blunden J, Arndt D S. State of the climate in 2014 [J]. Bulletin of the American Meteorological Society, 2015, 96 (7): 1-32.

[109] Boeke J H. Economics and economic policy of dual societies [M]. New York: Institute of Pacific Relations, 1953.

[110] Breusch T S, Pagan A R. A simple test for heteroscedasticity and random coefficient variation [J]. Econometrica, 1979, 47 (5): 1287-1294.

[111] Breusch T S, Pagan A R. The Lagrange multiplier test and its applications to model specification in econometrics [J]. The Review of Economic Studies, 1980 47 (1): 239-253.

[112] Brinkmann T. Economics of the farm business [M]. University of California Press, Berkeley, 1935.

[113] Brunelle T, Dumas P, Souty F, Dorin B, Nadaud F. Evaluating the impact of rising fertilizer prices on crop yields [J]. Agricultural Economics, 2015, 46 (5): 653-666.

[114] Burke M, Emerick K. Adaptation to climate change: Evidence from US agriculture [J]. American Economic Journal: Economic Policy, 2016, 8 (3): 106-140.

[115] Cabas J, Weersink A, Olale E. Crop yield response to economic, site and climatic variables [J]. Climatic Change, 2010, 101 (3): 599-616.

[116] Cannon R J C. The implications of predicted climate change for insect pests in the UK, with emphasis on non-indigenous species [J]. Global Change Biology, 1998, 4 (7): 785-796.

[117] Chambers R G, Pieralli S. The sources of measured US agricultural productivity growth: weather, technological change, and adaptation [J]. A-

merican Journal of Agricultural Economics, 2020, 102 (4): 1198 - 1226.

[118] Chambers R G, Serra T. Estimating ex ante cost functions for stochastic technologies [J]. American Journal of Agricultural Economics, 2018, 101 (3): 807 - 824.

[119] Chandrasekaran B, Annadurai K, Somasundaram E. A textbook of agronomy [M]. New Age International Limited, 2010.

[120] Charnes A, Clark C T, Cooper C W, Golany B. A developmental study of data envelopment analysis in measuring the efficiency of maintenance units in the US air forces [J]. Annals of Operations Research, 1984, 2 (1): 95 - 112.

[121] Charnes A, Cooper W W, Lewin A Y, Seiford L M. Data envelopment analysis: Theory, methodology, and applications [M]. Springer Netherlands, 1994.

[122] Charnes A, Cooper W W, Rhodes E. Measuring the efficiency of decision making units [J]. European Journal of Operational Research, 1978, 2 (6): 429 - 444.

[123] Chavas J P, Holt M T. Acreage decisions under risk: The case of corn and soybeans [J]. American Journal of Agricultural Economics, 1990, 72 (3): 529 - 538.

[124] Chavas J P, Pope R D, Kao R S. An analysis of the role of future prices, cash prices, and government programs in acreage response [J]. Western Journal of Agricultural Economics, 1983 (8): 27 - 33.

[125] Chayanov A V. Peasant farm organization: The theory of peasant economy [M]. Moscow: Cooperative Publishing House, 1926.

[126] Chen H, Wang J, Huang J. Policy support, social capital, and farmers' adaptation to drought in China [J]. Global Environmental Change, 2014 (24): 193 - 202.

[127] Chen S, Chen X, Xu J. Impacts of climate change on agriculture: Evidence from China [J]. Journal of Environmental Economics & Management,

2016 (76): 105 - 124.

[128] Chen S, Gong B. Response and adaptation of agriculture to climate change: Evidence from China [J]. Journal of Development Economics, 2021 (148): 1 - 17.

[129] Choi J S, Helmberger P G. How sensitive are crop yields to price changes and farm programs? [J]. Journal of Agricultural and Applied Economics, 1993 (25): 237 - 244.

[130] Christensen L R, Jorgenson D W, Lau L J. Transcendental logarithmic production frontiers [J]. The Review of Economics and Statistics, 1973: 28 - 45.

[131] Clark J S, Fleming C S. Estimating price distortions caused by Canadian Wheat Board initial payment policy [J]. Canadian Journal of Agricultural Economics, 1990, 38 (4): 923 - 930.

[132] Clark J S, Siemens J K, Fleming C S. Effects of initial payment policy on the welfare of Saskatchewan wheat and barley producers [J]. Canadian Journal of Agricultural Economics, 2010, 38 (3): 385 - 404.

[133] Clark J S, Taylor J S, Spriggs J. The effect of new price information on crop supply [J]. Canadian Journal of Economics, 1992: 172 - 183.

[134] Cobb C W, Douglas P H. A theory of production [J]. The American Economic Review, 1928, 18 (1): 139 - 165.

[135] Cohn A S, VanWey L K, Spera S A, Mustard J F. Cropping frequency and area response to climate variability can exceed yield response [J]. Nature Climate Change, 2016, 6 (6): 601 - 604.

[136] Coyle B T, Wei R, Rude J. Dynamic econometric models of Manitoba crop production and hypothetical production impacts for CAIS [J]. Canadian Agricultural Trade Policy Research Network, 2008: 1 - 71.

[137] Coyle B T. On modeling systems of crop acreage demands [J]. Journal of Agricultural and Resource Economics, 1993 (1): 57 - 69.

[138] Cui X. Climate change and adaptation in agriculture: Evidence from

US cropping patterns [J]. Journal of Environmental Economics and Management, 2020 (101): 1-24.

[139] DeGroot M H. Optimal statistical decisions [M]. John Wiley & Sons, 2005.

[140] Delcour I, Spanoghe P, Uyttendaele M. Literature review: Impact of climate change on pesticide use [J]. Food Research International, 2015 (68): 7-15.

[141] Dell M, Jones B F, Olken B A. What do we learn from the weather? The new climate-economy literature [J]. Journal of Economic Literature, 2014, 52 (3): 740-798.

[142] Deressa T T, Hassan R M, Ringler C, Alemu T, Yesuf M. Determinants of farmers' choice of adaptation methods to climate change in the Nile Basin of Ethiopia [J]. Global Environmental Change, 2009, 19 (2): 248-255.

[143] Deschênes O, Greenstone M. The economic impacts of climate change: Evidence from agricultural output and random fluctuations in weather [J]. The American Economic Review, 2007, 97 (1): 354-385.

[144] Du X, Hennessy D A, Feng H. Crop yield and acreage adaptation to climate changes: empirical evidence in recent decades [J]. Agricultural and Applied Economics Association Annual Meeting, 2017: 1-19.

[145] Eales J S, Engel B K, Hauser R J, Thompson S R. Grain price expectations of Illinois farmers and grain merchandisers [J]. American Journal of Agricultural Economics, 1990, 72 (3): 701-708.

[146] Easterling D R, Meehl G A, Parmesan C, Changnon S A, Karl T R, Mearns L O. Climate extremes: Observations, modeling, and impacts [J]. Science, 2000, 289 (5487): 2068-2074.

[147] Evans G W, Ramey G. Adaptive expectations, under parameterization and the Lucas critique [J]. Journal of Monetary Economics, 2006, 53 (2): 249-264.

[148] Ezekiel M. The cobweb theorem [J]. The Quarterly Journal of Economics, 1938, 52 (2): 255-280.

[149] Feng H, Babcock B A. Impacts of ethanol on planted acreage in market equilibrium [J]. American Journal of Agricultural Economics, 2010, 92 (3): 789-802.

[150] Friedman J H. Multivariate adaptive regression splines [J]. The Annals of Statistics, 1991: 1-67.

[151] Fronzek S, Luoto M, Carter T R. Potential effect of climate change on the distribution of palsa mires in subarctic Fennoscandia [J]. Climate Research, 2006, 32 (1): 1-12.

[152] Gebrehiwot T, Van Der Veen A. Farm level adaptation to climate change: the case of farmer's in the Ethiopian Highlands [J]. Environmental Management, 2013, 52 (1): 29-44.

[153] Goodwin R M. Dynamical coupling with especial reference to markets having production lags [J]. Econometrica, 1947, 15 (3): 181-204.

[154] Gutierrez A P, Ponti L, D'Oultremont T, Ellis C K. Climate change effects on poikilotherm tritrophic interactions [J]. Climatic Change, 2008, 87 (1): 167-192.

[155] Haile M G, Kalkuhl M, Usman M A. Market information and smallholder farmer price expectations [J]. African Journal of Agricultural & Resource Economics, 2016 (10): 297-311.

[156] Haile M G, Kalkuhl M, von Braun J. Inter- and intra-seasonal crop acreage response to international food prices and implications of volatility [J]. Agricultural Economics, 2014, 45 (6): 693-710.

[157] Haile M G, Kalkuhl M, von Braun J. Worldwide acreage and yield response to international price change and volatility: a dynamic panel data analysis for wheat, rice, corn, and soybeans [J]. American Journal of Agricultural Economics, 2016, 98 (1): 172-190.

[158] Hendricks N P, Smith A, Sumner D A. Crop supply dynamics and

the illusion of partial adjustment [J]. American Journal of Agricultural Economics, 2014, 96 (5): 1469 - 1491.

[159] Hennessy D A. On monoculture and the structure of crop rotations [J]. American Journal of Agricultural Economics, 2006, 88 (4): 900 - 914.

[160] Hicks J R. Value and Capital [M]. Oxford University Press, Cambridge, 1939.

[161] Hou L, Huang J, Wang J. Farmers' perceptions of climate change in China: the influence of social networks and farm assets [J]. Climate Research, 2015, 63 (3): 191 - 201.

[162] Huang J, Jiang J, Wang J, Hou L. Crop diversification in coping with extreme weather events in China [J]. Journal of Integrative Agriculture, 2014, 13 (4): 677 - 686.

[163] Huang J, Wang Y, Wang J. Farmers' adaptation to extreme weather events through farm management and its impacts on the mean and risk of rice yield in China [J]. American Journal of Agricultural Economics, 2015 (2): 602 - 617.

[164] Huang J, Wang Y. Financing sustainable agriculture under climate change [J]. Journal of Integrative Agriculture, 2014, 13 (4): 698 - 712.

[165] Jackson L E, Wheeler S M, Hollander A D, O'Geen A T, Orlove B S, Six J, Sumner D A, Santos - Martin F, Kramer J B, Horwath W R, Howitt R E, Tomich T P. Case study on potential agricultural responses to climate change in a California landscape [J]. Climatic Change, 2011, 109 (1): 407 - 427.

[166] Jeong J H, Resop J P, Mueller N D, Fleisher D H, Yun K, Butler E E, Timlin D J, Shim K, Gerber J S, Reddy V R, Kim S. Random forests for global and regional crop yield predictions [J]. PLoS One, 2016, 11 (6): 1 - 15.

[167] Just R E, Pope R D. Production function estimation and related risk

considerations [J]. American Journal of Agricultural Economics, 1979, 61 (2): 276 - 284.

[168] Kaufmann R K, Snell S E. A biophysical model of corn yield: integrating climatic and social determinants [J]. American Journal of Agricultural Economics, 1997, 79 (1): 178 - 190.

[169] Kelly D L, Kolstad CD, Mitchell G T. Adjustment costs from environmental change [J]. Journal of Environmental Economics and Management, 2005, 50 (3): 468 - 495.

[170] Keynes J M. A tract on monetary reform [M]. London, Macmillan, 1923.

[171] Keynes J M. A treatise on money, Vol. II [M]. Macmillan, London, 1930.

[172] Keynes J M. The general theory of employment, interest, and money [M]. Springer, 1936.

[173] Kibue G W, Liu X, Zheng J, Pan G, Li L, Han X. Farmers' perceptions of climate variability and factors influencing adaptation: Evidence from Anhui and Jiangsu, China [J]. Environmental Management, 2016, 57 (5): 976 - 986.

[174] Kostov P. Model boosting for spatial weighting matrix selection in spatial lag models [J]. Environment and Planning B: Planning and Design, 2010, 37 (3): 533 - 549.

[175] Lee H, Bogner C, Lee S, Koellner T. Crop selection under price and yield fluctuation: Analysis of agro - economic time series from South Korea [J]. Agricultural Systems, 2016 (148): 1 - 11.

[176] LeSage J P. Regression analysis of spatial data [J]. Journal of Regional Analysis and Policy. 1997 (27): 83 - 94.

[177] Liang S, Wu W, Sun J, Li Z, Sun X. Climate - mediated dynamics of the northern limit of paddy rice in China [J]. Environmental Research Letters, 2021, 16 (6): 1 - 12.

[178] Lin J Y. Education and innovation adoption in agriculture: evidence from hybrid rice in China [J]. American Journal of Agricultural Economics, 1991, 73 (3): 713 - 723.

[179] Lin W, Dismukes R. Supply response under risk: Implications for counter - cyclical payments' production impact [J]. Review of Agricultural Economics, 2007, 29 (1): 64 - 86.

[180] Liu Z, Li Z, Tang P, Li Z, Wu W, Yang P, You L, Tang H. Change analysis of rice area and production in China during the past three decades [J]. Journal of Geographical Sciences, 2013, 23 (6): 1005 - 1018.

[181] Lobell D B, Burke M B, Tebaldi C, Mastrandrea M D, Falcon W P, Naylor R L. Prioritizing climate change adaptation needs for food security in 2030 [J]. Science, 2008, 319 (5863): 607 - 610.

[182] Lobell D B, Hammer G L, McLean G, Messina C, Roberts M J, Schlenker W. The critical role of extreme heat for maize production in the United States [J]. Nature Climate Change, 2013, 3 (5): 497 - 501.

[183] Lobell D B, Schlenker W, Costa - Roberts J. Climate trends and global crop production since 1980 [J]. Science, 2011, 333 (6042): 616 - 620.

[184] Long S P, Ainsworth E A, Leakey A D B, Nosberger J, Ort D R. Food for thought: lower - than - expected crop yield stimulation with rising CO_2 concentrations [J]. Science, 2006, 312 (5782): 1918 - 1921.

[185] Lu W, Adamowicz W, Jeffrey S R, Goss G G, Faramarzi M. Crop yield response to climate variables on dryland versus irrigated lands [J]. Canadian Journal of Agricultural Economics, 2018, 66 (2): 283 - 303.

[186] Lucas R E. Expectations and the neutrality of money [J]. Journal of Economic Theory, 1972, 4 (2): 103 - 124.

[187] Maddala G S. Limited - dependent and qualitative variables in econometrics [M]. Cambridge University Press, 1986.

[188] Makuvaro V, Murewi C T F, Dimes J, Chagonda L. Are smallholder farmers' perceptions of climate variability and change supported by climate

records? A case study of lower Gweru in semiarid central Zimbabwe [J]. Weather, Climate, and Society, 2018, 10 (1): 35 - 49.

[189] Mankiw N G, Reis R. Sticky information versus sticky prices: a proposal to replace the New Keynesian Phillips curve [J]. The Quarterly Journal of Economics, 2002, 117 (4): 1295 - 1328.

[190] Manne A, Mendelsohn R, Richels R. MERGE: A model for evaluating regional and global effects of GHG reduction policies [J]. Energy Policy, 1995, 23 (1): 17 - 34.

[191] Marcet A, Sargent T J. Convergence of least squares learning mechanisms in self - referential linear stochastic models [J]. Journal of Economic Theory, 1989, 48 (2): 337 - 368.

[192] Marshall A. Principles of economics. London: Mac - Millan, 1890.

[193] Marshall E, Aillery M, Malcolm S, Williams R. Climate change, water scarcity, and adaptation in the US fieldcrop sector [J]. U. S. Department of Agriculture, Economic Research Service, 2015: 1 - 39.

[194] McCalla A F. World food prices: Causes and consequences [J]. Canadian Journal of Agricultural Economics, 2009, 57 (1): 23 - 34.

[195] McCarl B A, Villavicencio X, Wu X. Climate change and future analysis: Is stationarity dying? [J]. American Journal of Agricultural Economics, 2008, 90 (5): 1241 - 1247.

[196] Meehl G A, Stocker T F, Collins W D, Friedlingstein P, Gaye A T, Gregory J M, Kitoh A, Knutti R, Murphy J M, Noda A, Raper S C B, Watterson I G, Weaver A J, Zhao Z C. Global climate projections: Chapter 10 [M]. Cambridge: Cambridge University Press, 2007.

[197] Mehar M, Mittal S, Prasad N. Farmers coping strategies for climate shock: Is it differentiated by gender? [J]. Journal of Rural Studies, 2016, 44: 123 - 131.

[198] Mehdi B, Lehner B, Ludwig R. Modelling crop land use change derived from influencing factors selected and ranked by farmers in North temper-

ate agricultural regions [J]. Science of the Total Environment. 2018 (631): 407 - 420.

[199] Mendelsohn R, Nordhaus W D, Shaw D. The impact of global warming on agriculture: A Ricardian analysis [J]. The American Economic Review, 1994: 753 - 771.

[200] Meng Q, Hou P, Lobell D B, Wang H, Cui Z, Zhang F, Chen X. The benefits of recent warming for maize production in high latitude China [J]. Climatic Change, 2014, 122 (1): 341 - 349.

[201] Mertz O, Mbow C, Reenberg A, Diouf A. Farmers' perceptions of climate change and agricultural adaptation strategies in rural Sahel [J]. Environmental Management, 2009, 43 (5): 804 - 816.

[202] Miao R, Khanna M, Huang H. Responsiveness of crop yield and acreage to prices and climate [J]. American Journal of Agricultural Economics, 2016, 98 (1): 191 - 211.

[203] Moran P A P. Notes on continuous stochastic phenomena [J]. Biometrika, 1950, 37 (1/2): 17 - 23.

[204] Morris S, Shin H S. Inertia of forward - looking expectations [J]. The American Economic Review, 2006, 96 (2): 152 - 157.

[205] Moschini G, Hennessy D A. Uncertainty, risk aversion, and risk management for agricultural producers [J]. Handbook of Agricultural Economics, 2001 (1): 87 - 153.

[206] Muth J F. Rational expectations and the theory of price movements [J]. Econometrica, 1961: 315 - 335.

[207] Myrdal G. Monetary Equilibrium [M]. London: William Hodge & Co, 1939.

[208] Nawrotzki R J, Dewaard J, Bakhtsiyarava M, Ha J T. Climate shocks and rural - urban migration in Mexico: exploring nonlinearities and thresholds [J]. Climatic Change, 2017, 140 (2): 243 - 258.

[209] Nerlove M, Fornari I. Quasi - rational expectations, an alternative

to fully rational expectations: An application to US beef cattle supply [J]. Journal of Econometrics, 1998, 83 (1-2): 129-161.

[210] Nerlove M. Estimates of the elasticities of supply of selected agricultural commodities [J]. American Journal of Agricultural Economics, 1956, 38 (2): 496-509.

[211] Nichell S. Error correction, partial adjustment and all that: An expository note [J]. Oxford Bulletin of Economics and Statistics, 1985, 47 (2): 119-129.

[212] Nordhaus W D, Yang Z. A regional dynamic general-equilibrium model of alternative climate-change strategies [J]. The American Economic Review, 1996: 741-765.

[213] Nordhaus W D. A review of the Stern review on the economics of climate change [J]. Journal of Economic Literature, 2007, 45 (3): 686-702.

[214] Nordhaus W D. Economic growth and climate: The carbon dioxide problem [J]. The American Economic Review, 1977, 67 (1): 341-346.

[215] Nordhaus W D. How fast should we graze the global commons? [J]. The American Economic Review, 1982, 72 (2): 242-246.

[216] Nordhaus W D. Managing the global commons: The economics of climate change [M]. Cambridge, MA: MIT Press, 1994.

[217] Nordhaus W D. To slow or not to slow: The economics of the greenhouse effect [J]. The Economic Journal, 1991, 101 (407): 920-937.

[218] O'Donnell C J. Measuring and decomposing agricultural productivity and profitability change [J]. Australian Journal of Agricultural and Resource Economics, 2010, 54 (4): 527-560.

[219] O'Neill B C, Kriegler E, Ebi K L, Kemp-Benedict E, Riahi K, Rothman D S, Ruijven B J, Vuuren D P, Birkmann J, Kok K, Levy M, Solecki W. The roads ahead: Narratives for shared socioeconomic pathways describing world futures in the 21st century [J]. Global Environmental Change, 2017 (42): 169-180.

[220] Ogundari K, Onyeaghala R. The effects of climate change on African agricultural productivity growth revisited [J]. Environmental Science and Pollution Research, 2021, 28 (23): 30035 - 30045.

[221] Olesen J E, Bindi M. Consequences of climate change for European agricultural productivity, land use and policy [J]. European Journal of Agronomy, 2002, 16 (4): 239 - 262.

[222] Orazem P, Miranowski J. An indirect test for the specification of expectation regimes [J]. The Review of Economics and Statistics, 1986 (1): 603 - 609.

[223] Peng S, Huang J, Sheehy J E, Laza R C, Visperas R M, Zhong X, Centeno G S, Khush G S, Cassman K G. Rice yields decline with higher night temperature from global warming [J]. Proceedings of the National Academy of Sciences, 2004, 101 (27): 9971 - 9975.

[224] Petri Y, Caldeira K. Impacts of global warming on residential heating and cooling degree - days in the United States [J]. Scientific Reports, 2015, 5 (1): 1 - 14.

[225] Piao S, Ciais P, Huang Y, Shen Z, Peng S, Li J, Zhou L, Liu H, Ma Y, Ding Y, Friedlingstein P, Liu C, Tan K, Yu Y, Zhang T, Fang J. The impacts of climate change on water resources and agriculture in China [J]. Nature, 2010, 467 (7311): 43 - 51.

[226] Piao S, Fang J, Zhou L, Ciais P, Zhu B. Variations in satellite - derived phenology in China's temperate vegetation [J]. Global Change Biology, 2006, 12 (4): 672 - 685.

[227] Porter J H, Parry M L, Carter T R. The potential effects of climatic change on agricultural insect pests [J]. Agricultural and Forest Meteorology, 1991, 57 (1 - 3): 221 - 240.

[228] Prabnakorn S, Maskey S, Suryadi F X, Fraiture C. Rice yield in response to climate trends and drought index in the Mun River Basin, Thailand [J]. Science of the Total Environment, 2018 (621): 108 - 119.

[229] Raggi M, Sardonini L, Viaggi D. The effects of the common agricultural policy on exit strategies and land re - allocation [J]. Land Use Policy, 2013, 31 (1): 114 - 125.

[230] Ray D K, Gerber J S, MacDonald G K, West P C. Climate variation explains a third of global crop yield variability [J]. Nature Communications, 2015, 6 (1): 1 - 9.

[231] Roberts M J, Schlenker W. Identifying supply and demand elasticities of agricultural commodities: Implications for the US ethanol mandate [J]. The American Economic Review, 2013, 103 (6): 2265 - 2295.

[232] Roberts M J, Schlenker W. The US biofuel mandate and world food prices: An econometric analysis of the demand and supply of calories [J]. NBER Working Paper, 2010: 1 - 45.

[233] Rötter R, Van de Geijn S C. Climate change effects on plant growth, crop yield and livestock [J]. Climatic Change, 1999, 43 (4): 651 - 681.

[234] Rudin C. Stop explaining black box machine learning models for high stakes decisions and use interpretable models instead [J]. Nature Machine Intelligence, 2019, 1 (5): 206 - 215.

[235] Saadi S, Todorovic M, Tanasijevic L, Pereira L S, Pizzigalli C, Lionello P. Climate change and Mediterranean agriculture: Impacts on winter wheat and tomato crop evapotranspiration, irrigation requirements and yield [J]. Agricultural Water Management, 2015 (147): 103 - 115.

[236] Sabasi D, Shumway C R. Climate change, health care access and regional influence on components of US agricultural productivity [J]. Applied Economics, 2018, 50 (57): 6149 - 6164.

[237] Sacks W J, Deryng D, Foley J A, Ramankutty N. Crop planting dates: an analysis of global patterns [J]. Global Ecology and Biogeography, 2010, 19 (5): 607 - 620.

[238] Sargent T J, Fand D, Goldfeld S. Rational expectations, the real rate of interest, and the natural rate of unemployment [J]. Brookings Papers on

Economic Activity, 1973 (2): 429 - 480.

[239] Sargent T J, Wallace N. Rational expectations and the theory of economic policy [J]. Journal of Monetary Economics, 1976, 2 (2): 169 - 183.

[240] Sargent T J. Macroeconomic Theory, New York: Academic Press. Sargent Macroeconomic Theory, 1979.

[241] Sato K. A two - level constant - elasticity - of - substitution production function [J]. The Review of Economic Studies, 1967, 34 (2): 201 - 218.

[242] Schlenker W, Hanemann W M, Fisher A C. The impact of global warming on US agriculture: an econometric analysis of optimal growing conditions [J]. The Review of Economics and Statistics, 2006, 88 (1): 113 - 125.

[243] Schlenker W, Hanemann W M, Fisher A C. Will US agriculture really benefit from global warming? Accounting for irrigation in the hedonic approach [J]. The American Economic Review, 2005, 95 (1): 395 - 406.

[244] Schlenker W, Roberts M J. Nonlinear temperature effects indicate severe damages to US crop yields under climate change [J]. Proceedings of the National Academy of Sciences, 2009, 106 (37): 15594 - 15598.

[245] Schultz H. Der Sinn der statistischen Nachfragen Veroffentlichungen der Frankfurter Gesellschaft fur Konjunkturforschung [J]. Heft 10, Kurt Schroeder Verlag, Bonn, 1930.

[246] Schultz T W. Transforming traditional agriculture, 1964.

[247] Sellers S, Gray C. Climate shocks constrain human fertility in Indonesia [J]. World Development, 2019 (117): 357 - 369.

[248] Sheng Y, Xu X. The productivity impact of climate change: Evidence from Australia's Millennium drought [J]. Economic Modelling, 2019 (76): 182 - 191.

[249] Sheng Y, Tian X, Qiao W, Peng C. Measuring agricultural total factor productivity in China: Pattern and drivers over the period of 1978—2016 [J]. Australian Journal of Agricultural and Resource Economics, 2020, 64 (1): 82 - 103.

[250] Shrestha S, Deb P, Bui T T T. Adaptation strategies for rice cultivation under climate change in Central Vietnam [J]. Mitigation and Adaptation Strategies for Global Change, 2016, 21 (1): 15 -37.

[251] Silva E, Stefanou S E. Dynamic efficiency measurement: theory and application [J]. American Journal of Agricultural Economics, 2007, 89 (2): 398 -419.

[252] Sims C A. Stickiness [J]. Carnegie - Rochester Conference Series on Public Policy, 1998 (49): 317 -356.

[253] Smithers J, Smit B. Human adaptation to climatic variability and change [J]. Global Environmental Change, 1997, 7 (2): 129 -146.

[254] Solow R M. A contribution to the theory of economic growth [J]. The Quarterly Journal of Economics, 1956, 70 (1): 65 -94.

[255] Spence A, Poortinga W, Butler C, Pidgeon N F. Perceptions of climate change and willingness to save energy related to flood experience [J]. Nature Climate Change, 2011, 1 (1): 46 -49.

[256] Stern N. The economics of climate change: The Stern review [M]. Cambridge, UK: Cambridge University Press, 2006.

[257] Su B, Huang J, Mondal SK, Zhai J, Wang Y, Wen S, Gao M, Lv Y, Jiang S, Jiang T, Li A. Insight from CMIP6 SSP - RCP scenarios for future drought characteristics in China [J]. Atmospheric Research, 2021 (250): 1 -18.

[258] Tone K. A slacks - based measure of efficiency in data envelopment analysis [J]. European Journal of Operational Research, 2001, 130 (3): 498 -509.

[259] Tone K. A slacks - based measure of super - efficiency in data envelopment analysis [J]. European Journal of Operational Research, 2002, 143 (1): 32 -41.

[260] Wang H L, Gan Y T, Wang R Y, Niu J Y, Zhao H, Yang Q G, Li G C. Phenological trends in winter wheat and spring cotton in response to cli-

mate changes in northwest China [J]. Agricultural and Forest Meteorology, 2008, 148 (8 -9): 1242 - 1251.

[261] Wang J, Mendelsohn R, Dinar A, Huang J. How Chinese farmers change crop choice to adapt to climate change [J]. Climate Change Economics, 2010, 1 (3): 167 - 185.

[262] Wang P, Zhang Z, Song X, Chen Y, Wei X, Shi P, Tao F. Temperature variations and rice yields in China: Historical contributions and future trends [J]. Climatic Change, 2014, 124 (4): 777 - 789.

[263] Wang W, Zhang C, Song J, Xu D. The impact of target price policy on cotton cultivation: analysis of county - level panel data from China. Agriculture. 2021, 11 (10): 1 - 18.

[264] Wang Y, Huang J, Wang J. Household and community assets and farmers' adaptation to extreme weather event: The case of drought in China [J]. Journal of Integrative Agriculture, 2014, 13 (4): 687 - 697.

[265] Weersink A, Cabas J H, Olale E. Acreage response to weather, yield, and price [J]. Canadian Journal of Agricultural Economics, 2010, 58 (1): 57 - 72.

[266] Wei X, Zhang Z, Wang P, Tao F. Recent patterns of production for the main cereal grains: implications for food security in China [J]. Regional Environmental Change, 2017, 17 (1): 105 - 116.

[267] Wicksell K. Geldzins und Güterpreise: eine Studie über die den Tauschwert des Geldes bestimmenden Ursachen [M]. Fischer, 1898.

[268] Wooldridge J M. Econometric analysis of cross section and panel data [M]. MIT press, 2010.

[269] World Meteorological Organization. WMO guidelines on the calculation of climate normal [Z]. 2017.

[270] Wossen T, Berger T, Haile M G, Troost C. Impacts of climate variability and food price volatility on household income and food security of farm households in East and West Africa [J]. Agricultural Systems, 2018 (163):

7 - 15.

[271] Xie W, Huang J, Wang J, Cui Q, Robertson R, Chen K. Climate change impacts on China's agriculture: The responses from market and trade [J]. China Economic Review, 2020 (62): 1 - 13.

[272] Xu Q, Sarker R, Fox G, McKenney D. Effects of climatic and economic factors on corn and soybean yields in Ontario: a county level analysis [J]. International Journal of Food and Agricultural Economics, 2019, 7: 1 - 17.

[273] Yang X, Lin E, Ma S, Ju H, Guo L, Xiong W, Li Y, Xu Y. Adaptation of agriculture to warming in Northeast China [J]. Climatic Change, 2007, 84 (1): 45 - 58.

[274] Ye Q, Yang X, Dai S, Chen G, Li Y, Zhang C. Effects of climate change on suitable rice cropping areas, cropping systems and crop water requirements in southern China [J]. Agricultural Water Management, 2015 (159): 35 - 44.

[275] You L, Rosegrant M W, Wood S, Sun D. Impact of growing season temperature on wheat productivity in China [J]. Agricultural and Forest Meteorology 149, 2009 (6 - 7): 1009 - 1014.

[276] Yu Y, Clark J S, Tian Q, Yan F. Rice yield response to climate and price policy in high - latitude regions of China [J]. Food Security, 2022 (4): 1 - 15.

[277] Yu Y, Tian Q, Yan F. Responsiveness of rice yield to climate change in China: historical analysis and future projections [J]. International Journal of Global Warming, 2021, 25 (1): 58 - 76.

[278] Zhang S, Tao F, Zhang Z. Changes in extreme temperatures and their impacts on rice yields in southern China from 1981 to 2009 [J]. Field Crops Research, 2016 (189): 43 - 50.

[279] Zilberman D, Zhao J, Heiman A. Adoption versus adaptation, with emphasis on climate change [J]. Annual Review of Resource Economics, 2012, 4 (1): 27 - 53.